사회정치철학강의

왜 다시 자유여야 하는가?

밀의 자유론: 사유와 비판

정재각

J. S. Mill

박영사

자유는 평등과 더불어 오늘날 사회를 규정하는 핵심 가치에 속한다. 인류의 역사는 자유라는 가치를 끊임없이 추구해왔으며, 이를 두고 또한 투쟁하여 왔다. 헤겔은 『역사철학』에서 절대정신이 이끄는 역사의 궁극적인 목표는 '자유'에 있다고 하였다.

자유 중에서 가장 기본적인 자유는 생각과 표현의 자유, 토론의 자유, 그리고 언론의 자유이다. 존 스튜어트 밀은 비록 어떤 의견도, 설령 그것이 틀렸다 해도 침묵을 강요받아서는 안 된다고 보았다. 단 한 사람의 이견(異見)도 존중받아야 한다는 것이다.

현재 우리가 누리는 자유는 과거 권위주의 시대의 정치적 억압과 폭력 속에서는 상상할 수 없는 것이다. 그러나 현재 우리 앞에 펼쳐지고 있는 다양한 사회 갈등과 정쟁(政爭)은 우리에게 자유에 대하여 더 깊게 사유하고 비판할 것을 요구한다. 우리는 이에 동의한다.

존 스튜어트 밀은 "인간은 토론과 경험에 힘입어 자신의 과오를 고칠 수 있다"고 하였지만, 정당 간 싸움은 예외이다. 정치인들은 정도를 넘어서는 혐오적인 발언을 마다하지 않는다. 왜 그런가? 선동적이고 혐오적인 표현이 정치 상품으로 팔려나가는 게 현실이 되었기 때문이다. 정치인은 똬리를 틀고, 칼 슈미트가 말하는 '적과 동지'로 진영을 짜며, 갈등의 정치에 몰입한다.

한국의 정치문화는 남북한의 분열, 국제 정치 질서 속에서의 갈등, 진보와 보수, 좌파와 우파로 나뉘어 벌어지는 정쟁 과정에서 양극화가 심화되었다. 현재 한국 사회에서 문제가 되는 전형적인 분열의 영역은 다음과 같다.

- 남북한 평화와 통일문제: 정전과 평화협정, 북한 핵 문제, 북한 체제에 대한 인식, 북한 지원과 협력 등
- 국제 관계: 한미 동맹, 한일 관계, 한중 관계 등
- 경제 문제: 기업의 자유와 규제, 소득주도성장, 비정규직의 정규직화, 근로시간 제한 등
- 사회 문제: 사회복지 수준, 젠더 갈등, 난민수용, 대학입시제도 등
- 환경과 에너지 문제: 4대강 사업과 보 해체, 원자력 에너지 이용 등
- 역사 문제: 5·18 민주화 운동과 진상규명, 대한민국 임시정부 수립 등

과연 부단한 토론과 논쟁 없이 '다수결주의'를 통해서 이러한 문제들을 해결할 수 있는가? 다수표결은 결과적으로 대립을 불러온다. 민주주의가 독재와 군주정 등과 같은 정체와 다른 것은 다수의 의지를 통한 결정에 앞서, 의견을 형성하는 논쟁이 있다는 점이다.

정치적 이념과 의견 차이는 언제나 있게 마련이며, 절대로 사라지지 않는다. 누구도 정치적 대립이 사라질 것으로 믿지 않는다. 그렇다고 대립과 불화가 지속하기를 원하는 사람은 없다. 그러나 현 정치에서는 정책에 대한 진지한 공적 토론이 아니라, 상대방의 말과 태도를 문제 삼는다. 좋은 논쟁을 찾아보기 힘들고, 투쟁적·자극적인 언동은 대중의 관심을 끌기 때문에 언론매체는 이를 실어 나르기에 바쁘다.

우리는 왜 밀의『자유론』을 읽는가? 왜 다시 자유인가? 우리는『자유론』에서 자유가 각자의 '개별성', '사회 발전'의 토대가 됨을 보기 때문이다. 밀은 인간 존재를 다음과 같이 비유한다. "인간은 본성상 모형대로 찍어내고 그것이 시키는 대로 따라 하는 기계가 아니다. 그보다는 생명을 불어 넣어주는 내면의 힘에 따라 온 사방으로 스스로 자라고 발전하려는 나무와 같은 존재이다"(자유론, 263).

밀은 마지막 제5장 결론에서, "말 잘 듣는 온순한 도구처럼 만들기 위해 시민들을 왜소한 존재로 끌고 간다면, 그런 사람으로는 위대한 일은 전혀 성취할 수 없는 현실에 직면하게 될 것이다."(310)라고 말한다.

본서는 밀의 '자유' 사상을 이해하고자 하는 대학의 교양과목 수준이 될 것이다. 또한『자유론』에 대한 설명과 해석에 그치지 않고, '더 알아보기'를 통해 관련된 주제와 사례들을 소개하였다. 밀의 사상에 대한 사유와 비판을 위해, 가능한 한 독자가 원문을 읽으며 생각할 수 있도록 중요 부분을 인용하였다. 이는 한글과 영어의 번역문을 통해 더 생각하며 자신의 지식으로 만들 수 있도록 하기 위함이다. 원문 영어는 밀의 사유를 강조하고자 하는 의미도 있다.

필자의 일련의 출판에는 사회철학의 담론과 우리 사회가 당면한 문제에 대한 고민이 담겨있다.

필자는 독일 유학 생활을 되돌아보면서, 한국과 독일 사회는 어떤 점에서 다른지에 대해 고민하게 되고, 중요한 차이점이 '국민의 사유와 비판 역량'과 '연방주의'에 있다고 보았다.『독일 사회철학 강의 — 사유와 비판』(2015)에서 독일을 대표하는 학자 20명을 통한 독일인의 사유와 비판을 보고자 했다. 두 번째로 관심을 가진 것은 이명박과 박근혜 정부를 지나며 우리 사회에 던져진 문제 중의 하나인 '정의의 문제'이다. 왜 자유를 다른 권리보다 우선해야 하는가? 동시에 사회의 정의를 어떻게 이루어갈 수 있는가? 이다.

『나쁜 정부와 정의 — 로렌제티 · 롤즈』(2016)는 로렌제티의 '좋은 정부와 나쁜 정부의 비유'를 통해 권력의 사적 사용이 나쁜 정부의 특징임을 말하고 있다. 롤즈의 정의론을 통해 자유의 우선성과 사회적 정의를 어떻게 이루어 갈 수 있는가를 역설(力說)하였다.

한반도 역사상 최대의 토목사업은 4대강 사업이다. 그러나 4대강 사업은 전형적인 인간 이성의 한계에 대한 오해 내지 무지로 인하여 실패하였다. 『칸트 — 사유와 비판』(2017)에서는 인간 이성 사용의 한계를 다루고 이성의 실천으로서 도덕 · 윤리를 다루었다.

국가와 지도자의 덕(virtue)은 고대에서 현재에 이르기까지 지속되는 질문이다. 이는 가장 아름다운 나라는 무엇이며, 지도자의 모습은 어떠해야 하는가의 문제이다. 플라톤은 좋은 사람과 좋은 국가, 참된 인간과 참된 국가가 다르지 않다고 본다. 정치는 아름다워야 한다. 『가장 아름다운 나라 — 플라톤의 국가: 사유와 비판』(2018)에서는 플라톤의 담론을 통해 우리의 정치 세계를 들여다보는 거울을 제시하고자 했다.

이제, 『왜 다시 자유여야 하는가? 밀의 자유론: 사유와 비판』을 출판하게 되었다. 인간이 추구하는 두 가지의 가치는 자유와 평등이다. 개인은 자유의 존재로 살아야 하며, 사회제도는 자유와 평등으로 직조되어야 한다.

우리 사회가 나의 자유뿐만 아니라, 타자의 자유와 개별성도 그만큼 존중하는 성숙한 사회로 성장하기를 소망한다. 멋진 논쟁이 이끄는 민주주의를 소망한다.

우리는 모두 선과 진리 그리고 아름다움을 향하여 포로가 된 자들이다.

"진리와 거짓이 맞붙어 논쟁하게 하라 … 진리가 승리할 것이다 … 거짓은 열린 사상의 시장(the open marketplace of ideas)에서 다투다 마침내 패배한다."(존 밀턴)

2019. 9.
정재각

제 1 부 『자유론』과 자유에 대해

제 2 부 『자유론』 읽기

제 1 장   머리말   19

제 2 장   생각과 토론의 자유   42

제 3 장 개별성 — 행복의 요소 107

제 3 부 J.S 밀의 자유 비교

제 4 부 맺 는 말

|문헌과 인용|

● 『자유론』 번역

밀의 『자유론』은 한국에서는 처음 1946년 성인기(成仁基)에 의해 『자유론: 사상 언론의
자유』(서울 대성출판사)로 번역되었다. 그 이후 다양하게 번역 및 출간되고 있다. 출판연도
를 기준으로 보면 다음과 같다. 윤하정(현대문화사, 1956), 한태수(한국번역도서, 1958), 이
상구(삼성문화재단, 1974), 차하순(탐구당, 1975), 이극찬(삼성출판사, 1989), 최요한(홍신
문화사, 2000), 이종훈(지만지, 2008), 김형철(서광사, 2008), 권기돈(웅진씽크빅, 2009), 박
홍규(문예출판사, 2009), 김대성(아름다운날, 2016), 박문재(현대지성, 2018), 유원기(계명
대학교출판부, 2018), 서병훈(책세상, 2005, 2018) 등이다.

● 번역본 인용

『자유론』 번역서는 서병훈(책세상, 2018) 번역본을 대본으로 삼았으며, 김형철 번역본도 참
고하였다. 서병훈 번역본은 이해를 쉽게 하기 위해 풀어썼으며, 김형철 번역본은 원문의 의미를
있는 그대로 전달하고자 한 것에서 차이가 있다. 그 외의 번역본도 필요에 따라 참고하였다.

독일어 번역본은 Bruno Lemke의 『Über die Freiheit』(Reclam)을 참고하였다.

● 밀의 저서 인용

밀의 대본은 John M. Robson이 편집한 Collected Works of John Stuart Mill(University of
Toronto Press)이다.

- 『자유론』(CW XVIII): Essays on Politics and Society Part I (On Liberty)(1859): Volume
  XVIII의 쪽수를 인용하는 『자유론』의 쪽수로 표기하였다. 김형철 번역본은 대본의 쪽수
  를 좌우 단(段)에 표기하고 있다.

- 『공리주의』(CW X): Essays on Ethics, Religion, and Society (Utilitarianism)(1833):

Volume X

- 『대의 정부론』(CW XIX): Considerations on Representative Government(1861): Volume XIX - Essays on Politics and Society Part 2
- 『자서전』(CW I): Autobiography and Literary Essays(1824): Volume 1
- 『정치경제학 원리』(CW III): Principles of Political Economy Part II(1848): Volume III

ON

LIBERTY

BY

JOHN STUART MILL.

LONDON:
JOHN W. PARKER AND SON, WEST STRAND.
M.DCCC.LIX.

자유론, 1859년 초판 표지

J.S.밀(1806.5.20.~1873.5.7.)과 해리엇 테일러(1807.10.8.~1858.11.3.)

1851년에 결혼함.

名著叢書

밀原著●쯔아류스●쫀

自由論

―思想●言論의自由―

자유론, 성인기 역(서울 대성출판사, 1946) 표지

제 1 부

『자유론』과
자유에 대해

「제1부」

————『자유론』과 자유에 대해

1. 존 스튜어트 밀의 생애

존 스튜어트 밀(John Stuart Mill, 이하 '밀'로 표기)은 1806년 영국 런던 북부 펜톤빌(Pentonville)에서 태어나, 1873년에 사망한 영국의 대표 철학자이다. 밀은 철학에서뿐만 아니라, 논리학·경제학에서도 업적을 남겼다. 그는 행동하는 사회 개혁가였으며, 영향력 있는 시사평론가로도 활동하였다.

밀의 삶과 그가 받은 교육은 독특하다. 그는 공리주의 철학자인 아버지 제임스 밀(James Mill, 1773-1836)에 의해 학교가 아닌 가정에서 교육을 받으며 성장했다. 아버지 제임스 밀은 원래 스코틀랜드 동부 해안의 가난한 가정에서 태어났다. 그는 목사 자격을 얻었으나 살기가 어려워 런던으로 이주하였다. 제임스 밀은 인도 땅을 한 번도 방문하지 않고 영어 문헌만을 참고하여 '영국령 인도의 역사(History of British India, 1817)'를 썼다. 그는 이로 인하여 일약 유명해졌고, 동인도회사(East India Company)에 고용되어 고위직에까지 오르게 되었다.

밀 만큼 어린 시절이 잘 알려진 철학자는 없다. 밀의 『자서전』을 읽은 사람들은 그의 어린 시절과 교육에 놀라움을 금치 못한다. 밀은 3살에 그리스어를, 6살에 라틴어를 배우기 시작했다. 8살에 처음 그리스어로 이솝이야기를 읽고, 헤로도토스 역사책, 플라톤의 대화록도 읽었다고 말하고 있다 (CW I, 9). 제임스 밀의 가까운 친구로는 제러미 벤담(Jeremy Bentham, 1748-1832), 데이비드 리카도(David Ricardo, 1772-1823)가 있다. 밀은 리카도의 '정치경제학과 과세의 원리(On the Principles of Political Economy and Taxation, 1817)'가 출판된 지 2년 후인 13살 때에 읽었다. 밀의 아버지는 밀에게 기하학도 가르쳤는데, 이에 대해 밀은 별로 즐겁지 않았다고 회상했다.

밀은 대학을 다니지는 않았지만, 논리와 정치경제 분야에 박식하였고, 그가 관심을 갖는 주제도 광범위하였다. 밀의 대표 저서로는, 그를 철학자로 유명하게 만든 『논리학체계』(A System of Logic, 1843)가 있으며, 『자유론』(On Liberty, 1859), 『대의 정체론』(1861), 『공리주의』(1863), 『사회주의론』(1879) 등이 있다. 밀은 경험주의, 자유주의, 공리주의 주장을 펼쳤으며, 그의 영향은 현재에까지 이르고 있다.

1859년에 출판된 『자유론』(On Liberty)은 '자유주의(Liberalism)'의 중요한 고전으로서 판본을 거듭하는 가운데 번역되며 출간되었다. 『자유론』은 국가와 사회의 행위에서 개인 자유의 보호를 주요 의제로 다룬다. 밀이 생각하는 사회는, 각자가 자신의 삶을 추구하며 다른 사람과 아무 상관없는 무연고로서가 아니라 서로 이해관계를 가지고, 상부상조하며, 그러면서도 각자 자신의 개별적인 삶을 살아가는 존재들의 공동체이다. 이러한 생각은 밀의 사유가 i) 자유적이고, ii) 공동체적이며, iii) 사회주의적임을 보여준다.

밀은 이론가로서 활동했을 뿐만 아니라 정치적인 삶, 사회참여적이며 개혁가적인 삶을 살았다는 점에서 특별함을 가진다. 그는 오늘날의 개념으로는 대단히 적극적으로 사회문제에 관여하고 토론을 주도한 지성인이다. 이러한 그의 활동으로 인해서 밀이 보여주는 사유는 이론적일 뿐만 아니라 실천적이다.

밀은 21세에 아버지의 엄격한 교육으로 인해 정신적인 위기를 겪었다. 밀은 다행히 마르몽텔의 『어느 아버지의 회상』, 윌리엄 워즈워스의 시를 통해 위안을 얻으면서 정서능력을 회복하였다. 밀은 불어에 능하였으며, 콩트(Auguste Comte, 1798-1857), 토크빌(Alexis de Tocqueville, 1805-1859)을 친구로 두었다. 밀은 프랑스 아비뇽에서 1873년 사망하였으며, 아내 해리엇 곁에 묻혔다.

2. 『자유론』에 대해

밀의 『자유론』은 그의 부인 해리엇 테일러 밀(Harriet Taylor Mill, 1807-1858)이 프랑스 아비뇽(Avignon)에서 사망한 지 3달만인 1859년 2월에 처음 출간되었다. 밀과 해리엇의 관계는 한마디로 '플라토닉 러브(platonic love)의 관계'라고 사람들은 말한다. 밀은 24세가 되던 1830년에 해리엇 테일러를 처음 만났으며, 그녀의 첫 남편이 죽은 후 1851년에 결혼하였다. 하지만 불행하게도 그녀가 1858년에 죽게 되므로 그녀와의 행복한 시간은 7년 반을 넘지 못했다. 밀이 『자서전』에서 밝히듯이 해리엇 테일러는 그의 지적인 동료였다. 둘은 사상을 교류하고, 논의와 토론을 하였으며 해리엇은 밀의 작업에 관여하였다. 밀은 2년간 해리엇과 공동으로 『자유론』 집필 작업을 하였다고 밝히고 있다(CW I, 257). 1858/59년에 마지막으로 교정을 볼 계획이었으나 이는 실현되지 못하였다. 이후 밀은 교정 없이 원고를 출판자 John Parker에게 넘겼고, 『자유론』을 '우리의 공동작업' 이상의 것이라고 밝히고 있다.

"『자유론』은 나의 이름이 달린 다른 모든 것보다 직접적으로, 그리고 문자적인 의미에서 우리의 공동작업이었다. 이 안의 모든 문장은 여러 번 함께 퇴고하였으며, 생각이나 표현에 있는 잘못을 찾아 조심스럽게 고치지 않은 것이 없다."(CW I, 258-9)

『자유론』은 오늘날에 이르기까지 가장 많이 애독되고 있는 책 중의 하나이다. 밀은 당시 개별 인간에 대한 사회의 점증적 지배는 스스로 사라질 어떤 악이 아니라, '점점 더 위협이 되는 것'으로 보았다. 콩트는 사회학자와 교조적인 이념가(doctrinaire)로서의 특성을 갖는다. 밀은 콩트의 이념적, 반민주적, 그리고 '정신의 힘'에 대한 쇼비니즘적인 태도를 비판한다. 밀은 자의적이며, 일면적인 사회·정치적 이론화로 귀결되는 '체계화의 힘(power of systematizing)'을 지적하고 있다.

"특히 콩트는 자신의 책『실증적 정치체제』에서 비록 법적 절차가 아니라도 덕의 힘에 의한 것이기는 하지만, 교조적인 철학자보다도 더 개인에 대한 사회의 독재를 변호하고 있다. 이런 예외적인 성향의 개별 사상가들은 그렇다 치더라도, 오늘날 세계 곳곳에서는 여론, 심지어 법의 힘을 통해 개인에 대한 사회통제를 과도하게 확대하려는 경향이 늘어나고 있다. 사회의 힘을 강화하는 반면 개인의 힘은 축소해나가는 이런 부정적인 변화는 절로 사라질 일이 아니다. 오히려 앞으로 점점 더 두려운 위력을 발휘하게 될 것이다."(CW XVIII 227, *이하 'CW XVIII(자유론)' 표기 없이 페이지만 표시함)

밀은 보통 자유에 대한 위협이라면 공권력 행사를 통한 해악을 말하지만, 더 두려워해야 하는 것은 '사회적 폭력'으로, 이는 개인의 삶 구석구석에 침투하여 그 영혼까지도 노예화한다고 보았다(219). 그러므로 자유의 문제에서 정치 권력자들의 횡포를 방지하는 것만으로는 충분하지 않다는 것이 밀의 판단이다.

근대 사회에서 사회통제의 문제는 이미 알렉시 드 토크빌(1805-1859)의 『미국 민주주의』(1840)에서 다루어지고 있다. 프랑스의 사상가 토크빌은 밀에게 현대 사회가 어떤 민주화과정에 있는가를 설득적으로 보여주고 있다. 밀이 보는 민주화는 사회 구성원들 간의 능력에서 지속하는 균등화뿐만 아니라, 사회적 · 정치적 지위에서의 균등화를 가져온다. 민주화의 힘은 자본주의 사회의 지식적 · 기술적 진보를 가져오고, 지식 · 사회 · 경제의 자산층의 힘을 빼앗으며 노동 분화와 협력의 집중화를 가져온다. 기술적 수단은 사회구성원을 연결한다. 가령 신문이나 철도는 과거 아테네에서와 마찬가지로 영국의 민주주의를 마치 한 아고라(one agora)로 만들어주며, 사람들을 '동질적 사람(a homogeneous people)'(Democracy II, CW XVIII, 165)으로 만든다. 개별 인간은 자기 생각을 발전시켜 나갈 능력을 획득하고 공적으로 표현 및 조직하며, 정치 지배에 개입한다.

> "지식이 힘이라는 묘사는, 지식의 가장 높은 묘사일 뿐만이 아니다. 견해를 구축하는 습관을 들이게 하는 지식과, 의견을 표현할 수 있는 능력은 정치적 힘을 구성하며, 함께 행동하는 습관과 능력이 결합하였을 때에는 막강한 힘이다."
>
> The knowledge which is power, is not the highest description of knowledge only: any knowledge which gives the habit of forming an opinion, and the capacity of expressing that opinion, constitutes a political power; and if combined with the capacity and habit of acting in concert, a formidable one(Democracy II, CW XVIII, 165).

밀에 따르면 평등의 확산이라는 의미에서 민주화는, 자연적으로 민주적 정치질서로 또는 구성원이 평등하게 계발 · 발전하는 사회로 성숙 및 안착하는 것은 아니다. 밀은 신분 경계의 붕괴에서 국가, 정당, 또는 주도적인 집단이 개별 삶을 강요하는 지배를 낳을 수도 있다고 본다. 『자유론』은 자유주의라는 주제를 다룬 '교과서'로 자유의 완전한 개화(開花)를 다룰 뿐만 아니라, 인간의 다양성과 개별성을 중시한다. 이러한 원리는 당연히 전체주의적 사유와는 대척된다. 『자유론』은 개인에 대한 국가와 사회권력의 한계를 설정하고, 개인의 자유를 논리적이며 이론적으로 옹호한다.

3. 『자유론』의 현대적 의미와 가치

우리가 왜 고전에 관심을 두는가? 고전은 여전히 현재의 우리의 삶과 사유에 영향을 준다. 고전을 읽는 정치・사회학적인 이유에는 몇 가지가 있다.

- 우리는 고전을 통해 우리의 삶과 문제를 성찰하게 되며 사유와 비판의 능력을 갖게 된다.
- 고전은 국가가 당면한 문제 해결에 지혜를 주며, 똑같은 실수를 반복하지 않게 한다.
- 고전은 정책에서 아젠다를 설정해주며, 국가가 본질적인 것에 집중하게 한다.

밀의 『자유론』을 읽는 독자라면 이 책이 비록 150년 전에 쓰였지만 현재 우리가 당면한 문제를 다루고 있음을 어렵지 않게 알 수 있다. 개인과 국가 간의 관계가 늘 새롭게 정의되어야 한다는 의미에서이다. 개인의 자유 영역은 현대 사회에서 기술의 발전과 변동에서, 가령 인터넷의 등장과 발전, AI 발전과 확산 등에서 새롭게 규정되어야 할 뿐만 아니라 논쟁적이다. 밀은 자유에 대한 근본적 질문을 던지고 대안을 제시하고 있기 때문에, 『자유론』은 오늘날에도 여전히 유용하며, 개인의 자유의 가치와 경계에 대한 사회적·정치적 논쟁에 적합한 가치 또한 여전히 갖고 있다. 물론 재산과 소유의 문제를 자유의 중심에 두는 21세기 자유주의자들에게 밀은 더 이상 동료가 될 수 없으며, 자신들의 자유주의 이해에 적절하지 않다고 생각할 수 있다.

자유에 대한 모든 논의의 모든 시작은 '개인'이다. '자유(liberty)'라는 말은 어떤 한 가지만을 의미하지 않기 때문에 정치와 철학에서 가장 다의적이며, 따라서 혼란스러운 개념 중의 하나이다. '어떻게 사는 것이 가장 바람직한가?', '인간에게서 좋은 것(또는 선)이라는 것은 무엇인가?', '인간 사이의 관계는 어떠해야 하는가?' 등과 같은 질문은 다름 아닌 '자유'와 관련된 해석적 문제이다.

근대에 들어 자유 개념에 대한 철학적 논의의 시작은 토머스 홉스 (1588-1679)부터이다. 홉스는 자유(liberty)를 "외부적 방해의 부재"(리바이어던, 176),[1] "외부적 장애로서 저항의 부재"(280)로 이해했다. '자유인(freeman)'이란 '자신의 힘과 지력으로 할 수 있는 일들에 대하여 자기가 하고자 하는 것을 방해받지 않는 인간'을 뜻한다(280). 이러한 자유는 외부의 강제가 없는 자유로서 '소극적 자유'로 이해된다. 속박되어 있거나 외부 물체에 의한 저항에 의해서 한정되어 있을 때는 이성을 가진 인간뿐만 아니라 무생물도 마찬가지로 자유롭다고 할 수 없다. 동물원에 갇혀 있거나, 사슬에 감금된 동물은 자유롭지 못하다. 제방이나 용기에 갇혀 있는 물도 마찬가지로 움직일 수가 없기 때문에 자유는 없다고 말하는 것이 보통이다.

이러한 소극적 자유에 대한 이해는 칸트가 볼 때 충분하지 못하다. 칸트는 자유란 외부로부터의 자유뿐만 아니라, 내부와 또한 자신으로부터도 제한될 수 있다고 본다. 칸트는 자유를 단지 의지의 자유로서 뿐만 아니라, 자율(자기입법)로 이해하였다. 자유는 우리가 원하는 것을 단순히 하지 않는 것

---

1 토머스 홉스, 진석용 역, 리바이어던 1, 나남, 2013.

이 아니라, 우리의 이성으로부터 주어지는 의무에 따르는 것이다. 예를 들어 인간은 자신이 원하는 것, 좋음을 따라서 행할 수 있다. 그러나 그러한 행위가 다른 사람에게도 항상 좋음이 될 수는 없다. 다시 말해 자신의 행위가 보편성을 갖지 못한다는 것이다. 나의 경향성을 충족하고자 할 때, 사람을 목적이 아닌 수단으로 대하게 된다. 자유의 최고의 형식은 '우리가 하기를 원하는 것을 일반 법칙이 될 수 있는 규칙에 따른 행위로서' 할 때이다. 칸트는 이러한 행위를 정언명령으로 부른다. 정언명령은 내 경험에 기초하는 것이 아니다. 칸트는 자유, 이성, 도덕을 한 묶음으로 다룬다. 자유로부터의 행위는 이성적 혜안이다.

오늘날 자유의 개념은 이런 외부의 강제, 이성에 따른 자기 결정으로부터의 자유와 다르다. 즉 자아의 발전이다. 자아 발전(Selbstenfaltung)으로서 고전적 자유의 개념과 다른, 자유의 논의는 다름 아닌 밀에서부터이다. 오늘날 자유는 단순히 외부의 강제의 부재라는 의미뿐만 아니라, 인간이 진실로 원하는 것을 할 수 있는 것이 되어야 한다. 그렇다면 인간이 진실로 원하는 것은 어디서부터 오는가? 인간이 원하는 것은 '생각'으로부터 온다. 자유 생각(생각의 자유)은 외부의 어떤 제한이 없어야 한다(unconstrained). 자신이 원하는 동기가 내면에서 어떤 해를 받아서는 안 된다. 그러할 때 인간은 개별성을 가진 존재로 발전한다. 이러한 생각의 자유, 개별성이 주어질 때 자신의 책임에 대한 논의가 가능하다.

자유는 오늘날 민주주의의 기본 원리로서 기능한다. 민주주의가 개인의 자유와 권리 보장, 제한된 정부, 법치주의 지향, 다원주의 사회를 전제로 한다면, 전체주의는 이런 개인의 자유를 허용하지 않으며, 획일화된 사회를 이루어간다. 사회주의는 생산수단과 사기업 제도에서 사적 소유를 철폐하고자 하며, 자유경제가 아닌 계획경제 체제를 지향한다. 사회주의는 그 추구하는 목표와 목표를 이루고자 하는 수단에서 특징을 갖는다. 궁극적인 목표로서 사회주의를 어떻게 달성할 것인가의 수단은 현실정치에서 또한 사회주의적으로 나타날 수밖에 없다. 따라서 사회주의는 집단주의 성격을 띠며, 계획주의(planning)를 추구하기 때문에, 정부는 자유를 억압하고 폭압적으로 된다.

자유주의와 다른 이념과의 논의에서 가장 얽혀있는 문제는 보수주의와의 관계에서이다. 가령 한국의 정당정치에서 가장 많이 등장하는 개념 중의 하나는 보수(保守)와 진보(進步)이다. 정치장에서 '자유주의'와 '보수주의'보다, '진보주의'와 '보수주의'가 대립적 개념으로 사용된다. 자유주의라는 말 대신 보수주의라는 말이 널리 사용되고 있다. 때로는 자유주의와 보수주의를 동일시하여 혼란을 부추긴다.

보수주의가 추구하는 가치는 한마디로 기존 질서의 안정이다. 보수주의는 전통가치를 옹호하며, 급격한 변화를 피하고 현재의 가치를 유지하는, 기존 사회체제의 안정과 유지를 추구하는 정치 이념으로 이해된다. 정변(政變)이나 혁명과 같은 급격한 변화 추구는 사회 심리적으로 보수주의와는 거리가 멀다. 이러한 보수주의 기원은 에드먼드 버크(Edmund Burke)의 프랑스 혁명에 대한 비판에서 찾는다(『프랑스 혁명에 관한 성찰』, Reflections on the Revolution in France, 1790). 러셀 커크(Russel Kirk)는 『Conservative Mind』(보수의 정신)에서 아일랜드 출신의 영국 정치사상가 에드먼드 버크(1729~1797)를 '보수주의의 시조(II장 제목)'이며, 가장 위대한 보수주의 사상가로 평가한다.[2] 버크는 프랑스 혁명을 '경박함과 잔인함이 빚어내고, 모든 종류의 죄악이 어

---

2 러셀 커크, 이재학 역, 보수의 정신 ― 버크에서 엘리엇까지, 지식노마드, 2018.
  커크는 다음과 같이 보수주의 사상의 여섯 가지 핵심 기둥(canon)을 제시한다.
  1. 초월적 질서 또는 자연법 체계가 사회와 인간의 양심을 지배한다는 믿음이다.
  2. 획일성과 평등주의를 배격하고 다양성과 인간 존재의 신비로움에 대한 애정을 품고 있다.
  3. 문명화된 사회는 '계급 없는 사회'가 아니라 질서와 위계가 필요하다.
  4. 자유와 재산권이 밀접하게 연관돼 있다. 사유재산제도, 사적소유권은 인류에게 책임감을 가르치고, 성실해야 한다는 동기를 제공하며 생각할 여가와 행동할 자유를 제공해준 강력한 도구다.
  5. 추상적 설계에 따라 사회를 구성하려는 '궤변론자'를 믿지 않고 법률과 규범을 믿는다.
  6. 변화가 유익한 개혁이 아닐 수 있음을 인정한다. 갑작스럽고 맹렬한 개혁은 느닷없이 깊이 찌르는 수술만큼이나 위험하며 신중한 변화야말로 사회를 보존하는 수단이다(65-66).

리석은 짓과 더불어 뒤범벅이 된 괴상한 혼란'이며, 국민의회는 고래의 모든 것을 파괴하는 과오를 범했다고 비판한다. 버크는 프랑스 혁명에 동조하는 영국개혁론자들을 논박함으로써 영국체제를 지키려 하였다. 버크는 문명은 연속된 사회 변화의 결실이며, 참다운 진보는 인간이 기존 제도를 유지하면서 그것을 개선하는 데 만족할 때만 가능하다고 본다. 인간 이성의 한계에 대한 인정이다. 버크는 인간성과 역사에 대해 통찰을 하며, 급진적인 개혁에 반대하는 보수주의에 유력한 논지를 제공한다.

　　오늘날 한국 사회에서 자본주의 결함에 반발하는 사회주의는 진보로 분류된다. 반면 경제적 자유주의는 보수에 더 가깝다. 진보주의자는 정부가 민간 부분에 더 개입하고 책임을 져야 한다고 주장하는 반면, 보수주의자는 작은 정부를 지향하며, 정부의 역할은 최소한의 수준에 머물러야 한다고 본다. 이에 보수와 진보주의자들은 사회복지정책, 재정정책 등에서 견해 차이를 보이며 대립한다. 정치비판에서 진보주의자는 사회주의나 공산주의, 그리고 주체사상에 대한 지향을 지닌다고 보며, 친북(親北) · 반미(反美)로 비판된다.

　　자유주의는 단순히 말한다면 '자유 생각(free thought)'이다. 밀과 칸트의 논리에 따르면 '자유 생각'이 가장 본질적인 자유 이념이다. 내가 스스로 생각하고 판단하여 결정하는 것이다. 칸트는 계몽(啓蒙)을 '인간이 미성숙에서 벗어나 타인의 지도 없이 이성적으로 사는 것'이라고 본다. 미성년 상태는 다른 사람의 도움 없이 자신의 이성을 사용하지 못하는 것이다. 그래서 이 미성년 상태의 원인이 이성의 결여가 아니라 다른 사람의 지도 없이 자신의 이성을 사용하려는 결단과 용기의 결여라면 그 책임은 자신에게 있게 된다. 그래서 칸트가 내세우는 계몽의 표어는 "과감히 알려고 하라!(spaere aude, dare to know/have discernment), 너 자신의 이성을 사용하려는 용기를 가져라!"이다(칸트, 계몽이란 무엇인가). 그래서 이 계몽을 위해서는 '자유'가 주어져야 한다. 생각의 자유, 토론의 자유는 『자유론』에 잘 드러나 있다. 우리는 밀을 통해서 자유에 대한 자유 그 자체, 자유의 본질적인 원리를 이해하게 된다.

타인에게 해를 끼치는 자유는 정당화되지 못한다. 『자유론』을 읽는 독자는 어려운 철학적 질문을 마주하게 되는데, 그중 어려운 문제는 다름 아닌 '가장 단순한 원리'로서 '해악의 원리(harm principle)'일 것이다. 타인에게 해를 주지 않는 한, 모든 개인의 행위의 자유를 침해해서는 안 된다는 것이다. 개인의 자유는 오직 '타인에게 해를 끼치는 경우'에만 제한될 수 있다. 타인에게 해를 끼치는 경우에도 자유를 제한하지 않는다면 우리 사회는 토머스 홉스가 말하는 '만인의 만인에 대한 투쟁' 상태에 빠지게 된다.

다른 사람에게 해를 끼치는 것을 막기 위한 목적을 제외하고, 문명사회에서 구성원의 자유를 침해하는 그 어떤 권력의 행사도 정당화될 수 없다는 것이 밀의 주장이다(222). 공리주의적으로 어떤 물질적 이익을 준다든지, 아니면 도덕적 이익을 위한 명목으로도 타인의 자유를 제한할 수 없다.

가령 1860년대에 영국 의회가 제정한 '전염질병법(The Contagious Diseases Acts, the CD Acts)'으로 알려진 3개 법안의 제정이 있다. 이 법은 특히 항구도시를 중심으로 해서 영국 육·해군 약 270,000명의 건강을 예방하는 차원에서 이루어졌다.[3] 이 법에 따르면 매춘여성은 국가가 공식적으로 지정한 의사로부터 검사를 받아야 하고, 매춘여성으로 의심이 되면 체포되어 강제로 검사를 받아야 했으며, 질병 혐의점이 있으면 안전병원에 3개월간 억류하도록 했다(1866년 법). 이는 후에 1869년 법에서는 억류가 1년까지 확대되었다. 1866년 이 법은 보건경찰(medical police)로 하여금 의심되는 매춘여성의 경우에는 2주에 한 번씩 성병 검사를 하도록 했다. 1869년 법이 제정되고부터 매

---

3 Jeremy Waldron, Mill on Liberty and on the Contagious Diseases Acts, in: Nadia Urbinati and Alex Zakaras(ed.), J.S.Mill's Political Thought- A Bicentennial Reassessment, Cambridge University Press, 2007, 11.

춘여성은 공적으로 발급된 보건증을 소지하도록 했다.

한국에서도 1962년부터 이른바 '기지촌 여성'들을 보건소에 등록하게 하고, 성병 검진 결과를 기록한 증서(보건증)를 소지하게 했다(구 식품위생법, 구 전염병예방법). 기지촌 여성들은 이런 검사를 정기적으로 받아야 했다. 한국 경찰과 미군, 보건소 직원들은 마치 토벌대처럼 기지촌 여성들을 단속하였으며, 검진을 받지 않은 여성을 강제로 연행하였다. 성병에 걸린 여성은 '낙검자'로 불리며 당사자의 동의 여부와 상관없이 낙검자 수용소에서 완치될 때까지 감금되었다. 기지촌 여성은 이런 과정에서 범죄자 취급을 받았다(기지촌 위안부 국가 배상 소송 원고 증언, 판결문: 서울고등법원 2017나2017700).

영국의 '전염질병법'의 일련의 법적 조치들은 영국 사회 ― 특히 군인들 ― 의 건강 보건을 지키며 개선하도록 하는 목적을 가진다. 그러나 이러한 법 제정은 즉시 엄청난 반대에 직면했다.

여성들은 대대적으로 시위하며 반대의사를 표명하였고 법 철폐를 요구하였다. 반대하는 여성들은, 성병검사를 강제하는 것은 야만적이며, 여성에 대한 모욕이라고 하였다. 이 법에 가장 비판적인 여성 중 한 명인 버틀러(Josephine Butler, 1828-1906)는 강제적인 검사는 '도구성 강간(instrumental rape)'이라고까지 표현하였다(Waldron, 13). 이 법에 따르면 여성들은 강제로 묶이고, 때로는 더러운 수술 도구로 검사를 받는 치욕과 고통까지 감내해야 했다. 또한 여성을 가리지 않고 성병 보균자로 의심하였으며, 남녀를 차별적으로 대하였다. 왜 여성만 검사를 받아야 하는가? 여성들의 시위는 서유럽의 첫 번째 페미니스트 운동으로 불리기도 하였다. 이 법은 여성들의 극심한 반대에 부딪혀 1886년에 폐지되었다. 계층적, 성적, 인종적 편견은 사회 약자를 쉽게 낙인찍고 비인간적인 대우를 하기 쉽다.

전염질병법은 보건에 대한 국가의 관리와 책임 문제를 시사한다. 누군가가 어느 수준 이상으로 다른 사람에게 '해(질병 전염)'를 준다면 국가가 나설 수밖에 없다. 국가는 다른 사람에게 해를 미치는 매춘여성을 어느 수준에서 관리해야 하는가? 오늘날에는 AIDS 문제가 있다.

영국의 '전염질병법'은 분명히 여성의 자유와 권리를 침해한다. 법이 막을 수 있는 "해로운" 것이 무엇이든 간에, 강제적이며 비인간적인 방식으로 여성을 대하는 것은 정당화되지 못한다. 따라서 여성의 자유 측면에서 이런 법 제정은 원칙적으로 정당화될 수 없다. 밀은 당연히 이런 법 제정에 반대했다. '전염질병법'은 법정신의 가장 위대한 원칙 중 하나인 개인 자유에 반하는 것이기 때문이다.

'해악의 원리'가 자유를 지키는 불변의 헌법 조항으로 적용될 수 있는가의 문제가 물론 있다. 무엇이 과연 다른 사람에게 해를 미치는 것인가, 그 한계를 규정하며 해석하는 것은 충분히 자족적인 원리가 되지 못한다는 비판이다. 밀의 자유에 대한 원리에서 '모호한 면'은 그 대상을 명확하게 표현하고자 할 때, 또는 실제 정책에 구체적으로 적용할 때 발생하기도 한다. 대상을 확대하는 것이 아니라 제한시키는 좁은 규정은 명료성을 갖지만, 대상을 포괄하지 못하거나 또는 실용적인 목적을 놓칠 수가 있다. 따라서 밀의 해악에 대한 개념은 마치 경기장에서 심판이 그 상황에 맞게 판단을 하듯이 자유의 제한과 제한하는 근거에 대해 구체적으로 정당한 논거로서 제시되며, 고정되었다기보다는 역동적인 개념으로서 받아들여져야 한다. 개인 A의 자유가 제한을 받았다면, 그 제한은 '해'를 막기 위한 필요성에 의해서 정당화되어야 한다는 것이다.

밀의 자유에 대한 주장에서 우리가 오해하지 말아야 할 것이 있다. 즉, 밀은 서로에 대해서 무관심하고, '나를 내버려 두어라'와 같은 방식으로 자신의 사적인 것에만 몰두하는 사회와 자유를 생각하지 않았다는 것이다. 또한 밀은 종종 그의 공리주의로 인하여 비판을 받는다. 즉 공리주의 원리와 자유의 개념은 서로 상충한다는 것이다. 이는 밀의 사유를 공리주의의 논리와 자유주의 논리에서 접근하면, 이에는 서로 간에 양립하지 못하는 충돌이 발생한다는 것이다. 그러나 밀에 대한 이러한 비판은 제한적일 수밖에 없다. 왜냐하면『자유론』을 좀 더 들여다보면 공리주의와 자유주의가 서로 양립하는 면을 가지기 때문이다. 가령 밀은 인간을 나무에 비유하면서, 나무가 그 개별성을 가지고 마음껏 자라야 궁극적으로 사회도 그만큼 행복해진다고 본다. 이는 비공리주의적(非功利主義的)인 입장에서의 자유에 대한 옹호이다. 합리적인 지식은 자유 논의와 토론을 통해서 확대된다는 것이 18세기의 자유주의 입장이다.

밀은 자유에 대한 사회적 유용성을 넘어 인간의 기본적 권리로서 자유와, 그런 자유 개인의 다양한 존재와 그에 따른 도덕적 책임을 강조한다.

제 2 부

『자유론』
읽기

「제2부」

──『자유론』읽기

제1장   머리말

1. 책의 주제

밀은 제1장을 '머리말(서론, Introductory)'이라는 평범한 제목을 붙이고 있지만, 저술 목적, 자유의 원칙 등 핵심 주제를 제1장에서 소개하고 있다. 밀은 흔히 말하는 '의지의 자유'가 아니라, '시민의 자유' 또는 '사회적 자유'가 이 책의 중심 주제라고 소개한다. 즉 사회가 개인에 대해 정당하게 행사할 수 있는 권력의 성질과 그 한계를 따지는 것이다. 밀은 개인에 대한 사회적 권력의 행사는 오늘날 갑자기 생겨난 것이 아니라, 아주 오래전부터 인간사회를 지배해왔다고 언급하며 이런 종류의 문제는 "더구나 실천적 담론에 영향을 미치고, 중요한 현안으로 두드러지고 있다."라고 밝혔다. 나아가 '문명이 발전하고, 인간의 삶이 진보하는 환경에서 다시금 근본적으로 따져봐야 하는 담론'이 되고 있다고 덧붙이고 있다.

"이 책의 목적은 이른바 의지의 자유를 다루는 것이 아니다. 유감스럽게도 사람들은 철학적 필연성을 숙명론과 같은 것으로 오해하면서 그것이 의지의 자유와 상반되는 것처럼 생각한다. 이 책은 그보다는 시민의 자유 또는 사회적 자유를 중심 주제로 삼고 있다. 다시 말해서 나는 이 책에서 '사회가 개인에 대해 정당하게 행사할 수 있는 권력의 성질과 한계'를 살펴보고자 한다. 이 문제는 지금까지 그다지 제기되지 않았고, 이를 둘러싼 이론적 차원의 토론은 더구나 없었다. 그러나 그 구체적인 모습을 드러내지는 않았지만, 이런 종류의 문제가 오늘날의 실천적 담론에 심대한 영향을 끼치고 있다. 그리고 머지않아 이것이 미래의 중요한 현안으로 주목받을 가능성이 높다. 어떻게 보면 이런 문제는 오늘날 갑자기 생긴 것이 아니다. 아주 오래전부터 인간사회를 뒤흔들던 것이다. 그러나 문명이 발전하고 인간의 삶이 진보를 거듭하면서 이 문제를 둘러싼 환경이 새롭게 바뀌고 있다. 따라서 다른 차원에서 좀 더 근본적인 접근을 시도해야 한다."

The subject of this Essay is not the so-called Liberty of the Will, so unfortunately opposed to the misnamed doctrine of Philosophical Necessity; but Civil, or Social Liberty: the nature and limits of the power which can be legitimately exercised by society over the individual. A question seldom stated, and hardly ever discussed, in general terms, but which profoundly influences the practical controversies of the age by its latent presence, and is likely soon to make itself recognised as the vital question of the future. It is so far from being new, that, in a certain sense, it has divided mankind, almost from the remotest ages; but in the stage of progress into which the more civilised portions of the species have now entered, it presents itself under new conditions, and requires a different and more fundamental treatment(217).

밀은 먼저 『자유론』의 주제는 '의지의 자유(자유의지; Liberty of the Will, free will)'가 아니라고 밝힌다. 자유의지는 자기 스스로 생각하고 자신의 행동을 결정하는 능력을 말한다. 로크에 따르면 주어진 상황에서 행위를 하기에 앞서 그 행위가 도덕적으로 옳은지 여부를 따지는 능력을 갖고 있음을 전제한다. 그러나 이것으로 충분하지 않다. 의지의 자유는 그 행위를 고려한 결과에 따라서 결정을 하고 또한 그에 맞추어서 행동해야 한다. 그래서 로크는 개인은 이런 능력을 소유하고, 그 고려한 결과에 따라 결정을 내리며 행동할 때에 자유롭다고 본다(인간 지성론, 제2권, 제21장 능력에 대하여; Of Power).

밀의 자유에 대한 분석을 마약 중독자 사례에 적용해 볼 수 있다. 마약 중독자가 하소연하는 것은 마약 중독이 자신의 건강을 망치리라는 것을 알고 있더라도, 마약을 하는 것을 결정할 수밖에 없다는 것이다. 이때 마약 중독자에게는 자신이 고려한 대로 결정할 수 있는 능력이 결여되어 있다. 그는 자신이 하는 행위가 자신을 해치고 또한 부도덕한 일이 될 수 있다는 것을 충분히 알 수 있고 그러한 인식과 판단 능력을 갖추었다고 해도 그 자신의 결정은 아무런 힘도 영향력도 없다. 그 자신의 결정이 주변의 상황으로부터 주도되어 일어나는 것으로 보기 때문이다. 이는 더 나아가서 어떤 범죄행위가 정신적 질병에 기인한 것이라면 그 행위에 대한 책임을 물을 수 없는 경우도 생긴다. 여기서 결정적인 것은 행위에서 불의를 구별하며, 또한 그에 따라 행위를 할 수 있는 능력이 있는가이다. 인간이 과연 자유의지대로 행할 수 있는가는 결정론(Determinism)과 연계되어 찬반으로 의견이 나뉜다.

밀은 자신이 다루는 문제는 이와 같은 '의지의 자유' 문제가 아니라 '사회적 자유' 또는 '시민적 자유'의 문제라고 말한다. 밀이 다루는 주제는 '사회가 개인에 대해 정당하게 행사할 수 있는 권력의 본성과 한계'이다. 쉽게 풀어보면 개인이 원하는 대로 할 수 있는 행위의 범위는 어느 정도이며, 사회는 어느 지점부터 그런 개인의 자유스러운 행위에 개입하고 강제할 수 있는가이다. 이는 분명 '의지의 자유'와 아주 다르다. 밀은 간단하고 명료한 자유 원리를 제시한다.

- 개인은 기본적으로 자기가 원하는 대로 살 자유가 있다.

- 개인의 자유는 다른 사람에게 해를 끼치지 않는 한 보장된다.
- 개인은 자신에 대해서, 자신의 육체와 정신에 대해서 주권을 갖는다.

밀은 이처럼 개인적 자유를 '매우 단순한 하나의 원칙(one very simple principle)'으로 명료화한다. 그렇다면 '사회가 개인에 대해 정당하게 행사할 수 있는 권력의 성질과 한계'는 현재 우리가 사는 사회에서 어떤 의미가 있는가? 이는 차후에 구체적으로 서술되겠지만, 민주주의 시대에 나타나는 '다수의 횡포(tyranny of majority)'에 대한 문제에 초점이 맞춰진다. 밀은 다수의 횡포가 다른 어떤 형태의 정치적 탄압보다 훨씬 무섭고 개인의 사상까지 간섭하며, 마침내 영혼까지 통제하여서 빠져나갈 틈을 주지 않는다고 본다. 왜냐하면 다수의 횡포는 개별성을 용납하지 않고 획일화를 강요하기 때문이다. 따라서 밀은 개인적 자유를 절대적으로 보장하며, 사회가 개인에 대해 통제 및 강제하는 영역과 경우를 최대한 엄격하게 규정하고자 하였다.

2. 자유의 역사 — 권력을 제한하는 방식의 변화

밀은 자유의 개념과 발전과정을 권력 제한 방식의 변화에서 찾는다. 이는 자유의 발전단계 내지 자유의 역사이기도 하다. 자유와 권력의 다툼의 역사는 까마득한 옛날부터 있었고, 현재도 진행 중이다. 밀은 '자유와 권위 사이의 갈등'을 간략하게 소개한다.

1) 제1기: 인민과 지배자 간의 적대관계 시기
이 시기에 자유는 정치 지배자가 휘두르는 폭력에 대한 보호를 의미했다. 과거의 지배는 일부 그리스를 제외하고 백성에 대한 지배자나 일부 계급의 지배라는 형태로 나타났기 때문에 이 단계에서 자유는 '정치 지배자의 압제에서 보호받는 것'을 의미했다. 또한 지배자와 일반 인민(국민)이 적대적인 관계로 여겨졌다. 이 시기에 자유의 문제는 인민들(또는 인민들의 몇몇 계층)과 지배자 간의 투쟁으로 나타났다.

피지배자들은 감히 권력자와 그 폭압에 도전할 생각을 하지 못했다. 도전하고 싶어도 그 결과가 얼마나 위험한지 알고 있었기 때문이다. 자유의 문제는 최고 권력자가 행사하는 힘의 한계를 규정하는 것이 되며, 이렇게 권력에 제한을 가하는 것이 자유(liberty)로 일컬어졌다. 지배자의 권력은 내부 안전과 외부의 적들로부터 백성을 보호하는 것에 필수적인 것처럼 보였지만, 한편 이는 백성에게 두려움의 대상이었다. 백성들이 두려워하는 것은 지배자가 피지배자의 이익보다 자신들의 이익을 위해서 권력을 더 많이 사용할 수 있다는 점이었다.

밀은 이 점을 흥미롭게 표현한다. 독수리들은 다른 독수리들의 먹잇감이 되지 않기 위해서 그들의 무리 중 힘센 독수리에게 자신들의 운명을 맡기는 방식으로 작은 독수리 공동체를 만든다. 왕 독수리는 외부 독수리들을 물리치지만, 자신의 무리 전체에게도 위협이 된다. 왕 독수리는 공동체의 작은 독수리를 잡아먹을 수 있기 때문이다. 독수리 공동체는 힘센 왕 독수리의 부리와 발톱을 항상 경계하지 않을 수 없다. 이러한 위험성을 걱정하는 사람들은 최고 권력자의 힘에 한계를 정하고자 하였다. 이처럼 권력에 제한을 가하는 것을 자유라고 불렀다(218).

전통적인 자유 개념에서 권력을 제한하는 방법에는 두 가지가 있다.

첫째는 정치적 자유 또는 정치적 권리라는 불가침 영역을 설정하는 것이다. 따라서 권력자가 이를 침범하면 그 의무를 위반한 것으로 간주하여 피지배자들은 저항하거나 반란을 일으키는 것을 정당한 것으로 본다. 존 왕(John, the King of England, 1167-1216)은 자신의 권리를 제한하고, 백성들의 자유와 권리를 일정 부분 승인해야만 했다. 영국 존 왕은 대헌장(Magna Carta)에 서명했다. 제39절은 "자유민은 누구를 막론하고 자기와 같은 신분의 동료에 의한 합법적 재판 또는 국법에 의하지 않는 한 체포, 감금, 점유 침탈, 법의 박탈, 추방 또는 그 외의 어떠한 방법에 의해서라도 자유가 침해되지 아니하며, 또 짐 스스로가 자유민에게 개입하거나 또는 관헌을 파견하지 아니한다."라고 규정함으로써, 자신의 권력 행사에 제한을 두었다. 피지배자는 그만큼의 자유를 얻게 되었다.

둘째는 국가가 주요 결정을 내릴 때 구성원 또는 구성원을 대표하는 기관의 동의를 얻는 것을 헌법에 규정하는 것이다.

지배자의 권력을 제한하는 문제는 사회계약론자인 로크의 『정부론』(1690)에서 잘 드러난다. 사람들은 사회계약에 따라 위임된 권한이 남용될 때 저항할 권리를 가진다.

이로써 밀은 고대 그리스, 12세기 영국 의회주의 형성기를 거쳐 근대 초기 홉스, 로크에 의해 사회계약론이 등장하는 시기까지의 자유와 권력의 투쟁 및 그 특징을 보여준다.

2) 제2기: 정당 등장과 민주주의 시기

자유 역사의 두 번째 단계는 민주주의가 제도화되어 발전하는 시기이다. 이 시기는 사람들이 단지 통치자들에게 저항할 권리를 가질 뿐만 아니라, 지배자들을 선택하고 임명할 수 있다고 여기는 시기이다. 이 시기에는 정당이 등장하였으며, 정당들은 정치권력의 획득을 둘러싼 투쟁을 하였다. 이런 시기에 자유와 권위에 대한 문제가 대두하였다.

민주주의 국가에서 권력 제한의 방식이, 국민의 이익을 위해 봉사하는 대리인을 바꾸는 것을 통해 제도화되었다. 즉, 선거를 통해 일정 기간 동안의 지배자를 선출하며, 그에게 통치를 맡기는 것이다. 피지배자들은 주기적인 선거를 통해서 지배 권력을 세울 수도, 교체할 수도 있게 되었다. 이런 제도는 각 국가에서 민주정당의 등장과 더불어 정착 및 확산되었다. 민주주의 국가에서 지배자는 국민의 의사에 따라야 하며, 권력은 오직 인민들의 선을 위해서 사용되어야 한다. 지배자와 인민의 의지는 일치하며, 국민은 자신의 의지를 견제할 필요성, 다시 말해 국민이 스스로 자신에게 횡포를 가할 염려는 하지 않게 되었다.

> "그러나 이제는 사정이 달라졌다. 지배자와 인민이 하나가 되어야 한다. 지배자의 이익이 국민의 이익이 되고, 지배자의 의지가 곧 국민 전체의 의지가 되어야 하는 시대인 것이다. 따라서 국민이 자신에게 횡포를 부릴지 모른다는 것을 걱정할 필요도 없어졌다. 지배자는 국민에 대해 철저하게 책임을 져야 하고, 그렇지 못할 때는 국민에 의해 즉시 권좌에서 쫓겨나게 된다. 따라서 국민이 권력의 사용처와 사용방법을 엄격하게 규정한다면, 그 권력을 지배자에게 안심하고 맡길 수 있을 것이다"(218).

밀은 유럽 사회에서 민주주의를 지지하는 사상가들이 오류를 범하고 있다고 비판한다. 과거 유럽 자유주의 마지막 세대의 특징은, 다름 아니라 "국민은 스스로를 자신으로부터 보호할 필요가 없다, 국민이 그 자신을 압제할까봐 두려워할 필요가 없다"고 본 것이었다. 밀은 과거 자유주의 철학자들은 민주 권력 역시 압제적으로 사용될 수 있다는 사실을 직시하지 못하였다고 비판한다.

3) 제3기: 제한된 정부와 다수의 통치 시기

지배자는 인민(국민)에 대한 책임을 지며, 그렇지 못한 경우에는 권좌에서 내려올 수밖에 없다. 이는 민주 공화정(democratic republic)의 등장으로 선거를 통해 수립되는 정부의 특징이다. 밀은 여기서 '헌법의 실제성(Verfassungs wirklichkeit)'의 문제점을 지적하는데, '스스로 지배하는 대중의 권력'과 '자치'라는 개념이 그것이다. 권력을 행사하는 '인민'이 그 권력 행사의 대상인 인민과 언제나 같은 것은 아니다. 인민의 의지도 다수파의 의지를 말하는 것으로 변화되었다. 자치(self-government)라는 개념도 '각자가 자신을 스스로 지배(government of each by himself)'한다는 의미로, 권력을 행사하는 인민이 바로 그 권력이 행사되는 대상과 같은 것이었는데, 더는 그렇지 않게 되었다. 즉, 각자가 자기 이외의 나머지 사람들의 지배를 받는 정치 체제(government of each by all the rest)가 되었다. 대중은 결과적으로 그들 구성원의 일부를 억압하고 싶어 한다. 이처럼 군주들이나 왕이 지배하는 체제에서와 같이 민주정에서도 권력의 남용에 대한 예방책들이 똑같이 요구된다.

제3기에서는 '다수의 횡포(tyranny of the majority)'를 사회가 경계하지 않으면 안 될 큰 해악 가운데 하나로 분명히 인식하고 있다. 개개인에 대한 정부의 권력을 제한하는 것의 중요성은 여전하다. 다수의 지배에 대한 문제는 미국 정치에서 토크빌이 관심을 가지고 다룬 주제이다(『미국의 민주주의』, Democracy in America, 1835). 밀은 미국에서 토크빌이 발견한 '개인들의 무가치화'와 '집단의 세력화'에 주목한다. '다수의 횡포(the tyranny of the majority)'에 대한 경계이다.

"이제 '자치(自治)'나 '인민의 자기 자신에 대한 권력 행사'라는 등의 말은 문제의 본질을 정확하게 표현하지 못하는 것으로 여겨졌다. 권력을 행사하는 '인민'은 그 권력이 행사되는 대상과 늘 같은 것은 아니다. '자치'라고 말하지만, 실제로는 각자가 자신을 스스로 지배하기보다 각자가 자기 이외의 나머지 사람들의 지배를 받는 정치 체제가 되고 있다. 게다가 인민의 의지라는 것도 엄밀히 말하면, 가장 많은 수를 차지하는 사람들 또는 인민들 가운데 가장 활동적인 일부 사람들, 다시 말해 다수파 또는 자신을 다수파로 받아들이게 하는 사람들의 의지를 뜻한다. 따라서 인민이 자신들 가운데 일부를 억누르고 싶은 욕망을 품을 수도 있으므로 다른 권력 남용 못지않게 이에 대한 주의도 게을리 해서는 안 된다. 집권자가 인민, 더 정확하게 말하면 인민 가운데 가장 강력한 집단에 대해 정기적으로 책임을 지게 되더라도 정부가 개인들에게 행사하는 권력에 일정한 제한을 가하는 것은 여전히 중요하다."(219)

밀은 『자유론』에서 토크빌에 대해 단 한 번 짧게 언급하지만, 그는 토크빌에 대해서 잘 알며, 그의 민주주의에 대한 비판을 수용하고 있다. 토크빌에 따르면 미국에서는 다수가 결정을 내릴 때까지 문제의 사안에 대해 격렬한 토론이 벌어진다. 그러나 다수의 결정이 일단 공표되고 나면, 모두가 침묵한다. 그 이후에는 찬성자들뿐만 아니라 반대자들도 그 결정의 타당성을 인정하는 일에 협력하게 된다. 이런 방식으로 다수의 폭정은 고전적 폭정보다 더 은밀하고 강압적으로 작용한다. 밀은 토크빌의 말을 빌려, 과거 군주는 개인의 육체를 강압했지만, 민주사회에서 다수의 폭정은 인간의 영혼을 노예로 만든다고 비판한다.

토크빌은 『미국의 민주주의』에서 다음과 같이 말한다.

"다시 말하자면 군주제는 억압을 구체적인 것으로 만들었다면 오늘날 민주공화정은 억압을 완전히 마음의 문제로 만들었으며, 그 억압이 지배하려고 하는 의지까지도 마음의 문제로 만들었다. 어떤 한 사람이 절대적 지배를 하는 상황에서 영혼을 지배하기 위해서는 신체를 공격했다. 그러나 영혼은 자신에게 가해지는 타격을 피해서 의연하게 높이 솟아올랐다. 민주공화정의 폭정이 취하는 길은 이런 것이 아니다. 여기서는 신체는 자유스럽게 내버려 두지만 영혼은 얽매인다."(미국의 민주주의, 342)

밀은 민주주의를 전적으로 신뢰하며 민주주의적 도덕 가치를 옹호한다. 그럼에도 그는 사회 다수의 의지가 항상 선하며 합리적이지는 않다고 보았다. 대중적인 힘은 충동적일 수 있으며 해로운 작용을 끼칠 수 있다는 것이 밀의 견해이다. 그래서 대중적인 행동은 그 구성원에 따라오도록 강제성을 발휘하며, 비범한 사상이나 행동을 방해하거나 좌절시키는 경향을 보인다.

밀은 이렇게 말한다.

"이처럼 사회가 그릇된 목표를 위해 또는 관여해서는 안 될 일을 위해 권력을 휘두를 때, 그 횡포는 다른 어떤 형태의 정치적 탄압보다 훨씬 더 가공할 만한 것이 된다. 정치적 탄압을 가하는 사람들과는 달리 웬만해서는 극형을 내리지 않는 대신, 개인의 사사로운 삶 구석구석에 침투해 마침내 그 영혼까지 통제하면서 도저히 빠져나갈 틈을 주지 않기 때문이다. 그러므로 정치 권력자들의 횡포를 방지하는 것만으로는 충분하지 않다. 그뿐만 아니라 사회에서 널리 통용되는 의견이나 감정이 부리는 횡포, 그리고 통설과 생각이나 습관이 다른 사람들에게 사회가 법률적 제재 이외의 방법으로 윽박지르며 그 통설을 행동지침으로 받아들이도록 강요하는 경향에도 대비해야 한다."(220)

4) 제4기: 사회 권력에서 자유

밀은 사회의 발전에서 4번째로 자유에 대한 관심을 둔다. 이런 배경은 오늘날 대량 수송이나 통신체계의 발달과 같은 신기술의 등장으로 다수 대중이 자신의 힘을 확보하게 된 것에 있다. 여론이나 관습의 방식을 통해 개인을 통제하고자 하는 환경에서 지배자나 계급을 통한 권력의 횡포가 발생하며 그에 따른 해악이 있는 것처럼, 다수의 횡포도 있을 수 있다. 사회 횡포는 사회가 그 사회의 개별 구성원에 집단으로 횡포를 부리는 것이다. 사회가 스스로 뜻이나 목표를 정하고, 이를 관철하기 위해서 권력을 휘두를 때 그 횡포는 다른 어떤 정치적 탄압보다 훨씬 크다. 왜냐하면 사회를 통한 탄압은 '개인의 사적인 삶의 구석구석에까지 침투해, 그 영혼까지 통제하면서 도저히 빠져나갈 틈을 주지 않기 때문이다'(220). 그러므로 정치 권력자들의 횡포를 막는 것만으로는 충분하지 않다.

사회는 감정을 통한 횡포, 통설이나 생각, 습관을 다른 사람에게 받아들이도록 강요한다. 사회는 '다수의 삶의 방식과 일치하지 않는 그 어떤 개별성도 발전시키지 못하도록 방해한다.'(220) 즉 사회는 '모든 사람의 성격이나 개성을 표준에 맞도록 획일화하려고 한다.'(220) 그러나 분명한 것은 집단의 생각이나 의사가 개인의 독립성에 함부로 관여해서는 안 된다는 것이다. 인간다운 삶의 유지를 위해서는 정치적 독재를 방지하는 것 못지않게, 사회가 그 한계를 분명히 하여 부당한 침해가 일어나지 않게 하는 것이 중요하다.

"다른 권력의 횡포와 마찬가지로, 다수의 횡포도 주로 공권력 행사를 통해 그 해악이 처음 목격되었으며, 지금도 다르지 않다. 그러나 주의 깊게 관찰해 보면, 사회 자체가 횡포를 부린다고 할 때 ― 다시 말해 사회가 개별 구성원들에게 집단으로 횡포를 부린다고 할 때 ― 그것은 정치권력 기구의 손을 빌려 할 수 있는 행위에만 한정되는 것은 아니다. 사회는 자신의 뜻을 관철할 수 있고 실제로도 그렇게 한다. 이처럼 사회가 그릇된 목표를 위해 또는 관여해서는 안 될 일을 위해 권력을 휘두를 때, 그 횡포는 다른 어떤 형태의 정치적 탄압보다 훨씬 더 가공할 만한 것이 된다. 정치적 탄압을 가하는 사람들과는 달리 웬만해서는 극형을 내리지 않는 대신, 개인의 사사로운 삶 구석구석에 침투해, 마침내 그 영혼까지 통제하면서 도저히 빠져나갈 틈을 주지 않기 때문이다."

Like other tyrannies, the tyranny of the majority was at first, and is still vulgarly, held in dread, chiefly as operating through the acts of the public authorities. But reflecting persons perceived that when society is itself the tyrant ― society collectively over the separate individuals who compose it ― its means of tyrannising are not restricted to the acts which it may do by the hands of its political functionaries. Society can and does execute its own mandates: and if it issues wrong mandates instead of right, or any mandates at all in things with which it ought not to meddle, it practises a social tyranny more formidable than many kinds of political oppression, since, though not usually upheld by such extreme penalties, it leaves fewer means of escape, penetrating much more deeply into the details of life, and enslaving the soul itself. Protection, therefore, against the tyranny of the magistrate is not enough: there needs protection also against the tyranny of the prevailing opinion and feeling; against the tendency of society to impose, by other means than civil penalties, its own ideas and practices as rules of conduct on those who dissent from them; to fetter the development, and, if possible, prevent the formation, of any individuality not in harmony with its ways, and compels all characters to fashion themselves upon the model of its own. There is a limit to the legitimate interference of collective opinion with individual independence: and to find that limit, and maintain it against encroachment, is as indispensable to a good condition of human affairs, as protection against political despotism(219-220).

밀이 볼 때 자유의 보장은 권력자들의 횡포를 방지하는 것만으로는 충분하지 않다. 왜냐하면 지배적인 여론이나 감정이 부리는 횡포가 있기 때문이다. 통설과 생각이나 습관이 다른 사람들에게 사회가 법률적 제재 이외의 방법으로 윽박지르며 모든 사람에게 그들의 인성을 사회가 정한 방식으로 만들어가도록 강제하는 것도 있다. 이와 같은 사회의 다수 횡포에서 개인의 자유는 위협을 받는다.

그렇다면 오늘날 얼마나 많은 사람이 자유를 누리며 살고 있을까? 국경없는기자회(RSF)는 매년 세계 언론자유지수(Freedom of the Press)를 발표한다. RSF는 2019년 5월 "오직 전 세계 9%의 인류만이 언론자유가 있는 나라에서 살고 있다."고 밝혔다. 세계인구 74%는 언론자유가 없거나 매우 위험한 나라에 살며 정보 접근의 자유가 심각하게 억압되어 있다. RSF 발표에 따르면 세계 언론자유지수는 최근 5년간 11%나 악화했다. 국경없는기자회는 아시아 지역과 관련하여, "오늘날 아시아 지역에서는 민주주의가 각종 거짓 정보에 저항하고 있으며, 이곳에서 독립성을 지키며 언론인의 임무를 수행하려면 많은 용기가 필요하다."고 하였다. 중국의 경우 집권층이 국영 미디어 내 모든 토론을 금지하는 한편, 체제에 반대하는 목소리를 내는 시민 저널리스트들은 자비 없는 단속대상이다. 베트남에는 30명의 언론인이 억류되어 있으며, 중국에는 이보다 2배 많은 언론인들이 구금되어 있다. 중국은 불리하거나 민감한 해외 사이트를 차단하며, 개개인의 인터넷 접속도 감시한다. 사람들은 중국의 강력한 인터넷 통제 시스템을 만리장성(The Great Wall)에 빗대 '만리방화벽(Great Firewall)'이라고 부른다.

2019년 프리덤하우스 순위와 점수를 보면, 노르웨이 1위(7.82), 핀란드 2위(7.90), 독일 13위(14.60), 한국 41위(24.94), 대만 42위(24.98), 미국 48위(25.69), 일본 67위(29.36), 헝가리 87위(30.44), 러시아 149위(50.31), 싱가포르 151위(51.41), 사우디아라비아 172위(65.88), 중국 177위(78.92), 북한 179위(83.40) 등이다.

2019 세계 언론자유지수(Freedom of the Press Worldwide 2019)

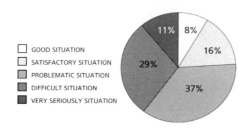

세계 언론자유지수. 색이 진할수록 언론자유가 없음. 언론자유 국가(good)로 분류되는 인구는 전 세계의 24(8+16)%에 불과함. 한국은 아시아 지역에서 대만과 함께 유일한 언론자유 국가에 속함(출처: https://rsf.org).

GOOD SITUATION
SATISFACTORY SITUATION
PROBLEMATIC SITUATION
DIFFICULT SITUATION
VERY SERIOUSLY SITUATION

2018년 한국은 43위(23.51), 미국 45위(23.73), 일본 67위(28.64), 러시아 148위(49.96), 싱가포르 151위(50.95), 사우디아라비아 169위(63.13), 중국 176위(78.29), 북한 180위(88.87, 180개 조사국 중 최하위)이었다.

한국은 전 세계 9%의 인류에 속한다.

3. 개인의 독립과 사회 통제 간의 조정 원리

사회가 개인의 영역을 침해해서는 안 된다는 명제는 분명하다. 그 한계를 정하는 것, 즉 개인의 독립성과 사회의 통제 사이에서 접점을 찾기는 쉽지 않다. 이런 간섭의 행동규칙은 일부 법을 통해서 가능하나, 많은 경우에서는 사람들의 생각에 따라 결정될 수밖에 없다. 이런 규칙을 정하는 것은 우리 인간의 삶에서 가장 중요하게 탐구되어야 할 문제이다. 왜 그러한가? 밀은 다음과 같은 점을 든다.

- 답은 시대에 따라 항상 다르다. 한 시대나 사회가 내린 결정은 다른 시대나 다른 사회에서는 틀릴 수 있다.
- 관습은 사람들을 통해서 만들어지며, 이는 이성적인 토의보다 일반적인 상식에서 강화된다.

- 사람이 믿는 종교의 교리도 불변의 지침이 되지 못한다.
- 사람들에게는 세속의 권력자나 신을 맹목적으로 추종하거나 피하는 노예 근성 같은 것이 있다.
- 사회 또는 사회를 움직이는 중요한 세력이 좋아하는 것과 싫어하는 것이 규칙의 실질적인 원천이 된다.
- 도덕 감정이라는 것도 엄청난 실수를 저지를 수가 있다. 신학적 증오가 가장 확실한 도덕 감정의 하나가 되는 경우이다. 이는 가령 종교적인 차이를 인정하지 않는 경우에서 보인다.
- 인간은 자신이 소중히 여기는 것과 대립되는 것에는 쉽사리 관용을 베풀지 못하는 천성을 타고났다.
- 영국에서는 독특한 정치사로 인하여 다른 나라와 비교할 때 여론의 구속력이 상대적으로 크지만, 법의 간섭은 적은 편이다.
- 사람들이 자신과 정부를 동일시하게 되면, 정부가 개인의 자유를 침해할 위험도 커지게 된다.
- 정부의 간섭이 옳은 것인지 아닌지를 손쉽게 판단할 수 있는 공인된 원리는 존재하지 않는다.

"무엇이든지 누군가에게 가치가 있느냐 없느냐의 여부는 다른 사람들의 행동에 제약을 가할 힘이 있느냐 없느냐에 달려 있다. 그러므로 일부 행동규칙은 우선 법에 따라 정해져야 한다. 그리고 법이 관여하기 어려운 그 밖의 많은 일은 사람들의 생각에 따라 결정되어야 한다. 어떤 것이 이런 규칙이 되어야 마땅한지는 우리 인간의 삶에서 가장 중요하게 탐구되어야 할 문제이다. 그러나 아주 명백한 몇몇 경우를 제외하면 이 문제의 정답을 찾기란 거의 불가능하다. 게다가 시대에 따라서 답이 항상 다르다. 서로 다른 두 사회가 같은 답을 낸 적이 거의 없다. 한 시대나 사회가 내린 결정이 때로 다른 시대나 다른 사회의 사람에게는 놀라워 보이기도 한다. 그러나 그런 결정을 내린 특정 시대, 특정 국가의 사람들은 다른 사람들도 오래전부터 늘 자신들과 똑같은 생각을 해왔다고 믿으며 이에 대해 추호도 의심하지 않는다. 그들은 자신이 확립한 규칙이 자명하며 누가 봐도 옳다고 여긴다. 거의 모든 사람이 빠지기 쉬운 이런 착각은 관습이 빚어내는 가공할 만한 부작용 가운데 하나라고 할 수 있다. 사실 이 관습이라는 것은 속담 그대로 제2의 자연이다. 아니, 더 정확하게 말하면 자연을 계속하여 왜곡하고 있다."(220)

1) 개인 규제의 원리

자유에 관한 아주 명료한 단 하나의 원리는, 사회가 법에 따른 물리적 제재나 여론의 힘을 통한 도덕적 강권 등을 통해 개인에 대한 강제나 통제를 가할 수 있는 경우를 최대한 엄격하게 규정하는 것이다. 인간사회에서 다른 사람의 행동의 자유를 침해할 수 있는 경우는 오직 하나 자기보호를 위해 필요할 경우뿐이다. 다른 사람에게 해(harm)를 끼치는 경우를 제외하고, 문명사회에서 구성원의 자유를 침해하는 그 어떤 권력의 행사도 정당화될 수 없다. 밀의 주장을 따라가면 다음과 같다.

- 자신의 물질적 또는 도덕적 이익(good)을 위한다는 명목으로 타인의 자유를 간섭하는 것은 일절 허용되지 않는다.
- 당사자에게 더 좋은 결과를 가져다준다는 이유로 그 자신의 의사와 관계없이 무슨 일이든 강제할 수 없다. 설득, 간청, 충고만 가능하며 강제나 위협은 허용되지 않는다.
- 사회의 간섭은 다른 사람에게 영향(concern)을 주는 행위에 대해서만이며, 당사자에게만 영향을 끼치는 행위에 대해서 개인은 절대적인 자유를 누려야 한다.
- 각자는 자신의 몸이나 정신에 대해서 주권자이다.
- 이러한 원리는 성숙한 사람에게만 적용된다. 어린이나 미개사회(backward state of society[4])는 제외하는 것이 좋다.

---

4 밀은 미개사회를 미성년자(nonage)로 간주하며, 이런 주장은 당시 식민지 지배에 대한 옹호라는 비판을 받는다. 미개인(barbarias)을 개명시킬 목적으로는 독재(despotism)도 정당한 통치 기술이 될 수

"나는 이 책에서 자유에 관한 아주 간단명료한 단 하나의 원리를 천명하고자한다. 이를 통해 사회가 개인에 대한 강제나 통제 — 법에 따른 물리적 제재 또는 여론의 힘을 통한 도덕적 강권 — 를 가할 수 있는 경우를 최대한 엄격하게 규정하는 것이 이 책의 목적이다. 그 원리는 다음과 같다. 인간사회에서 누구든 — 개인이든 집단이든 — 다른 사람의 행동의 자유를 침해할 수 있는 경우는 오직 한 가지, 자기보호를 위해 필요할 때뿐이다. 다른 사람에게 해를 끼치는 것을 막기 위한 목적이라면, 당사자의 의지에 반해 권력이 사용되는 것도 정당하다고 할 수 있다. 이 유일한 경우를 제외하고는, 문명사회에서 구성원의 자유를 침해하는 그 어떤 권력의 행사도 정당화될 수 없다. 자신의 물질적 또는 도덕적 이익을 위한다는 명목 아래 간섭하는 것도 일절 허용되지 않는다."(223)

2) 해악의 원리 — 자유와 공리주의

효용(utility)은 윤리적 정당성을 판단하는 중요한 기준이다. 효용 개념은 끊임없이 변하고 상황에 따라 달라지지만 궁극적으로 진보하는 존재로서 인간의 항구적인 이익에 기반을 둔다. 이런 이익의 개념 때문에, 다른 사람의 이익에 영향을 주는 행위에 대해서만 외부의 힘이 개인의 자율성을 제한할 수 있는 근거가 된다.

마땅히 해야 할 일을 하지 않는 개인에게 사회가 책임을 묻는 것은 밀에 따르면 당연하다. 하지 않음으로써 남에게 피해를 주는 경우에도 신중하게 책임을 물을 수밖에 없다. 물론 누구든 다른 사람에게 피해를 주는 경우는 그 일에 대한 책임을 지는 것이 당연하다. 그러나 다른 사람이 피해를 보지 않도록 미리 막지 못했다고 책임을 추궁하는 경우는 예외적이어야 한다. 사회는 간섭할 권리가 있지만, 개인 자신에게 맡겨두는 것이 훨씬 좋은 결과를 가져오거나, 사회가 간섭하면 오히려 더 큰 해악을 초래할 위험이 있는 경우

있다고 본다(223).

가 있기 때문이다.

'해(害)/해악(害惡)'에 대한 개념을 정의하며 이 개념에 합의하기는 쉽지 않다. 해의 개념은 형사법에 적용되는 경우, 가령 살인, 상해, 절도 또는 납치 등과 같이 명확하다. 민법에 적용할 때에도 재산상 손해를 미치는 사건의 경우에 해의 개념이 분명하다. 민법 제750조(불법행위의 내용)는 "고의 또는 과실로 인한 위법행위로 타인에게 손해를 입힌 자는 그 손해를 배상할 책임이 있다"고 규정하고 있다. 행위가 해로운 경우에만 형사 처벌되어야 한다는 규범적 요건으로 이해되는 '해 원칙'을 직접적인 해를 끼치지 않고 발생할 수 있는 범죄 행위에 적용하는 데는 어려움이 있다. 이는 겉으로 보기에 무해한 행위를 범죄화하기 위해서는 그에 정당화할 수 있는 간접적인 피해를 찾아야 하기 때문이다. 행위의 직접적인 희생자가 아닌 사람들 사이에서 발생하는 두려움과 불안, 갈등이 있는데 이런 불안에 근거하여 광범위한 행동을 범죄화하는 것이 가능한지, 가능하다면 그것이 과연 정당한지에 대한 문제가 발생한다.

'이해'가 충돌하는 경우도 있다. 가령 사회에서 흔히 보는 가치 충돌, 신념의 차이, 문화의 차이에서 오는 이해관계의 충돌이다. 사회가 개인에 대해 간접적인 이해관계만 있는 행동에 관여하는 경우에서도 '해'에 대한 개념을 합의하기가 쉽지 않다. 대기업의 중소기업에 대한 횡포를 어느 정도부터 '해'로 봐야 하는가의 문제도 있다.

밀은 1825년 글 'Law of Libel and Liberty of the Press(「명예훼손법과 언론의 자유」)'에서 범죄(violation)는 범죄이며, 이를 구별할 필요가 없다고 밝히고 있다. 가령 사람을 권총이나 칼로 위협했다면 그 차이는 권총이나 칼이 아니라 위해의 정도에만 있을 뿐이다. 해를 미치는 모든 수단을 열거하여 그에 따른 '위해(危害)'의 법을 만들지는 않는다. 밀은 언론에 의한 해도 일반 해와 다르지 않다고 본다(CW XXI, 4).

밀은 분명히 '해악'은 나쁜 것이라고 단언하지만, '해악'은 금지되어야 하는지, 아니면 될 수 있는지는 다른 요소도 함께 따져봐야 한다고 본다.

"당사자에게 더 좋은 결과를 가져다주거나 더 행복하게 만든다고, 또는 다른 사람이 볼 때 그렇게 하는 것이 현명하거나 옳은 일이라는 이유에서, 그 자신의 의사와 관계없이 무슨 일을 시키거나 금지해서는 안 된다. 이런 선한 목적에서라면 그 사람에게 충고하고, 논리적으로 따지며 설득하면 된다. 그것도 아니면 간청할 수도 있다. 그러나 말을 듣지 않는다고 강제하거나 위협을 가해서는 안 된다. 그런 행동을 억지로라도 막지 않으면 다른 사람에게 나쁜 일을 하고 말 것이라는 분명한 근거가 없는 한, 결코 개인의 자유를 침해해서는 안 된다. 다른 사람에게 영향을 주는 행위만 사회가 간섭할 수 있다."

His own good, either physical or moral, is not a sufficient warrant. He cannot rightfully be compelled to do or forbear [224] because it will be better for him to do so, because it will make him happier, because, in the opinions of others, to do so would be wise, or even right. These are good reasons for remonstrating with him, or reasoning with him, or persuading him, or entreating him, but not for compelling him, or visiting him with any evil in case he do otherwise. To justify that, the conduct from which it is desired to deter him, must be calculated to produce evil to someone else(223-224).

4. 인간 자유의 고유한 세 영역

인간에게는 사회의 이익도, 국가의 이익도 결코 침범해서는 안 되는 고유한 자유 영역이 있다. 이는 다른 사람에게 해를 끼치지 않으므로 절대적으로 존중되어야 할 개인 자유의 영역이다.

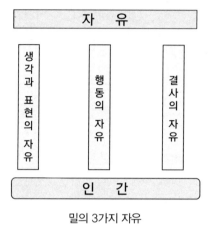

생각과 표현의 자유 | 행동의 자유 | 결사의 자유

자 유

인 간

밀의 3가지 자유

밀은 인간 고유의 자유 영역으로 3가지를 든다. 즉, i) 생각과 표현의 자유, ii) 행동의 자유, iii) 결사의 자유이다.

첫째, 생각과 표현의 자유; 내면적 의식 영역의 자유이다.

내면적 의식영역에 실제적이거나 사변적인 것, 과학, 도덕, 신학 등 모든 주제에 대해서 가장 넓게 양심의 자유, 생각과 감정의 자유, 그리고 절대적인 의견과 주장의 자유가 있다. 의견을 표현하고 출판하는 일은 타인과 관련이 있어서 다른 원칙에 의해서 규제를 받을 수 있다. 그러나 이것도 생각의 자유를 보호해야 하므로, 표현과 출판의 자유를 생각의 자유와 구별하는 것은 실질적으로 어렵다.

둘째, 행동의 자유; 자신의 기호를 즐기며 자신이 희망하는 것을 추구할 자유이다.

각 사람은 각자 개성에 맞게 자기 삶을 설계하고 자기 방식대로 살아갈 자유를 누려야 한다. 다른 사람에게 해를 주지 않는 한, 다른 사람의 눈에 어리석거나 잘못되거나 또는 틀린 것으로 보일지라도, 그런 이유를 내세워 간섭해서는 안 된다.

셋째, 결사의 자유; 개인의 자유의 원리에 따른 결사의 자유이다.

타인에게 해가 되지 않거나, 강제나 속임수에 의해 억지로 강제되지 않는 한, 모든 성인은 어떤 목적의 모임이든 자유롭게 결성할 수 있어야 한다 (226-227).

내가 나무 그늘 밑에서 혼자서 책을 소리를 내 읽지 않고 묵독(黙讀)한다고 하자. 그러나 나는 그냥 읽는 것이 아니라 생각하면서 읽는다. 그리고 그 생각은 때가 되면 다른 사람에게 말이나 글로 전달하게 된다. 소통한다는 것은 생각이 소통하는 것에서 출발한다. 생각은 말, 그리고 행동으로 결합한다.

i) 생각과 표현의 자유, 양심의 자유, ii) 취향 및 목적 추구에 따른 행동의 자유, iii) 타인과 더불어 행동하는 관계적인 결사의 자유 등은 우리에게는 너무나 당연한 것처럼 들린다. 실제로 이런 자유가 밀이 주장하는 바와 같이 제대로 보장되고 있는가는 또 다른 문제이다. "어떤 정부 형태를 두고 있든 이 세 가지 자유가 원칙적으로 존중되지 않는 사회라면 결코 자유로운 사회라고 할 수 없다"(226). 이 세 가지 자유를 "절대적으로, 조건 없이 누릴 수 있어야 완벽히 자유로운 사회이다"(226).

1) 모든 사람은 자신에 대한 주권자

각 개인이 자신이 원하는 대로 자신의 삶을 살아가는 자유가 바로 모든 자유 가운데서 가장 유일하고 소중한 자유이다. 왜 그러한가? 자기 자신이 육체나 정신, 영혼의 건강을 보위하는 최고 주권자이기 때문이다.

"자유 가운데서도 가장 소중하고 또 유일하게 자유라는 이름으로 불릴 수 있는 것은, 다른 사람의 자유를 박탈하거나 자유를 얻기 위한 노력을 방해하지 않는 한, 각자 자신이 원하는 대로 자신의 삶을 꾸려나가는 자유이다. 우리의 육체나 정신, 영혼의 건강을 보위하는 최고의 적임자는 누구인가? 그것은 바로 각 개인 자신이다. 우리가 자신에게 도움이 된다고 생각되는 방향으로, 자기 식대로 인생을 살아가다가 일이 잘못돼 고통을 당할 수도 있다. 그러나 설령 그런 결과를 맞이하더라도 자신이 선택한 길을 가게 되면 다른 사람이 좋다고 생각하는 길로 억지로 끌려가는 것보다 궁극적으로는 더 많은 것을 얻게 된다.

인간은 바로 그런 존재이다."

The only freedom which deserves the name, is that of pursuing our own good in our own way, so long as we do not attempt to deprive others of theirs, or impede their efforts to obtain it. Each is the proper guardian of his own health, whether bodily, or mental and spiritual. Mankind are greater gainers by suffering each other to live as seems good to themselves, than by compelling each to live as seems good to the rest(226).

나는 내 신체와 마음의 소유자이며 결정자이다. 다른 사람도 마찬가지이다. 내 마음이 상처받기를 원치 않듯이, 내 이웃 또한 상처받기를 원치 않는다. 자유는 개인적 관계에서 경계를 짓는다.

2) 자유에 대한 사회적 통제의 폐해

고대 국가들은, 철학자들의 성원에 힘입어서 공권력의 힘으로 시민들의 사회적 삶을 구석구석 통제하는 것이 당연하다고 생각했다. 강력한 외적에 둘러싸인 약소국가의 경우 이런 현상은 특히 두드러졌다. 외국의 공격과 내부의 동요 앞에서 속절없이 무너질 위험에 놓여 있고, 잠시라도 통제를 느슨히 하거나 자유를 주면 곧 치명적인 결과가 생기는 상황이었기 때문에 장기적으로 자유가 불러일으키게 될 긍정적 효과를 기다릴 여유가 없었다.

밀이 당시에 진단했던 사회문제가 오늘날에도 놀라우리만큼 동일한 현상들로 나타나고 있다. 먼저 오늘날에는 정치 공동체의 규모가 커지고, 세속적인 권위와 종교적 권위가 분리된 까닭에 개인의 사적 영역에 법이 지나치게 관여할 수 없음에도, 사회의 주도적인 흐름에서 벗어나려는 시도에 대한 도덕적 억압의 기제는 훨씬 강력해졌다. 특히 사회적인 문제보다 오히려 개인 각자의 고유한 문제에 대한 억압이 심해졌다. 오늘날 더 큰 문제는 "세계

곳곳에서는 여론, 심지어 법의 힘을 통해 개인에 대한 사회통제를 과도하게 확대하려는 경향이 늘어나고 있다"는 점이다(227). 사회의 힘을 강화하는 반면 개인의 힘은 축소해나가는 이런 부정적인 변화는 저절로 사라지지 않는다. 오히려 앞으로 더 두려운 위력을 발휘하게 될 것이라고 밀은 진단했다.

> "지금 우리는 사회가 설정한 성공의 기준에 맞춰 살도록 강하게 종용받고 있다."(226)

자유 사회는 저절로 성립하지도 않으며 유지되지도 않는다. 자유 사회는 우리가 잘못된 성향들이 만들어 낼 해악들에 대해 도덕적 확신에 기초한 강력한 장벽을 세울 때만이 가능하다. 그렇지 않다면 권력은 쇠퇴해가는 것이 아니라, 궁극적으로 괴물로까지 변하게 된다.

> "그리고 만일 도덕적 확신이 이 해악에 대해 강력한 장벽을 구축할 수 없다면 권력은 쇠퇴해 가는 것이 아니라 성장하기 때문에, 우리는 세계의 현 상황에서 권력이 증가하는 것을 목격하게 되리라고 기대할 수밖에 없다."
>
> And as the power is not declining, but growing, unless a strong barrier of moral conviction can be raised against the mischief, we must expect, in the present circumstances of the world, to see it increase(227).

제2장   생각과 토론의 자유

자유론에서 제2장은 이 책에서 가장 긴 장(章)으로 '자유의 기본 원칙'을 넘어, 생각의 자유와 언론 출판의 자유를 다룬다. 생각의 자유와 언론의 자유는 서로 떼어낼 수 없는 성질의 것이다. 자유 중에서도 가장 기본적인 것은 생각과 토론의 자유이다.

"비록 한 사람을 제외한 전 인류가 동일한 의견을 갖고 있고 오직 한 사람만이 반대 의견을 가진다고 하더라도, 그 한 사람이 권력을 가지고 있어서 전 인류를 침묵시키는 것이 부당한 것과 마찬가지로, 인류가 그 한 사람을 침묵시키는 것도 부당하다."(229)

밀은 제2장의 제목을 '생각과 토론의 자유(Of the Liberty of Thought and Discussion)'로 하고 있는데, 이는 벤담의 1882년 글 '언론의 자유와 공공 토론(Liberty of the Press, and Public Discussion)'[5]과 구별된다. 밀은 '언론의 자유'에서

---

5 Bentham, Jeremy 〔1882〕 (2012): On the Liberty of the Press, and Public Discussion and Other Legal and Political Writung for Spain and Portugal, ed. v. Catherine Pease-Watkind & Philip Schofield. Oxford: Oxford University Press.

일반 공공토론과 구별되는 '정치 토론'을 다룬다.

제2장 '생각과 토론의 자유'[6]에서 1) 권력이 탄압하는 의견이 진리인 경우, 2) 탄압받는 의견이 진리가 아닌 오류인 경유, 3) 일반사회 통념과 이에 반하는 의견이 모두 진리인 경우를 나누어서 논한다. 밀은 이 세 경우를 들어서 자유를 보장해야 하는 이유와 각각의 사례를 들고 있다.

자유의 기본원칙은 '사람은 각자 최대한 자유를 누릴 수 있어야 한다. 개인적 자유가 유보되는 단 하나의 예외적 상황은 다른 사람에게 해(해악, harm)를 끼치게 될 때'이다. 이 경우만을 제외하고는 개인의 자유는 절대적으로 보장되어야 한다.

밀은 사상과 언론의 자유가 당시에 인정되고 있지만, 대중들뿐만 아니라 사회의 여론 주도층까지도 왜 생각과 사상의 자유가 보장되어야 하는지 그 실천적 근거들을 충분히 이해하지 못하고 있다고 진단하였다.

> "이 분야가 사상(생각)의 자유이다. 이와 관련하여 언론과 저작의 자유는 불가분의 관계에 있다. 비록 이들 자유가 상당한 정도로 종교적 관용과 자유 제도를 표방하는 모든 국가의 정치적 도덕의 부분을 형성하고 있지만, 그 자유들이 기초하는 철학적 실천적 근거들은 아마 일반 대중에게 익숙지 않거나, 혹은 예상할 수 있었던 바대로 여론을 주도하는 많은 사람에 의해서조차도 철저히 이해되지 못한다."

This one branch is the Liberty of Thought: from which it is impossible to separate the cognate liberty of speaking and of writing. Although these liberties, to some considerable amount, form part of the political morality of all countries which profess religious toleration and free institutions, the grounds, both philosophical and practical, on which they rest, are perhaps not so familiar to the general mind, nor so thoroughly appreciated by many

---

6 번역서들은 2장 제목을 '사상과 언론의 자유'라고도 한다.

even of the leaders of opinion, as might have been expected(227).

우리가 제2장에서 관심을 가져야 할 점이 있다. 즉, 밀이 주장하는 표현과 언론의 자유는 절대적인지, 만약 자유에 제한이 있다면 그 한계가 어디인지를 함께 따져보아야 한다. 이는 인터넷과 같은 새로운 커뮤니케이션의 발달, 사실이 아닌 주장의 난무, 게다가 가짜뉴스의 범람으로 그러하다.

전횡을 막아주는 장치로서의 출판의 자유

밀은 '언론의 자유(출판의 자유)'가 정부의 타락이나 전횡을 막아주는 주요한 장치임을 강조하는 시대는 지나갔다고 본다. 나아가 입법자나 행정 책임자는 인민에게 어떤 의견을 강요하거나, 특정한 교리나 주장에의 접근을 제한할 수 없다는 사실을 주장하는 시대 역시 지나갔다고 본다. 언론의 자유를 위한 역사적인 투쟁의 결과와 진보에 대한 낙관적인 평가이다. 즉, 인민의 자유를 전면적으로 억압하겠다고 노골적으로 나서는 정부의 출현을 두려워할 시대는 지났다고 진단한다. 정부와 인민이 자유를 구속하려 든다면 그런 권력은 절대 어떠한 정당성도 얻지 못한다. 정부가 최상의 정부든 또는 최악의 정부이든 상관없이 자유를 구속하는 데서는 어떤 정당성도 얻을 수 없다. 민주화 사회에서 직접적이든 또는 간접적이든 자유에 대한 억압의 시도나 억압은 독재사회보다 더 비난을 받아야 한다.

밀은 자유의 기본 원칙을 다음과 같이 주장한다.

"강제력 그 자체가 정당화될 수 없다. 최선의 정부도 강제력의 권리를 갖지 못하는 점에서는 최악의 정부와 다를 바가 없다. 강제력이 공공 여론에 반해서 행사될 때보다 그것에 편승해서 행사될 때 더욱 유해하다. 비록 한 사람을 제외한 전 인류가 동일한 의견을 갖고 있고 오직 한 사람만이 반대 의견을 가진다고 하더라도, 그 한 사람이 권력을 가지고 있어서 전 인류를 침묵시키는 것이 부당한 것과 마찬가지로, 인류가 그 한 사람을 침묵시키는 것도 부당하다."

The power itself is illegitimate. The best government has no more title to it than the worst. It is as noxious, or more noxious, when exerted in accordance with public opinion, than when in opposition to it. If all mankind minus one, were of one opinion, and only one person were of the contrary opinion, mankind would be no more justified in silencing that one person, than he, if he had the power, would be justified in silencing mankind(229).

표현과 언론의 자유를 이보다 더 잘 표현한 문장이 있을까? 우리는 과연 이런 밀의 주장에 동의할 수 있을까? 다른 목소리를 내는 사람을 얼마나 인내하고 관용할 수 있을까? 밀은 분명히 전체 인류 가운데 단 한 사람이 다른 생각을 한다 해도 그 사람에게 침묵을 강요하는 일은 옳지 못하다고 한다. 이것은 어떤 한 사람이 자기와 생각이 다르다고 나머지 사람 모두에게 침묵을 강요하는 것과 마찬가지로 용납될 수 없는 것이다. 왜 '어떤 생각을 침묵시키며, 억압하는 것이 그렇게 심각한 문제가 되는가?' 밀은 자신이 던진 질문에 이렇게 답한다.

"그러나 어떤 생각을 억압한다는 것이 심각한 문제가 되는 가장 큰 이유는, 그런 행위가 현세대뿐만 아니라 미래의 인류에게까지 ― 그 의견에 찬성하는 사람은 물론이고 반대하는 사람에게까지 ― 강도질을 하는 것과 같은 악을 저지르는 셈이기 때문이다."

But the peculiar evil of silencing the expression of an opinion is, that it is robbing the human race; posterity as well as the existing generation; those who dissent from the opinion, still more than those who hold it(229).

밀이 걱정하는 것은 무엇인가? 국민들을 대변하는 정부가 권력을 사용해서 공적으로 대중적인 견해들을 강제하고 다른 반대 의견들의 표현을 짓누를 수 있다는 점이다. 밀은 이런 권력사용은 유해하고 불법적이며, 더 나아가 미래 세대에게까지도 해로운 것이라고 주장한다.

밀은 이와 같은 대전제하에, 구체적으로 어떤 생각을 억압하며 침묵을 강요하는 것이 잘못인가를 두 가지 점에서 말한다.

첫째로 사람들을 침묵시켜야 마땅하다고 보기 때문에 억압하는 행위는, 만약 반대 의견이 옳다면, 잘못을 드러내고 진리를 찾는 기회를 박탈하는 것이 된다.

둘째로 반대 의견이 틀렸다고 하더라도, 억압하는 행위는 옳은 의견을 대비함으로써 진리를 더 생생하고 명확하게 드러낼 소중한 기회를 놓치는 결과가 된다.

밀은 반대 의견에 대한 억압은 '오류'와의 대립을 통해서 그것이 명확한 인식과 생생한 인상을 획득할 기회를 몰수당할 수 있다는 점을, 사람들이 간과하기 쉽고 또한 중요하지 않게 여길 수 있는 것을 지적하는 것이다. 우리는 소크라테스의 진리에 이르는 변증법을 생각해보면, 이런 자유로운 표현과 생각이 진리(에피스테메)에 이르게 하는 것임을 바로 이해할 수 있다.

우리는 여기서 밀이 제3장 초반에서 언급한 '선동'을 주의해서 봐야 한다. 의견의 자유와 행동의 자유와의 관계이다. "행동하는 것이 의견을 가지는 것처럼 절대적으로 자유로워야 한다고 주장하는 사람은 아마 없을 것이다"라고 밀은 말한다(260). 이에 밀은 곡물상 이야기를 든다.

누군가가 곡물상들을 가난한 자들을 굶주리게 하는 자들이라거나, 사적으로 재산을 소유하는 것도 강도 행위라고 신문에 발표하거나 유포하는 것을 금해서는 안 된다. 언론은 이런 의견의 자유를 보장해야 한다. 그러나 어느 곡물상의 집 앞에 모여든 흥분한 군중을 향해서 그런 의견을 구두로 발표하든가, 또는 군중 앞에서 그런 의견이 담긴 현수막을 내거는 것은 처벌하는 것이 옳다고 본다. 즉, 신문 기사에서 탐욕스러운 옥수수 도매상을 목매달아야 한다고 주장하는 것과, 실제 옥수수 도매상인 집 앞에서 그렇게 선동하는 것은 용인될 수 없다는 것이다. 자신의 행동으로 인한 모든 결과에 대해서 책임을 져야 한다. 과연 어디까지가 불법선동이고, 어디까지가 자유로운 표현인가를 결정하는 것에는 논란이 따른다. 밀이 말하는 선동에 일차적으로 적용되는 기준은 해악의 원리이다. 그러나 '해악의 원리'는 밀에 있어서 언제나 충분조건이 아니라, 필요조건임은 염두에 두어야 한다.

1. 참된 의견을 억압하는 위협

밀의 첫 번째 고려는 억압받는 의견이 "아마도 진리가 될 수 있는 경우"이다. 밀은 의견을 억누르는 것이 왜 폐해가 될 수밖에 없는가를 본격적으로 따진다.

무오류 논증 - 권력을 동원해서 억누르려는 의견이 사실은 옳은 것일 수 있다(참된 의견을 억압하는 위험).

밀이 고려한 첫 번째 가능성은 국가(정부)가 탄압하는 의견이 참일 수 있다는 점이다.

> "만일 그들의 특정 의견이 잘못되었다는 확신 아래 다른 사람들이 들어볼 기회조차 봉쇄해 버린다면, 그것은 *자신들*의 생각이 *절대적*으로 옳다고 가정하는 것이나 마찬가지이다. 스스로 완전하다고 전제하지 않는 한 일체의 토론을 차단해버릴 수는 없다."

To refuse a hearing to an opinion, because they are sure that it is false, is

to assume that their certainty is the same thing as absolute certainty. All si-
lencing of discussion is an assumption of infallibility(229).

밀은 권력을 동원하여 반대의견을 억누르는 사람은 어떤 사람인가에 대해서 먼저 따진다.

첫째, 이들은 잘못을 저지르지 않을 만큼 완벽한 사람들이 아니라는 점이다. 다시 말해 전능한 신과 같은 존재가 아니다.

둘째, 이들은 결정과 판단의 기회를 빼앗아 버려도 좋을 만큼 그런 절대적인 권력을 가진 것도 아니다.

셋째, 다른 의견을 원천적으로 봉쇄하려고 드는 것은 자신들의 생각이 절대적으로 옳다고 가정하는 것이나 마찬가지이다. 즉 스스로 완전하다는 무오류성(infallibility)을 전제하는 것이다. 자신이 절대 틀릴 리가 없다는 무오류성을 고집하는 것은, 자신뿐만 아니라 인류와 세계에 해를 끼치는 치명적인 바이러스와 같다고 본다.

밀은 여기서 권력을 둘러싼 인간의 사회심리를 몇 가지 언급한다.

- 사람들은 이론상으로 자신들이 틀릴 수 있다고 인정을 하지만, 막상 현실 문제에 부딪히면 그렇게 생각하지 않는다.
- 절대 권력자나 맹목적인 복종을 요구하는 데 익숙한 사람은 거의 모든 문제에서 자신의 생각이 전적으로 옳다는 확신에 빠지기 쉽다.
- 사람들은 자신의 독자적인 생각에 자신감이 없으면 없을수록 '세계'의 암묵적인 믿음에 더욱 의지하게 된다.
- 자유주의자나 생각이 트인 사람은 자기가 속한 집단의 권위에 대한 믿음이 절대적이지 않으며, 교회나 정당 등 다른 집단에 전혀 영향을 받지 않으며, 오히려 오류에 빠진 사람들을 바르게 이끌 책임이 있다고 여긴다.

밀은 이처럼 인간들이 모두, 너무나도 자주 지적 겸손이 부족하다고 본다. 그 결과 자신들이 가장 중요하다고 여기는 신념들에 있어서 잘못될 수 있다는 점을 받아들이지 못한다. 정당, 집단, 교회, 계급 등에서 자기가 속한 권위에 대한 믿음에 맹종하는 사람들은 다른 집단의 생각에 괘념치 않고 영향도 받지 않음을 볼 수 있다. 이들은 자기 집단이 오류에 빠진 사람들을 바르게 이끌 책임이 있다는 생각까지도 한다.

밀은 개인이나 시대도 마찬가지로 오류를 범할 가능성은 얼마든지 있다고 본다. 각 시대는 수없이 많은 의견을 잉태하였는데, 시간이 지나고 보면 그런 의견들은 잘못되었음이 무수히 드러났다. "과거가 현재에 의해 부정되듯이 현재는 미래에 의해 번복될 것이다"(230).

밀은 이러한 주장에 대한 반론이 제기된다고 본다. 즉 "공권력이 자신의 판단과 책임에 대해 확신에 찬 나머지, 다른 모든 주장을 금지하는 경우가 있다. 자신은 결코 오류를 범하지 않는다는 터무니없는 믿음 때문에 그렇게 한다. 사람은 특정한 판단에 따라 어떤 행동을 하게 된다. 그런데 사람은 누구나 다 실수할 수 있으므로 누구도 판단하려 해서는 안 된다고 한다면 어떤 일이 벌어질까?"(230)

'정부가 실제로는 자신의 무오류성을 당연하다고 생각하는 것이 아니라, 단순하게 자신은 최상의 판단을 사용하는 것이고, 그래서 오류의 확대를 금지하는 것이다'라는 주장이 제기될 수 있다. 정부가 국민을 대신해서 다른 모든 결정을 내리는 경우에도 마찬가지이다. 이런 반론에 대해 밀은 다음과 같이 답한다.

> "나랏일을 맡은 사람들은 어떤 것이 옳지 않다고 판단하고서 그것을 하지 못하게끔 차단할 수 있다. 그러나 그렇다고 해서 그들의 판단이 언제나 옳음을 뜻하는 것은 아니다."(230)

"직무상 해야 할 일이라면, 비록 잘못된 개연성이 있더라도 자신의 양심에 따라서 처리해야만 하는 것이다. 우리 생각이 틀릴지 모른다는 두려움 때문에 각자의 생각에 따라 행동하는 것을 완전히 포기한다면, 자신의 이익을 지키는 것이 불가능해진다. 각자가 마땅히 해야 할 일도 할 수 없게 된다."(230)

이러한 반론을 한 후에 밀은 다음과 같이 결론을 낸다.

"온갖 논박을 거쳤지만, 허점이 발견되지 않은 어떤 생각을 진리라고 가정하는 것과 아예 그런 논박의 기회를 봉쇄하기 위해 그것을 진리로 가정하는 것은 본질적으로 다르다."(231)
　　　There is the greatest difference between presuming an opinion to be true, because, with every opportunity for contesting it, it has not been refuted, and assuming its truth for the purpose of not permitting its refutation(231).

무오류의 부당한 가정은, 사람들이 판단을 내리거나, 혹시 그로 인하여 발생하는 결과에 있는 것이 아니라, 사람들이 그런 판단들이 잘못될 수 있다는 점을 인정하기를 거부할 때 일어난다. 한 의견에 대해 논박이 있는 것과 없는 것에는 하늘과 땅만큼 차이가 있다. 한 의견이 논쟁의 기회를 통과해서 아직 반박되지 않았기 때문에 참이라고 하는 것과 아예 그 의견을 반박할 기회를 봉쇄하면서 그것을 참이라고 주장하는 것에는 본질적인 차이가 존재한다.

1) 자유토론의 진정한 가치
밀이 토론과 논쟁에 높은 가치를 부여하는 것은 그의 자유에 대한 신념 때문이다. 생각은 철저한 부정과 비판과정을 거칠 때에, 그 살아남을 가능성과 타당성이 매우 높다고 본다(231). 지혜로운 자는 그가 가진 지식과 지성에서가 아니라, 자신의 의견과 타인의 의견을 비교할 줄 안다는 점에서 지혜롭다. 자신의 지식이 틀릴 수도 있다는 겸손을 가지므로, 다른 사람의 비판적인 의견을 비난하지 않는다.

밀은 다시 한 번 질문을 던진다. 인류의 발전역사에서 우리의 삶이 더 나빠지지 않고 지금 이 상태로나마 유지될 수 있었던 것은 무엇 때문인가?(231), 인류의 생각과 행동이 지금처럼 놀라울 만큼 이성적인 방향으로 발전해올 수 있었던 것은 무슨 까닭인가?(231) 이는 인간 정신의 한 특징 때문이다. 바로 자신의 잘못을 바로잡을 수 있는 능력 덕분이다. 인간은 토론과 경험에 따라 자신의 잘못을 고칠 수 있는 특징을 가지고 있다. 그러므로 경험과 토론에서 토론을 배제할 수 없다. 과거의 경험을 올바르게 해석하려면 토론이 반드시 있어야 한다.

"사실 스스로가 진실을 드러내는 경우는 거의 없다. 사실에 관한 사람들의 논평이 있어야 그 의미를 알 수 있게 된다. 인간이 내리는 판단의 힘과 가치는 어디서 오는가? 그것은 판단이 잘못되었을 때 그것을 고칠 수 있다는 사실에서 비롯된다."

Very few facts are able to tell their own story, without comments to bring out their meaning. The whole strength and value, then, of human judgment, depending on the one property, that it can be set right when it is wrong, reliance can be placed on it only when the means of setting it right are kept constantly at hand(232).

사람들이 합리적인 의견으로, 합리적 행동으로 여기는 것들은, 그것들이 오류들과의 토론과 경험을 거치는 수정을 받아들이기 때문이다. 결국 어떤 사람의 판단이 믿음직하다고 하는 신뢰는, 자기 생각과 행동에 대한 다른 사람의 비판에 귀를 기울이는 데서 비롯된다. 과연 얼마나 많은 사람이 실제로 이와 같은 밀의 주장처럼 자신에 대한 반대의견까지 피하지 않으며 폭넓게 수용하고, 자신은 물론 다른 사람에게도 그 의견이 왜 잘못되었는지 자세히 설명해 주겠는가? 자신의 의견에 대해 비판을 봉쇄하지 않는 사람이 바로 현명한 사람이며, 이를 통해 지혜를 얻으며 더 큰 자신감을 얻게 된다.

2) 악마의 변

밀은 두 가지 예를 들어, 다시금 토론의 자유를 변호한다. 하나는 가톨릭교회가 시행하는 악마의 변이다. 가톨릭교회는 새로운 성자를 인정하는 시성식(諡聖式)에서조차 '악마의 변(devil's advocate)'을 허용하고, 인내하며 듣는다. 악마의 변을 듣는 이유는, 인간으로서 최고의 경지에 이른 성인이라도 악마가 그에게 할 수 있는 온갖 험담에도 혹시 일말의 진실이 있는 것은 아닌지 따져보기 전에는 그런 영광된 칭송을 받을 수 없다는 것이다. 또 다른 예는 뉴턴의 물리학 이론이다. 뉴턴의 물리학도 수많은 의문과 시험을 받았으며, 이를 통과함으로써 그 이론은 검증되었고 정당성을 갖게 되었다. 이런 뉴턴의 과학을 입증하는 데 있어 자유토론의 소중함을 볼 수 있다.

+ 더 알아보기

세이렌과 에덴동산

오디세우스는 트로이 전쟁에서 이기고 고향으로 귀환하는 과정에서 여러 유혹과 시험을 당한다. 그중에 하나는 세이렌의 유혹이다. 소방차, 병원차 등의 사이렌이 이 세이렌에서 유래한다. 세이렌(The Sirens)은 그리스 신화에 나오는 전설의 동물들이다. 세이렌은 아름다운 여성의 얼굴에 독수리의 몸을 가졌다. 세이렌은 바다의 요정으로, 절벽과 바위로 둘러싸인 섬에서 아름다운 노랫소리로 뱃사람들을 홀려 난파시켜 잡아먹는다는 내용이다. 세이렌의 아름다운 자태와 노래에 수많은 남성이 그 유혹과 목숨을 맞바꾸었다.

세이렌의 유혹을 유일하게 이긴 사람이 오디세우스이다. 그는 키르케의 조언을 받아, 선원들이 세이렌의 노래를 못 듣게 귀를 밀랍으로 막았다. 그리고 자신을 돛의 기둥에 묶게 하고 세이렌이 유혹하는 노래를 듣는다. 오디세우스는 노랫소리를 듣고, 그 소리를 따라 세이렌에게 다가가고 싶지만 그러지 못한다. 선원들은 귀를 밀랍으로 막았기 때문에, 그 노랫소리도 오디세우스의 풀어달라는 외침도 듣지 못하고 노를 젓고 나아간다. 이 전설에는 인간 이성에 대한 해석이 따라온다.

프랑크푸르트학파의 아도르노(1903-1969)와 호르크하이머(1895-1973)는 『계몽의 변증법』에서 나치즘을 통해 그 타락한 모습을 적나라하게 보여준 이성과 문명을 역사철학적 관점에서 비판하고 있다. 아도르노와 호르크하이머의 질문은 "왜 인류는 진정한 인간적 상태에 들어서기보다 새로운 종류의 야만 상태에 빠졌는가?"이다. 계몽되었다는 인간의 타락이다.

칸트는 미성년 상태에서 탈피, 자신이 이성의 주체가 되는 것이 계몽이라고 보았다. 베버는 세계의 주술로부터 탈피하는, 신화에서 탈피하여 합리주의를 추구하는 것을 계몽으로 보았다. 아도르노와 호르크하이머는, 현대의 학문과 사상이 기술적·실증주의적 정신의 지배를 받아 역사의 의미를 망각하기에만 몰두하고 있다고 비판한다. 즉, 이성의 도구화이다. 그 비판의 한 예로 세이렌 신화를 등장시킨다. '기술적으로 계몽된' 오디세우스는 여기서 이성과 합리성으로 무장된 기술적으로 계몽된 자로 등장한다. 자신을 묶도록 만듦으로써, 태고의 노래가 갖는 우세함을 인정한다. 그러나 그는 동시에 쾌락의 노래에 귀를 기울이지만 죽음을 무력화하려는 듯, 그 노래를 무력화한다.

아도르노와 호르크하이머는 그 장면을 이성의 도구화로 해석한다. 귀를 막고 노를 젓는 부하들은 예술의 향유에서 소외되어 고통스러운 노동에만 종사하는 자이다. 반면 오디세우스는 지배자로서, 노동을 면제받고 아름다운 노래를 들을 수 있다. 그러나 사슬에 묶여 무력한 상태에서 듣는 것은 몸으로 느끼고 체험하는 것이 아니라 머릿속에서만 얻는 행복에 대한 '표상'에 지나지 않는다. 귀를 밀랍으로 봉한 채 노를 젓는 선원들은 세이렌의 노래뿐만 아니라 명령자의 절망적인 비명도 들을 수 없으므로 오디세우스는 자신이 소망하는 힘이 아무리 크더라도 세이렌에게 갈 수 없다.

그렇다면 노를 젓는 자들은 어떠한가? 노를 젓는 선원들은 노동자들이며, 이들은 아름다운 예술의 향유로부터 소외된 채 매일 고통스러운 노동에만 종사해야 한다. 노동은 착취적이고, 이들은 살아남기 위해서 일해야 하며, 노동의 기쁨을 얻지 못하고 소외되어 있다. 세이렌의 노래는 현실에서 어떤 영향력도 행사하지 못한다. 인간은 결국 도구적 이성의 존재이자 노예로 전락해 있다! 인간은 전체에 귀속돼 개별성을 박탈당하고 동질화된다! 당시 나치와 독일 국민이 놓인 형편과 시대가 이러하다는 것이다.

에덴동산에서도 세이렌과 같은 유혹자 뱀이 등장하는 것은 놀랍다. 유혹자 뱀은 인간에게 선악과를 따먹을 것을 권한다. 그 유혹은 "너희가 그것을 먹는 날에는 너희 눈이 밝아져 하나님과 같이 되어 선악을 알 줄 하나님이 아심이니라"(창세기 3장 5절)는 것이다. 신약에서 다시 등장하는 유혹자는 예수에게 돌덩이를 빵으로 만들어 먹으라고 한다. 이는 40일간 금식한 자에게는 엄청난 시험이 될 수밖에 없다. 창조자가 선악과를 둘 때, 이는 먹는 과일로서보다는 자신과의 관계를 규정하는 계약으로서이다. 뱀은 이런 창조자 하나님과 사람 간의 관계 규정 문제를, 선악과를 먹는 물질의 문제로 만들어 버렸다. 이는 포이에르바하(1804-1872)가 사람은 먹는 그것이 존재를 결정한다고 주장한 것과 같은 맥락이다. 뱀과 여자의 대화에 창조자는 개입하지 않는다. 뱀을 동산에서 쫓아내지도 않는다.

생각해 볼 점은 창조자는 오디세우스의 선원과 같이 사람을 아무 소리도 듣지 못하게 하거나, 또는 그런 무균의 환경을 만들지 않았다는 점이다. 이는 칸트가 좋아하는 부분이다. 인간은 이성을 가지고 있어 스스로 생각하고 결정하는 입법자로서 존재한다. 에덴동산에는 유혹과 비판이 허용되었다는 점은 밀의 '생각과 표현의 자유'와 함께 생각해볼 만한 점이다.

3) 무오류의 문제점

밀은 자신이 살아가는 시대를 다음과 같이 진단하였다.

> i) 신념이 사라지면서 회의주의에 대한 두려움이 넘쳐 나는 시대이다.
> ii) 사람들은 자기 생각이 옳다고 확신하기보다는 무엇을 해야 할지 알 수 없음을 더 확신하는 시대이다.

이러한 상황 하에서 어떤 의견은 그 의견이 옳아서가 아니라, 사회적으로 중요하기 때문에 보호받는다. 그 의견을 보호하는 것은 사회적 복리 증진에 유용하기 때문이다. 그래서 사람들은 나쁜 인간들을 윽박지르고 못된 짓을 하지 못하게 가로막는 것은 전혀 나쁘지 않다고 생각한다. 이런 발상의 기준은 어떤 주장이 진리인가 그렇지 않은가가 기준이 아니라, 그것이 유용한지 여부이다. 그 유용성이 토론의 자유를 억압하는 판단의 기준이다. 밀은 여기서 이런 유용성을 판단하기 위해서는 치열한 토론이 전제되어야 한다고 본다.

> "하나의 생각이 지니는 유용성과 관련해서는 사람마다 의견이 다르기 때문에 많은 논쟁이 일어나게 된다. 그래서 유용성을 판단하기 위해서는 그 생각의

진리 여부에 대해 그러는 것만큼이나 자유롭고 치열한 토론을 거쳐야 한다."

　　But those who thus satisfy themselves, do not perceive that the assumption of infallibility is merely shifted from one point to another. The usefulness of an opinion is itself matter of opinion: as disputable, as open to discussion, and requiring discussion as much, as the opinion itself(233).

　　역사적으로 보면 낭대의 탁월한 사람의 진리 견해를 반대하거나 또는 근절하고자 하는 시도는 수없이 일어났다. 밀은 독선자들에 의해서 목숨을 잃은 두 사람을 예로 든다. 소크라테스와 예수이다(235-236). 소크라테스와 예수가 살던 당시의 시대적 상황, 지배 엘리트의 저항과 선동, 소크라테스와 예수의 재판과정과 죽음은 놀라울 정도로 유사하다. 그중의 하나는 반대자들의 열심과 이에 맞선 소크라테스와 예수의 대응이다. 소크라테스와 예수의 죽음은 이들이 악인이어서가 아니라 오히려 그 반대이다. 반대자들은 너무나 애국적이며 자신감에 차 있었다. 소크라테스는 끝까지 철학자의 삶을 살았고, 예수는 끝까지 선지자의 삶을 살았으며 구원자의 길을 걸었다.

　　소크라테스는 "평생을 철학에 전념한 사람"으로 죽음을 맞는다고 고백하며(파이든 64a), "진정한 철학자들은 사실 죽는 것을 직업으로 삼는다."(파이든 68e)라고 말한다. 그는 자신의 죽음에 대해 다음과 같이 말한다.

　　"보통 사람들은 잘 모르겠지만, 철학에 제대로 전념한 사람들은 죽는 것과 죽음 이외에는 아무것도 추구하지 않아. 그것이 사실이라면, 평생 죽는 것과 죽음만을 추구하던 그들이 오래전부터 바라고 추구하던 것이 왔다고 해서 화를 낸다는 것은 이상할 것이네."(파이든 64a)

　　밀은 소크라테스의 '변증법'을 토론의 자유와 비교하여 요점을 소개한다.

"그 변증법은 기본적으로 철학과 인생의 핵심적인 문제들에 대한 부정형 질문으로 구성된다. 변증법은 어떤 문제에 대해 그 본질을 모른 채 그저 상식적인 수준의 지식만 반복하는 사람들에게 스스로는 안다고 주장하지만 실제로는 정확한 의미를 모른다는 사실을 깨워주고, 나아가 스스로 무지를 깨달은 뒤 그 의미와 논거를 확실하게 파악한 바탕 위에서 굳건한 믿음을 가질 수 있도록 고안된 최상의 기법이었다."(251).

밀은 그 다음으로 로마 제국의 16대 황제 마르크스 아우렐리우스(Marcus Aurelius)의 독선에 따른 비극적 사례를 길게 소개하고 있다. 아우렐리우스는 당시 뛰어난 덕과 이해력을 갖추었으며, 스토아학파의 지도적인 철학자이었다고 밀은 소개한다. 그런데 그는 당시 신흥종교인 기독교를 박해했다. 왜 아우렐리우스는 이런 비극적인 실수를 피하지 못했을까? 그는 자신이 보는 것을 판단하고 믿었기 때문이다. 단적으로 신이 십자가에 못 박혀 죽었다는 것은 그에게는 믿을 수 없는 이상한 역사였다. 예수 한 사람에게 전적으로 의존하는 신앙체계는 전혀 근거가 없어 보였다(237). 그는 최고지도자로서 사회가 붕괴하는 것을 막는 것을 자신의 신성한 의무로 보았고 기독교 탄압에 앞장섰다. 밀은 이것이 인류 역사상 가장 큰 비극 중의 하나라고 본다. 밀은 이렇게 말한다. "어느 사람이든 절대 진리를 찾을 수 있다는 가정을 던져버려야 한다."(237)

선생이나 책을 통해서 논쟁 없이 주입식으로만 지식을 전달하고 받는 것은 자기만족의 유혹에서 벗어나는 수준에 불과하다. '부정적 논리 체계'에 숙달되지 않으면 위대한 사상가는 나올 수 없다고 밀은 말한다(252).

4) 존슨 박사식의 변명
사무엘 존슨(Samuel Johnson)과 그의 추종자들은, 그리스도교 신도들에 대한 탄압은 정당하고, 그러한 박해는 진리가 거쳐야 할 시련이며, 진리는 항상 그런 시련을 성공적으로 이겨낼 것이라고 강변한다. 이런 주장은 유쾌한 거짓말에 지나지 않는다(238).

밀은 당시 자신의 사회를 거울에 비추어 보면 함량 미달이라고 판단한다. 빅토리아 시대에 이단들은 더는 화형에 처해지지 않았다. 그러나 불관용이 존재하지 않는다는 것은 착각이다. 국민들이 사회적 낙인을 두려워하지 않고, 자신의 의견을 말할 수 있을 정도의 '정신적 자유의 요람'과는 거리가 멀었다. 무신론적 고백은 '거짓말쟁이'라는 전제가 깔려있고, 여전히 조롱당하며, 공정한 재판을 받지 못했다(240).

이단은 침묵하게 한다고 해서 침묵을 당하지 않는다. 토론을 막는다고 해서 차단되는 것도 아니다. 큰 피해를 입는 것은 이단이 아닌 다른 사람들이다. 압제의 공포는 정신적 발전을 타격하며, 이성을 또한 위축시킨다(242).

논쟁은 모두에게 좋은 것이다. 논쟁은 진보 사상들뿐만 아니라, 일반적인 지성을 가진 사람들을 자극하며, 그들을 관습의 틀에서 나오게 해준다. 지적 자유가 지적 진보의 핵심과 이성 성장의 동인으로 작동하게 하는 것은 그 어떤 비판적인 명분이나 사상이라도 그 누군가에 의해 자유롭게 비판되고, 새로운 사상을 통해 기존의 주장과 선전을 검증할 수 있다는 데 있다. 하이에크는 이러한 다양한 개인들의 상호 작용이 "사상(思想)의 생명을 구하는 전부이다"라고 말한다.[7] 논쟁을 박멸하고자 드는 것은 사유하는 정신을 바보로 만드는 것이다. 토론과 사상의 자유는 지적 노예 상태를 극복하게 한다.

> "소크라테스는 독약을 마셔야 했지만, 그가 남긴 철학은 하늘의 태양처럼 높이 떠올라 온 인류의 지적 세계를 찬란하게 밝히고 있다. 그 옛날 그리스도교 신자들은 사자 굴에 던져졌지만, 오늘날 기독교가 우람하고 가지 넓은 거목으로 성장해, 그렇고 그런 다른 교리들을 압도하고 있다."

---

7 프리드리히 A. 하이에크, 김이석 역, 노예의 길, 나남, 2006, p.239.

Socrates was put to death, but the Socratic philosophy rose like the sun in heaven, and spread its illumination over the whole intellectual firmament. Christians were cast to the lions, but the Christian church grew up a stately and spreading tree, overtopping the older and less vigorous growths, and stifling them by its shade(241).

밀이 심각하게 여기는 것 중의 하나는 법적인 박해가 아니라 '사회적 불관용'이다. 왜 그러한가? 단순한 사회적 불관용은 그 상투적인 것에 순응하게 만들거나 아니면 진리와 관련하여 기회주의자가 되게 만들기 때문이다.

"우리의 사회적 불관용은 사람을 죽이거나 어떤 생각을 뿌리째 잘라버리지는 않는다. 그러나 사람들은 불관용 앞에서 자기 생각을 있는 그대로 드러내기보다는 다른 모습으로 위장하게 된다."

Our merely social intolerance kills no one, roots out no opinions, but induces men to disguise them, or to abstain from any active effort for their diffusion(241).

2. 탄압받는 의견이 진리가 아닌 오류인 경우

기존의 생각이 틀리지 않고 옳은 것이라고 하더라도, 그 의견들이 스스로 다른 관념들과 전투를 치를 수 있도록 해주는 것이 좋다는 것이 밀의 주장이다. 수용된 의견이 참이라고 해도 그 진리에 대해 자유롭게 열린 토론을 해야 한다. 왜 그러한가?

1) 토론 없는 진리는 죽은 독단이다

자기 생각이 옳다 하더라도 기탄없이 토론을 벌이지 않을 경우, 그것은 살아있는 진리가 아니라 죽은 독단이라는 것이 밀의 지론(持論)이다. 아무런 의심 없이 다른 사람의 견해를 깊이 생각하지 않고 받아들이는 사람은 어떤가? 이런 사람은 자기보다 높은 권력자가 어떤 생각을 한번 심어주고 나면, 그에 대해 왈가왈부하는 것은 아무런 득이 되지 않고 오히려 해가 될 뿐이라고 간주할 개연성이 높다. 이들은 비판을 좀처럼 허용하지 않으려고 든다. 그러나 그렇게 고집하는 생각은 의외로 쉽게 꺾일 수 있다. 왜냐하면 아무리 철저하게 탄압을 한다 해도 토론을 완전히 금지하는 것은 불가능하기 때문이다. 따라서 일단 한번 기회가 열리면 확신에 바탕을 두지 않은 믿음은 사소한 비판 앞에서도 모래성과 같이 쉽게 무너진다.

> "자신의 의견이 잘못일 수 있다는 가능성을 아무리 꺼리는 사람일지라도 다음과 같은 사실만을 부정해서는 안 된다. 곧 어떤 의견이 아무리 참되다고 해도 충분히 자주, 그리고 기탄없이 토론을 벌이지 않을 경우 그것은 살아 있는 진리가 아니라 죽은 독단이 되고 만다는 사실이다."
>
> However unwillingly a person who has a strong opinion may admit the possibility that his opinion may be false, he ought to be moved by the consideration that however true it may be, if it is not fully, frequently, and fearlessly discussed, it will be held as a dead dogma, not a living truth(244).

우리는 참된 의견을 가질 수 있다. 그러나 비판과 토론이 전제되어야 한다. 토론을 거치지 않은 자기 생각은 매우 진실하게 보일지라도 편견일 수가 있다. 토론을 배제한 생각은 이성적인 사람의 진리가 될 수 없으며, 때로는 미신에 지나지 않을 수 있다.

왜 그러한가? 우리가 어떤 의견을 제대로 알고 있다는 것은 그 의견의 근거를 이해하고 있다는 것이다. 그러므로 그 의견에 반하는 비판에 충분히 합당하게 논박할 수 있다는 것이다. 나아가 우리가 견지하는 의견에 대한 비판과 토론을 봉쇄한다면, 우리가 참되다고 여기는 근거가 미약하다는 것을 드러내는 것이 된다. 이는 결국 형식적인 교리문답이 된다.

2) 진리에 도달하려면 반대론을 알아야 한다

키케로(Marcus Tullius Cicero, BC. 106-43)는 자기 문제에 대해 아는 것만큼이나 자신과 견해가 다른 사람의 주장을 이해하는 데도 힘을 기울였다. 상대방의 주장에 대해 자세히 알고 그 장단점을 꿰고 있지 않으면 왜 자신의 주장이 더 타당한지 설명하기 어렵다. 이럴 경우 아무 판단도 하지 않은 것이 차라리 더 합리적이다.

> "문제가 되는 것의 진실을 가려내기 위해 해결하지 않으면 안 되는 것이 무엇인지 정확하게 파악할 수 있어야 한다. 그렇지 않으면 고대하는 진리를 결코 얻을 수 없다."
>
> He must know them in their most plausible and persuasive form; he must feel the whole force of the difficulty which the true view of the subject has to encounter and dispose of; else he will never really possess himself of the portion of truth which meets and removes that difficulty.

우리는 도덕과 인간의 문제에 대해 진실한 지식을 얻으려면, 대립하는 두 주장에 똑같이 귀를 기울이고, 각각의 강력한 논거를 편견 없이 정확하게 이해하려고 노력해야 한다.

"진리는 세상의 무엇보다도 중요하다. 이런 진리를 찾는 데 반대하는 사람은 없다. 따라서 도덕과 인간을 둘러싼 각종 문제에 대해 모든 사람이, 심지어 악마의 편에 선 것처럼 보이는 사람까지도, 자유롭게 온갖 논리를 동원해서 자기 주장을 펼 수 있게 해주어야 한다."

So essential is this discipline to a real understanding of moral and human subjects, that if opponents of all important truths do not exist, it is indispensable to imagine them, and supply them with the strongest arguments which the most skillful devil's advocate can conjure up(245).

토론과 비판을 허용함으로써 얻는 이로움은 또 있다. 지성을 단련시키는 데 가장 중요한 방법의 하나는 자기가 옳다고 생각되는 것의 근거를 학습하는 것이다. 토론이라는 것은 기하학의 경우에서 단순히 정리(定理)를 외울 뿐만 아니라 논증을 이해해야 하는 것과 같다. 수학과 달리 자연과학에서는 동일한 사실에 대해 다른 설명이 제기될 수 있다. 가령 지동설에 대한 천동설의 설명이다. 우리는 진리라는 증거가 증명되고 이해할 수 있을 때 비로소 믿는 것의 근거를 알 수 있게 된다.

밀은 한결같이 우리 인간은 합리적 존재로서 왜 자신이 행하는 것을 믿는지 그 이유를 알아야만 한다고 주장한다. 이런 주장은 밀턴(John Milton)이 '아레오파기티카(Areopagitica, a Speech of Mr. John Milton for the Liberty of Unlicensed Printing, to the Parliament of England, 1644)'에서 보여주는 언론과 출판의 자유 사상과 일치한다.

존 밀턴 — 아레오파기티카

존 밀턴(John Milton, 1608-1674)은 17세기 청교도 작가이자 위대한 서사시인이다. 그는 청교도 혁명과 공화정을 옹호하였으며, 종교적 자유 및 출판의 자유와 언론의 자유를 진보의 필수 조건으로 요청하였다. 그의 자유에 대한 사상은 '아레오파기티카(Areopagitica, 1644)'[8]에 집대성되었다. '아레오파기티카'는 공개 토론, 검열과 출판, 공화주의, 자연법 등과 같은 문제를 언급하면서 양심과 언론의 자유를 주창하고 있어, 무엇보다 표현의 자유를 옹호한 언론 사상의 경전으로 불린다. 밀턴의 관용과 자유에 대한 정신은 로크의 '관용론(A Letter Concerning Toleration, 1689)'보다 반세기 앞선다는 점에서 역사적 의의가 있으며, 밀은 밀턴의 정신을 그대로 이어받고 있다. 밀턴은 가령 "우리의 신앙과 지식은 마치 우리의 사지와 몸통처럼, 훈련에 의해 건강해진다.", "만일 사람이 다른 근거 없이, 단순히 목사가 말했다는 이유로 어떤 사실을 믿는다면, 비록 그의 믿음이 진실한 것이라 할지라도 그가 믿는 진리는 이단이 된다."(543)고 말한다. 이와 같은 밀턴의 사상과 언론의 자유에 대한 주장은 밀의 『자유론』에서 그대로 볼 수 있다(자유론, 245, 262, 270 등).

밀턴은 '아레오파기티카' 표지의 하단에 에우리피데스(Euripides)의 탄원하는 여인(The Suppliants)의 구절을 싣고 있다. 한 전령이 테베왕국으로부터 도착해서 "이 나라 지배자는 누구인가?"라고 묻자, 테세우스(Theseus)가 이 나라는 자유 국가여서 한 사람에 의해 통치되지 않고 가난한 자들도 동등한 몫을 가진다며 민주주의를 찬양하는 대답의 한 부분이다.

---

8 'Areopagus'는 'ARES(언덕; Hill)'를 의미한다. 원 제목은 '아레오파기티카: 검열 없는 출판의 자유를 위해 잉글랜드 의회를 상대로 작성한 존 밀턴의 연설문, Areopagaticia: A Speech of Mr. John Milton For the

대중에게 조언할 것이 있는 자유 시민이 자유롭게 말할 수 있고

그렇게 할 수 있고 의지도 있는 사람이 높이 칭송을 받을 때,

그리고 그렇게 할 수도 없고 할 의지도 없는 사람이 침묵을 지킬 수 있을 때 이것이
참된 자유이다.

한 나라에 이보다 더 큰 정의가 어디 있겠는가?

This is true Liberty when free born men

Having to advise the public may speak free,

Which he who can, and will, deserves high praise,

Who neither can nor will, may hold his peace;

What can be justify in a State then this?

이 인용은 밀턴이 얼마나 언론의 자유에 대한 열정을 갖고 있었는가를
보여준다. 오늘날에는 너무나 당연시되는 표현의 자유에 대해 밀턴은 이렇게
말하고 있다.

"자유롭게 알고 말하고 주장할 자유를, 다른 어떤 자유보다도 그러한 자유를 나에게
주십시오."(아레오파기티카, 560)

'아레오파기티카'의 직접적인 저술 목적은 출판규제의 목적으로 공포된
'출판 허가법'(Licensing Order, 1643.06.14.)의 철회에 있었다. 밀턴은 의회
에서 연설이라는 형식을 빌려 이야기하고 있다. 밀턴은 출판 허가법 이후 출
판검열과 언론탄압의 해악과 폭압을 지적하면서 의회가 언론의 자유를 허락
할 것을 요청한 것이다(488).

Liberty of Unlicensed Pronting To the Parliament of England', 박상익 역, 인간사랑, 2016.

당시 책이나 문서는 허가관, 또는 이 법에 따라 지명받은 자 가운데 하나에 의해 허가받지 않으면 인쇄될 수 없었다. '아레오파기티카'는 한편으로는 종교개혁의 완성을 위해 종교적 견해를 자유롭게 발표하게 하고 출판을 허용하라는 요구이기도 하다. 각자 기독교인들이 자신들이 발견한 진리를 자유롭게 발표할 수 있어야만 한다는 것이다.

"사람을 죽이는 자는 하나님의 형상인 이성적 창조물을 죽이는 것입니다. 그러나 좋은 책을 파괴하는 자는 이성 그 자체를 죽이는 것이며, 말하자면 눈앞에 있는 하나님의 형상을 죽이는 것입니다."(492)

밀턴은 출판검열과 언론규제는 결국 실패할 수밖에 없다고 주장한다. 그는 출판허가 명령이 왜 부당한가에 대해 조목조목 비판한다.

1) 출판허가제 조례의 역사적 뿌리를 찾아가면 로마 가톨릭교회이다. 고대 그리스의 아테네나 로마의 경우 언론은 자유로웠다. 아테네에서 문제가 된 저술은 신성 모독적이고 무신론적인 책, 또는 비방적(중상적)인 책뿐이었다(494). 책을 금서로 불태우기 시작한 것은 로마 교황들이었다. 이들은 정치적 지배권 장악에 골몰하여, 사람들이 무엇을 읽는지에 대해서도 간섭을 확대하며, 마음에 들지 않는 책들을 불태우고, 읽는 것을 금지했다(501). 마르티누스 5세(1417-1431)에 이르러 이단 서적을 금지했고, 이 책들을 읽는 사람들을 파문하기 시작했다(502).

2) 어떤 책이든 책을 읽는다는 것은 이롭다. 모세, 다니엘, 바울은 이집트인, 칼데아인, 그리스인의 모든 학문에 정통했는데, 그것은 온갖 종류의 책을 읽지 않고서는 불가능한 것이다(507). 지식이 선한 지식과 악한 지식이 따로 있는 것이 아니고, 인간은 교육을 통해서 지식을 가지며, 그 도구의 하나는

다름 아닌 책이다. 지식의 시장은 '아이디어의 시장'이다.

3) 출판허가제는 결국 실패한다. 허가제는 원래 의도하는 목적에 맞는 실질적인 결과를 낳지 못하고 결국 실패하고 만다(521). 허가제는 마치 공원의 문을 닫고서 공원 안의 모든 까마귀를 가두어 놓았다고 생각하는 것과 같다. 술 취하는 가게에 출입하는 대중을 무슨 수로 막을 수 있는가?(526) "서적 검열은 불가피하게 수많은 다른 종류의 검열을 수반하게 되며, 그것은 모두를 우스꽝스럽고 피곤하게 만들 뿐 결국 실패할 것입니다."(526). 출판물 외에도 악이 전파될 수 있는 길은 얼마든지 많다. 악을 전파하는 모든 길을 막는다는 것은 불가능하다. 죄악의 재료가 모조리 사라진다 해도 죄악 자체는 고스란히 남는다(527). 서적의 탄생과 죽음을 과연 누가 판별할 수 있는가? 만약에 합당한 자격을 갖추지 못한 검열관이 엉터리로 검열을 한다면 무슨 일이 일어나겠는가?(530) 인간은 이성을 가지고 있어 '자율조정(self-rightening)'이 가능하며, 악이 아니라 선을 택할 수 있다. 문제의 해결은 인간의 자율성에 맡기는 것이다.

4) 허가제는 학문과 학자들에게 좌절을 주며, 이들에 대한 최대의 모욕이다(531).

"만일 우리가 선생의 회초리에서 벗어난 후에도 다시 출판 허가증의 막대기 아래 놓인다면, 다 자란 어른임에도 불구하고 어린 학생보다 나을 것이 무엇이겠는가?"(531)

한 인간이 세상을 향해 글을 쓸 때는 자신의 이성과 사려를 총동원한다. 그런데 검열관이 노작(勞作)을 노고도 없이 대충 훑어볼 수도 있고, 나이도 어릴 수 있다. 이런 일이 일어나는 것은 개탄스럽다.

"진리와 이해는 티켓(tickets, 상표), 법령과 규격에 의해 독점되거나 거래되는 그런 것이 아닙니다."(535)

밀턴은 자신의 주장이 단지 수사에 불과한 것이 아니라 실재임을 보여주기 위해서 유럽의 다른 나라를 예로 든다.

"반면 그들은 자신들의 학문이 노예 상태에 떨어져 있음을 비통해했습니다. 이탈리아인들의 위대한 지혜를 질식시킨 것은 바로 이것이었습니다. … 바로 그곳에서 나는 저 유명한 갈릴레오(1564-1642)를 방문했습니다. 노년에 이른 갈릴레오는 프란체스코 및 도미니쿠스 검열관들과 천문학에서 생각을 달리한다는 이유로 종교재판소의 죄수가 되어 있었습니다."(537-538).

검열제를 반대하는 밀턴의 주장은 다음 문장에 잘 녹아 있다.

"한 권의 좋은 책은 생애 뒤의 생애를 위해 향취 있게 저장된 탁월한 영혼의 고귀한 생명의 피다(A good book is the precious life-blood of a master spirit, embalmed and treasured up on purpose to a life beyond life.)"(493)

밀턴과 밀에 따르면, 우리가 수학의 경우를 제외하고, 만일 한 의견이 왜 그 경쟁하는 관념들보다 우리의 충성을 요구하는지를 알고 있지 않다면, 우리는 그것을 합리적으로 신봉한다고 주장할 수 없다.

+ 더 알아보기

밀의 검열제도 반대 이유

밀은 『자유론』 제2장에서 거짓이나 비도덕적 의견을 억압할 목적으로 하는 검열제도를 비판한다. 밀은 '여론을 빌려 자유를 구속한다면, 그것은 여론에 반해 자유 를 구속하는 것만큼이나, 아니 그보다 더 나쁜 것'(229)이라고 말한다. 언론의 검열은 개인, 그룹 또는 국가에 의해서 행해진다. 밀은 국가에 의한 언론의 제약에 관심을 둔다. 자유 언론을 수호해야 하는 이유, 또한 검열제에 반대하는 이유를 4가지로 든다.

1) 검열받는 − 침묵을 강요받는 − 의견이 진실일 수 있다. 인간은 무오류성을 전제하지 않을 만큼 완벽하지 않다(228-243, 258).

2) 검열받는 − 침묵을 강요받는 − 의견이 그야말로 오류라 해도, 진리의 일부를 담고 있을 수 있다. 부분적 진리를 둘러싸고 격렬하게 충돌하는 것보다 진리의 절반을 소리 없이 억압하는 것이 더 무서운 결과를 낳는다. 오직 한쪽 의견만 듣게 되면 오류가 편견으로 굳어지며 과장된다(252, 257, 258).

3) 검열받는 − 침묵을 강요받는 − 의견이 전적으로(wholly) 오류라 해도, 그 의견은 옳은 의견이 도그마가 되는 것을 막아준다(228-229, 231-232, 243-245, 258).

4) 도그마(독단)로서 도전받지 않는 의견은 그 의미가 실종하거나 퇴색돼 영향력을 상실한다. 그 의미의 몇몇 껍데기만 남게 된다(247, 258).

3) 자유토론을 거부하는 이유

보통사람들은 찬반양론에 대해 철학자나 신학자들만큼 자세히 알거나 이해할 필요가 없다고 말한다. 이런 주장을 하는 사람은 상대방의 말실수나

오류는 그런 문제점들을 지적해줄 사람이 있는 것으로 충분하고, 일반 사람들은 진리의 분명한 근거만 배우며, 나머지 부분은 권위 있는 전문가를 그냥 믿고 따르는 것으로 족하다고 여긴다. 이런 주장을 하는 사람은 최소한의 수준에서 진리를 아는 것으로 충분하다고 믿는다. 이러면 자유토론의 필요성은 존재하지 않는다.

이러한 주장에 대해 가톨릭교회는 독특한 방식으로 대처해왔다. 이는 사람을 둘로 나누고, 한쪽은 이성적인 확신에 따라 교리를 받아들이게 하는 것이며, 다른 그룹은 믿음에 따라서 무조건 교리를 수용하도록 하는 방식이다. 전자의 그룹은 반대편 주장에 대해 효과적으로 답변할 수 있도록 하기 위해서 금서를 읽는 것이 허용된다. 그러나 후자인 평신도는 특별한 경우를 제외하고는 허용되지 않는다. 이러한 대처방식은 어떤 효과를 가져왔을까? 엘리트들에게는 정신적 자유는 아닐지라도 정신문화를 발전시킬 더 많은 기회를 주었으며, 그 결과로 이들은 평신도들에 대해 정신적 우위를 확보하게 되었다.

4) 자유토론의 결여로 발생하는 문제

그렇다면 자유토론이 결여되었을 때 어떤 부작용이 생기는가? 자유토론이 없으면 지적인 측면에서는 어떨지 모르지만, 도덕적인 측면에서는 크게 해가 발생하지 않는다. 또한 그 주장이 미치는 영향력도 그다지 크지 않을 수도 있을 것이다. 그렇다면 자유토론의 부재로 인한 문제는 무엇인가?

- 자유토론이 없다면 그 주장의 근거만이 아니라, 그 자체의 의미에 대해서도 모르게 된다.
- 생생한 개념과 분명한 확신 대신에 그저 기계적으로 외운 몇 구절만 남게 된다.
- 몇몇 껍데기는 남을지 모르지만, 중요한 본질을 잃고 만다.

- 거의 모든 윤리적 이론과 종교적 신념들이 이런 사실을 경험하였다.

자유토론이 없다면, 우리는 그 진리를 생생하게 이해하지 못하고, 단지 기계적인 습득에 불과한 지식의 축적으로만 끝나게 될 것이다. 결국 진리의 본질을 잃은 채 껍데기만 갖게 된다는 것이 밀의 주장이다. 이런 진리는 사회적 해악의 원천이 될 수밖에 없다.

"그러나 자유토론이 없다면 단순히 그 주장의 근거만이 아니라, 그 자체의 의미에 대해서도 모르게 된다. 그 주장을 표현하는 단어들이 특별한 생각을 담아내지 못하거나, 아니면 처음 전달하고자 했던 내용 일부분만을 옮길 수 있을 뿐이다. 생생한 개념과 분명한 확신 대신에 그저 기계적으로 외운 몇 구절만 남게 되는 것이다. 그 의미를 둘러싼 몇몇 껍데기는 남을지 몰라도 정말 중요한 본질을 잃고 만다."

The fact, however, is, that not only the grounds of the opinion are forgotten in the absence of discussion, but too often the meaning of the opinion itself. The words which convey it, cease to suggest ideas, or suggest only a small portion of those they were originally employed to communicate. Instead of a vivid conception and a living belief, there remain only a few phrases retained by rote(247).

과학자들이 가설을 통해서 제시하는 과학이론은 경쟁적인 이론과 경쟁한다. 즉, 자신의 이론이 '참'임을 보여주기 위해 그 이론을 입증하는 사례를 보여주어야 할 뿐만 아니라, 고집스러운 비판과 반대이론에 반박해야 한다. '반증주의(falsification)'적 방법론은 과학적 지식에서 놀랄만한 진보를 이끌어 왔으며, 이는 밀의 주장과 일치한다.

5) 죽은 신앙

밀은 '유일' 신앙에 기초한 종교 또한 비판의 자유, 반대 의견이 허용되어야 그 신앙은 죽지 않고 생동감을 얻을 수 있다고 언명한다. 밀은 그 이유로서 사람의 마음에 유례가 없을 정도로 강력한 충격을 주리라고 기대되던 교리들이 상상과 감정 또는 지성 속에서 꽃을 피우지 못한 채 죽어버린 믿음으로 전락하는 경우를 든다. 이런 사례는 많은 그리스도교 신자들에게서 나타난다. 신약성서에 담긴 계율과 원리를 신성한 것으로 믿으며 그 법에 따를 것을 다짐하는 그리스도인은 얼마나 될까? 1,000명 가운데 1명도 안 된다고 말하더라도 지나치다고 말하지 못할 것이다(248). 계율과 원리보다는 오히려 그가 속한 민족과 계급 또는 교계(敎界)의 관습이 행동 준칙이 된다. 이는 그리스도교적인 믿음과 세속적 삶을 절충한 그 어떤 선에 맞추어서 그날그날 살아가는 것이다. 살아 있는 믿음이라면 믿는 사람들의 행동을 규율할 수 있어야 한다. 그 가르침 하나하나에 각별한 의미를 부여하며 마음에서 우러나오는 감동으로 실천하는 것이 아니라면, 습관적으로 교리를 따르는 것이다.

밀은 이처럼 역사에서 특히 참된 가르침을 가진 종교가, 그 진리에 대한 토론과 오류의 가능성에 대한 부정으로 인하여, 그 종교는 습관화되고 결국 그 진리마저 상실하게 된다고 말한다. 그 대표적인 예가 다름 아닌 기독교이다.

초기 기독교의 경우

초기 기독교 신자들은 달랐다. 만일 그들이 습관적으로 행동했더라면, 기독교가 멸시받는 유대인들의 한 교파에서 벗어나 로마 제국의 종교로까지 성장하지 못했을 것이다. 그러나 밀에 따르면 사람들은 점차 기독교 자체의 진리를 이해하고 이를 실천하기보다, 그 껍데기만 남은 가르침을 숭배하고 남의 눈치를 보게 되었다. 밀은 기독교도의 몇 가지 가르침을 성경에서 인용한다.

- 심령이 가난한 자에게 복이 있다(개혁개정 마태복음 5, 3).
- 부자가 천국에 들어가는 것이 낙타가 바늘구멍에 들어가기보다 더 어렵다 (마태복음 19, 24 마가복음 10, 25, 누가복음 18, 25).
- 헛맹세를 해서는 안 된다(마태복음 5, 33).
- 네 이웃을 너 자신과 같이 사랑하라(마태복음 22, 39).
- 어떤 이가 속옷을 가져가려고 한다면, 그에게 겉옷도 가지게 하라(마태복음 5, 40).
- 내일을 염려하지 말라(마태복음 6, 34).
- 한 가지 부족한 것이 있으니, 네게 있는 모든 것을 다 팔아 가난한 자들에게 주라(마가복음 10, 21).

기독교인들은 이런 말씀의 참 의미와 뜻을 제대로 이해하지 못하며, 이를 따져보려고도 하지 않는다. '살아 있는 믿음이라면 그 믿음이 믿는 사람들의 행동을 규율할 수 있어야 한다.'(249) 결국 사람들은 성경 말씀을 앵무새처럼 들으며 되뇌고 있다. 밀은 '이런 신앙이 사회에 어떤 도움이 될까?' 라는 의문을 던진다.

밀은 1800년이라는 세월이 지났지만, 그리스도교가 오늘날 그 세를 넓히지 못하고 여전히 유럽인과 유럽인의 후예들만 상대하고 있는 이유는 과거의 그런 신념을 잃어버린 데서 찾아야 한다고 말한다.

이단의 문제

이단의 문제는 간단하지 않다. 밀은 이단에 대해서도 관용의 태도를 견지한다. 기존의 가르침과 다른 것을 가르치며 주장하는 이단이 언제나 있는 것은 엄연한 사실이다. 수많은 사람은 자신들의 의견과 다른 것을 주장하는 의견을 죽이려고 하였다. 그러나 밀은 이처럼 이단과 그 이단의 존재를 부정하는 것 자체가 축복이지 재앙은 아니라고 한다. 왜냐하면 그런 이견을 주장하는 사람들이 없다면 우리는 아마도 끊임없는 노력을 해야만 우리의 믿음과 진리의 건전함을 제대로 유지할 수 있을 것이기 때문이라는 것이다. 밀의 주장은 단순히 수용하기는 어렵지만, 그가 이단의 해악 자체를 논하기보다 그 이단의 순기능적인 것을 부각시켰음에서 이해된다.

인간은 동물과는 그 욕구가 다르며, 사고할 수 있는 탁월한 능력을 갖고 있다. 인간은 지성, 감성, 상상, 도덕적 정서들을 통해 훨씬 높은 행복의 가치를 부여하며 이를 추구한다.

> "어떤 인간도 짐승이 갖는 쾌락들의 최고 한도를 기대하고서 하등 동물 중의 하나로 변신하는 일에 동의하지 않을 것이다."
>
> Few human creatures would consent to be changed into any of the lower animals, for a promise of the fullest allowance of a beast's pleasures(Utilitarianism, 2장, 문단 6).

+ 더 알아보기

포퓰리즘과 비판

베네수엘라 위기(Crisis en Venezuela)는 2012년 우고 차베스 행정부 시절부터 시작되어 현재 니콜라스 마두로 행정부까지 계속되고 있다. 그 위기는 사회, 경제, 정치 모든 분야에서의 총체적 위기로 베네수엘라 역사상 최악의 경제위기이며, 아메리카 대륙에서 일어난 최악의 경제위기 중 하나가 되고 있다. 통계적으로 2018년 베네수엘라의 3개 대학교가 발표한 연구 결과에 따르면 현재 베네수엘라 인구의 90%가 빈민층이 되었다(Reuter, Venezuelans report big weight losses in 2017 as hunger hits, 2018.02.22.).

이러한 베네수엘라의 위기가 한국에서 언론과 정치인에 의해 문재인 정부에 대한 비판의 배경으로 쓰이고 있다.

"베네수엘라 비극이 한국에 준 교훈"(중앙일보, 2018.08.27.), "주범은 사회주의 정책"(조선일보, 2018.08.08), "문재인 정부는, 포퓰리즘 독재의 길 가고 있다"(이언주 의원), "문재인 정부는 '국가주의 포퓰리즘 독재'"(김용태 의원), "문재인 정부의 정책이 좌파 포퓰리즘 정책으로 흘러가고 있다"(정우택, 자유한국당 대표), "퍼주기 포퓰리즘으로 시작된 정책 참사"(김성태, 자유한국당 국회 교섭단체 대표 연설, 2018.02.01)

포퓰리즘(Populism)은 대중영합주의, 대중주의, 인민민주주의, 인기영합주의로 번역되나, 한국에서 사용하는 의미는 퍼주기식 정책, 과도한 복지정책, 무지몽매한 대중에 영합하는 정치와 같은 의미로 쓰인다. 보수 정치인과 언론이 진보적 경제사회정책을 비판하는 데 동원되고 있다.

포퓰리즘을 과연 어떻게 볼 것인가? 포퓰리즘의 선구적 연구자 캐노번은 '포퓰리즘은 민주주의 그 자체에 의한 그림자(a shadow cast by democracy it-self)'(Canova, Trust the People! Populism and the Two Faces of Democracy, in: Political Studies, 1999, 2-3)로 본다. 포퓰리즘은 근대 민주정치의 고유한 일부도 아니고, 비이성적인 시민들에 의해 유발되는 병리학적 징후도 아니라는 것이다. 포퓰리즘은 대의 정치에 영구히 따라 붙는 그림자라는 것이다.

이사야 벌린(Isaiah Berlin)은 포퓰리즘의 특성을 6가지로 든다.

1) 게마인샤프트(Gemeinschaft, 공동사회)를 숭배한다. 이를 통해 포퓰리즘은 통합되고 일치된 사회를 추구하는 사상으로 나타난다.

2) 정치제도에 관심을 두지 않는다는 점에서 비정치적(apolitical)이다. 포퓰리즘 지지자는 국가보다 사회를 믿기 때문이다.

3) 포퓰리즘 지지자는 사회가 국민들을 일종의 영적 타락에 빠지기 전의 본질적이

고 자연적인 상태로 되돌려야 한다고 생각한다.

4) 과거의 가치를 현 세계에 다시 심어주려 시도한다는 점에서 과거 지향적이다.

5) 포퓰리즘에서 다수는 국민을 의미한다.

6) 근대화를 겪고 있거나 겪기 직전의 사회에서 등장한다(To define populism, in Government and Opposition, 1968, 3. 137-179).

포퓰리즘은 환경에 따라 색을 바꾸는 카멜레온과 같으며, 포퓰리스트는 대의민주주의 정치에 적대적이다. 이들은 또한 공동체 내부에서 이상화된 관념으로 받아들여지는 마음속의 이상향(heartland)을 불러들인다. 이러한 포퓰리즘은 반 엘리트적, 반 기득권적 특성, 대의민주주의 구조를 우회하는 대중동원, 대중과의 직접 관계 강조, 계급 연합적 특성, 가부장적 지도자, 카리스마적 지도자, 특정 사회 집단의 배제, 적대감 등을 드러내는 특징을 보여준다.

최근 유럽에서 나타나는 포퓰리즘 정당의 핵심적 강령 중 하나는 사회 내 특정 소수 세력에 대한 적개심, 배타성을 보여준다. 적개심에는 이분법적 적대 정치가 깔려 있다. 그 적개심의 타깃은 유럽 각국에 존재하는 이민자들이다. 프랑스의 국민전선(Front National)은 '외국인들'이 자신들의 일자리를 빼앗는다고 주장한다.

포퓰리스트는 국민을 진정한 국민에 속하는 자와 그렇지 않은 자로 구분한다. 부패한 엘리트와 도덕적으로 흠결이 없고 언제나 옳은 단일한 국민의 대립을 상상한다. 자신과 부도덕한 정치 현실을 대비시킨다. 저항 정당에서 집권한 이후에도 자신의 실패를 과거 엘리트의 훼방으로 여기며, 음모의 희생자로서 행동한다. 집권한 포퓰리스트는 일종의 종말론적 대립상태를 꾸며내 국민을 계속 분열하고 동요시킨다. 선동정치를 일삼는다. 정치적 갈등에 최대한 도덕적 수사법을 활용한다. 그 적(敵)은 국민 전체의 적으로 묘사한다. 포퓰리스

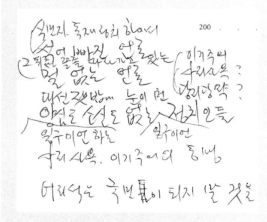

언론을 비판하는 노무현 대통령 친필 메모, 2007년 3월(뉴스타파 홈페이지)

트는 특유한 통치기술을 구사하여, 도덕적 정당성을 얻고자 한다. 오직 자신만을 도덕적으로 국민을 대표하는 유일한 대표자로 내세운다. 국가를 일종의 식민화시키며, 차별적 법치주의를 하며, 시민사회를 체계적으로 억압한다.[9]

왜 포퓰리즘이 등장하는가? 이는 민주주의가 저버린 약속들이 있기 때문이다. 그 약속은 국민이 통치할 수 있다는 약속이다. 민주주의에 대한 직관은 "스스로 통치하는 것이며, 주권자는 국민 전체이다"라는 것이다. 그러나 실제로는 '부패한 소수 엘리트가 권력을 장악하고 통치한다!'는 인식을 하고 있다. 포퓰리스트들은 국민이 올바른 대표자에게 권한을 위임하기만 하면, 국민 자신들은 완전히 새로운 주인이 된다고 선전, 선동한다. 따라서 "진정한 국민을 다시, 따로 뽑자!"고 호소한다. 포퓰리즘은 국민주권을 재정립하여 자유민주주의의 결함을 교정하는 조치가 될 수 없다.

자연 재해적, 사회적 문제로 드러나는 문제에 대한 대통령의 책임, 대통령의 사과를 요구하는 것도 포퓰리즘의 행태이다. 통치적인 문제를 '고소', '고발'한다는 표명과 행위도 마찬가지이다. 국회의원들은 자신들의 문제에 대해 '고소장', '고발장'이라고 적힌 봉투를 내보이며, 검찰청 민원실에 나타난다. 대기하고 있던 사진기자들의 플래시 세례를 받는다.

---

9 Jan Werner Mueller, What is populism?, University of Pennsylvania Press., 2016.

그러나 고소와 고발은 정치를 '사법화'시키는 것은 물론이거니와, 이는 정치의 소통 방식이 될 수 없다. 고소와 고발은 정치에서 논쟁 실종이며, 득보다 실 자체이다.

정책에 대한 포퓰리즘의 비판은 그 일부의 진실을 담고 있으며, 정당하다. 문제는 '사회복지정책과 사회정의'를 포퓰리즘이라고 낙인을 찍고, 선동하는 말이 포퓰리즘이라는 데 있다. 소수당이 아닌 제1야당이 '문재인 정부는 포퓰리즘 독재', '좌파 독재', '종북 정권', '신독재', '악의 탄생[10]' 등의 말과 주장을 끊임없이 만들어 내는 것은 유권자의 표를 의식하는 포퓰리즘이다. 최고 통치자에 대한 인격적 모독은 과연 대통령에 대한 존엄이 있는가를 질문하게 한다. 반면 포퓰리즘을 지지하는 유권자들, 그들의 분노와 불만, 르상티망(ressentiment)에 휩싸인 사람을 병리학적으로 보지 않고, '자유롭고 동등한 시민으로 이해하면서 대화할 수 있는가?'라는 숙제가 남아있다.

포퓰리즘은 대중을 현혹하고, 편을 가르며, 바이러스와 같이 민주주의를 공격한다.

3. 일반사회의 통념과 이에 반하는 의견이 모두 진리인 경우

지금까지 다양한 견해에 대해서 두 가지로 이야기하여 왔다.

첫째, 기존의 통설이 오류이며, 반대 의견이 진리인 경우이다.

둘째, 통설이 진리인 반면, 반대 의견이 오류인 경우이다. 밀은 진리와 오류 사이의 논쟁은 진리를 분명하고 깊게 이해할 수 있는 계기이기 때문에

---

10 자유한국당 나경원 원내대표는 2019년 7월 4일 열린 국회 본회의 교섭단체 대표 연설에서 "현 정부의 행태가 신독재 현상과 부합한다"며 '독재'라는 단어를 8차례 언급하였으며, "지난 패스트트랙(신속처리 안건) 폭거는 '악의 탄생'이었다"고 말함.

없어서는 안 될 필수요소라고 보았다.

셋째, 서로 대립하는 두 주장이 각각 어느 정도씩 부분적인 진리를 담고 있는 경우이다. 이러한 경우가 실제 세상에서는 일반적이다.

밀은 여기서 한 명제는 참이든 거짓이든 그 하나이지 둘 다 동시에 참이 될 수 없는 논리학의 '배중률'을 부정하는 것은 아니다. 밀이 말하고자 하는 것은 우리가 일상생활에서 접하는 의견들이 복합물로 구성되어 있으며, 그중에서 어떤 것은 참이며 어떤 것은 거짓이라는 점이다.

인간 정신은 언제나 일면성(one-sidedness)으로 넘쳐났고 다면성(many-sidedness)에 대한 관심은 예외적인 상황에 국한되어 왔다. 따라서 사상혁명이 벌어지는 와중에도 진리의 한 부분이 떠오르면 다른 부분은 사라지는 경우가 흔하다. 밀은 통설이 빠뜨리고 있는 진리의 어떤 부분을 구현하는 모든 생각은 그것이 아무리 많은 오류와 큰 혼돈을 초래하더라도 마땅히 소중히 다루어져야 한다고 본다. 소수파의 주장이 부분적인 진리에 지나지 않아도, 그 주장으로 말미암아 사람들은 그 소수의 의견에 억지로라도 관심을 가질 가능성이 높다.

밀은 어느 쪽도 진리를 독점할 수 없음을 보여주고자 다음과 같은 사례를 든다.

1) 루소의 경우

18세기에 배운 대부분의 사람은 근대와 고대는 근본적으로 다르다고 전제하였으며, 결과적으로 근대가 고대보다 우수하다고 여겼다. 그러나 루소는 그렇게 생각하지 않았다. 근대 과학문명을 추종하는 사람과 달리 루소와 그 추종자들은 인공적인 사회와 위선들의 무력적이며 부도덕한 효과를 비판하며, 삶의 단순성 상실을 애석해하였다(253).

루소는 자연으로 돌아가라고 주장한다. "문명이 인간을 타락시키기 때문에 자연 상태의 인간이 더 우월하다"는 루소의 역설은 일방적인 의견을 가진 대중에게 자기 성찰의 기회를 주었다. 그들의 생각이 더 나은 형태로 재구성하게 하며, 새로운 힘을 얻게 해준다. 루소 이래로 의식이 깨어 있는 사람들은 단순하고 소박한 삶이 얼마나 귀한 가치가 있는지, 그리고 인위적인 삶이 강요하는 속박과 위선이 얼마나 심각하게 우리의 도덕을 해치고 활력을 빼앗는지에 대해 경각심을 높이려 애쓰고 있다. 보수와 진보의 세력은 각자 진리의 독점을 주장하나 그 진리는 부분적일 수밖에 없으며, 서로는 서로에게 있는 결핍을 채울 수 있다.

2) 정치에서 양당제도

정치의 장에서 질서와 안정을 추구하는 정당과 진보 또는 개혁을 주장하는 정당, 즉 보수와 진보정당이 모두 존재하는 것이 정치적 발전을 위해 중요하다는 것은 이미 상식이 되었다. 이 두 가지의 상반된 인식이 각기 상대방으로 존재하는 이유가 된다. 보수와 진보 정당은 정책이나 이념에 대해 대립하고 경쟁하기 때문에 비판적인 자세를 유지할 수 있다.

"민주주의와 귀족 정치, 재산과 평등, 협력과 경쟁, 사치와 절제, 사회성과 개별성, 자유와 규율, 그리고 일상적인 삶에서 부딪히는 모든 상반된 주장들이 그 어떤 의견이든 자유롭게 표출될 수 있고 똑같은 비중으로 가치를 인정받지 못한다면, 각 주장에 담긴 내용이 빛을 발할 기회를 얻지 못할 것이다. 저울의 한쪽 추가 올라가면 반대편 추는 내려가기 마련이다. 우리 삶의 아주 중요한 실천적 문제를 놓고 볼 때, 진리를 찾기 위해서는 결국 서로 대립하는 것들을 화해시키고 결합시켜야 한다. 그러나 아주 넓고 공정한 마음의 소유자가 아니라면 이런 일에 올바른 결론을 끌어내기가 몹시 어렵다. 적대적인 깃발 아래 모인 양쪽이 서로 치고받는 과정을 거치고야 진리에 이를 수 있는 것이다."

Unless opinions [254] favourable to democracy and to aristocracy, to property and to equality, to co-operation and to competition, to luxury and to abstinence, to sociality and individuality, to liberty and discipline, and all the other standing antagonisms of practical life, are expressed with equal freedom, and enforced and defended with equal talent and energy, there is no chance of both elements obtaining their due; one scale is sure to go up, and the other down. Truth, in the great practical concerns of life, is so much a question of the reconciling and combining of opposites, that very few have minds sufficiently capacious and impartial to make the adjustment with an approach to correctness, and it has to be made by the rough process of a struggle between combatants fighting under hostile banners(253-254).

밀은 여기서 다시 한 번 반대 의견에 대한 관용과 유용성을 이야기한다.

"어떤 문제든 세상 모든 사람의 통념과 어긋난 주장을 펴는 사람이 있다면, 아무리 세상 사람들의 생각이 옳다 하더라도 그런 이설에는 분명 무언가 들어 볼 만한 내용이 있음을 잊어서는 안 된다. 그 입을 막아버리면 중요한 진리를 잃어버릴 가능성이 대단히 크다."

When there are persons to be found, who form an exception to the apparent unanimity of the world on any subject, even if the world is in the right, it is always probable that dissentients have something worth hearing to say for themselves, and that truth would lose something by their silence(254).

3) 기독교 도덕은 진리인가?
밀은 이제 기독교를 부분적 진리의 사례로 들고 있다.

"통설 가운데 어떤 것, 특히 최고, 가장 중요한 주제에 관한 것들은 절반 이상의 진리를 담고 있다. 예를 들어 그리스도교 도덕 같은 것은 그런 문제에 관한 한 전적으로 옳기 때문에 그것과 어긋나게 가르치는 사람은 누구든 결정적인 실수를 저지르는 셈이 된다."

But some received principles, especially on the highest and most vital subjects, are more than half-truths. The Christian morality, for instance, is the whole truth on that subject, and if any one teaches a morality which varies from it, he is wholly in error(254).

밀은 기독교의 윤리적 규범이 "불완전하고 편파적"이라고 기술한다. 밀의 이런 판단과 기술은 그의 담력을 드러내지만, 반면 이는 '신적 계시라는 기독교의 믿음, 성경의 무오류성 주장에 대한 심각한 도전'이 된다. 그의 주장은 기독교 신봉자들을 충격에 빠뜨리고 분노를 불러일으킬 만하다.

밀은 자신이 내세우는 것은 기독교의 본질에 대한 것이 아니라, 기독교의 윤리라는 점을 분명히 밝히고 있다. "사도바울은 유대인들이 교리를 이렇게 해석하고 예수의 구원 계획을 오도하는 것을 노골적으로 비판하지만, 그 또한 기존의 도덕, 즉 그리스와 로마에서 전해져 내려오는 도덕을 받아들였다"고 말하면서, 바울이 규정하는 그리스도교 윤리가 그리스와 로마의 도덕에 바탕을 두고 있는 것이 많다고 한다(255). 밀에 따르면 기독교는 '육체적 욕망에 대한 공포 때문에' 금욕과 자기 부정이라는 우상을 만들었다고 본다. 천국에 대한 지나친 편향은 현실에 대한 무시 또는 등한시를 불러왔다. "나는 예수의 뜻에 비추어 바라보아야만 예수의 가르침을 정확하게 이해할 수 있다고 믿는다."(256)고 말한다.

밀은 기독교 도덕이 인류에게 준 빛이 있음을 인정한다고 하면서 이렇게 말한다.

"나는 그리스도교 윤리와는 전적으로 다른 모습을 띤 윤리체계도 인류의 도덕적 쇄신을 위해서는 그리스도교와 나란히 공존하지 않으면 안 된다고 믿는다. 그리고 인간 정신이 불완전한 상태에 있는 한, 그리스도교 신앙도 다양한 의견을 허용해야 진리를 찾을 수 있다는 원칙에서 벗어날 수 없다. 그리스도교 속에 포함되지 않은 도덕적 진리를 인정한다고 해서 반드시 그리스도교 속에 담긴 진리를 포기하는 것은 아니다."(256-257)

만일 그리스도교 신자들이 이교도들을 그리스도교에 편견을 가지지 않은 사람이 되도록 가르치고 싶다면, 자신들부터 먼저 이교도에 대한 편견을 버릴 수 있어야 한다는 것이다. 밀은 이처럼 지난 수세기에 걸쳐 발전해온 기독교의 윤리를 비판하였다. 그 비판에는 예수 자신이 가르친 윤리도 대상이 되는 점은 분명하다. 밀은 기독교가 편협한 칼뱅주의 또는 청교도주의의 해석을 취하려는 경향이 너무 강했다고 비판한다. 기독교가 바울의 서신인 '빌립보서'만을 주의 깊게 들여다보았어도 좀 더 폭넓고 관대한 형태의 기독교 도덕을 고려했을 것이라고 본다.[11]

밀이 주장하는 것은, 진리일지라도 그에 반하는 주장도 허용되어야 한다는 것이다. 밀은 다시금 "다양한 의견을 허용하는 것은, 그 무엇과도 바꿀 수 없이 소중한 어떤 것을 얻기 위해 지급하지 않으면 안 되는 비용"이라고 밝히고 있다(257).

4. 자유토론의 한계

개인의 자유를 무제한으로 허용하는 것이 정말 잘하는 일인가? 토론이 많을수록 진리가 보장되는가?

드워킨은 『자유주의적 평등』[12]에서 밀의 인식론적 논변을 따진다

---

11 G. 스카, 밀의 자유론 입문, p.104.
12 로널드 드워킨, 염수균 역, 자유주의적 평등, 한길사, 2005.

(576-557). '과연 더 많은 언어의 행위가 있으면 있을수록 더 좋은가?' 언론의 단순한 양을 그것 자체로서 인식론적 가치를 갖는 것으로 인정하고 간주해야 하는가의 질문이다. 드워킨은 "밀의 인식론적 주장을 분별적 독법을 위한 하나의 정당화로 제공한다면, 어떤 행위도 배제되어서는 안 된다고 주장하는 것이 아니라, 어떤 사상(idea)도 배제되어서는 안 된다고 주장하는 원칙의 인식론적 중요성을 강조하는 것"이라 한다. 토론에 가능한 다양한 사상들이 다루어지는 것을 보장하는 방법은 언론의 단순한 양을 극대화하는 것에 있지 않다. "언론의 양을 극대화하는 것은 필수적인 것이 아니다"(577). 어떤 사상도 공식적으로 배제하지 않는 담론은, 그 담론을 통해서 사상들의 장점이 잘 검토될 수 있도록 구성된다면, 진리를 확보할 가능성은 더 커진다.

밀은 여기서 대단히 중요한 한 가지 결론을 끌어낸다. 자유토론이 만병통치약은 아니라는 점이다.

> "나는 있을 법한 모든 의견에 대해 아무런 제약 없이 자유롭게 토론을 벌인다고 해서 종교적 또는 철학적 분파주의의 해독을 제거할 수 있으리라고 기대하지는 않는다."(257)
> "나는 아무리 자유토론을 허용하더라도 사람의 생각이 한쪽으로 치우치는 것을 근본적으로 막을 수는 없다고 생각한다."(257)

계속해서 이에 대해 밀은 다음과 같이 말한다.

> "부분적인 진리를 둘러싸고 격렬하게 충돌하는 것보다, 진리의 절반을 소리 없이 억압하는 것이 사실은 더 무서운 결과를 낳는다. 사람들이 억지로라도 양쪽 의견을 모두 듣게 되면 언제나 희망이 있다. 그러지 않고 오직 한쪽만 듣게 되면, 오류가 편견으로 굳어지고 반대편에 의해 거짓으로 과장되면서 진리 자체가 진리로서 역할을 할 수 없게 된다."(257)

5. 토론의 태도와 규제의 문제

의견을 가질 자유와 그것을 표현할 수 있는 자유는 인간의 정신적 복리에 중요하다.

첫째, 침묵을 강요당하는 모든 의견은, 그것이 어떤 의견인지 확실히 알 수는 없다 하더라도, 진리일 가능성이 있다. 이 사실을 부인하면 우리는 무오류(infallibility)를 전제하는 것이다.

둘째, 침묵을 강요당하는 의견이 오류라 하더라도, 그것이 일정 부분 진리를 담고 있을지도 모른다. 통설이나 다수 의견이 전적으로 옳은 경우는 드물거나 아예 없다. 따라서 대립하는 의견들을 서로 부딪치게 하는 것만이 나머지 진리를 찾을 수 있는 유일한 방법이다.

셋째, 통설이 진리일 뿐만 아니라 전적으로 옳은 것이라고 해도, 진지하게 시험을 받지 않으면 그것을 받아들이는 사람들 대부분은 그 진리의 합리적 근거를 그다지 이해하지도 못한 채 하나의 편견과 같은 것으로 간직하게 될 것이다.

넷째, 그 주장의 의미 자체가 실종되거나 퇴색하면서 사람들의 성격과 행동에 큰 영향을 끼치지 못하게 될 것이다. 선을 위해서 아무런 영향도 주지 못하는 헛된 구호로 전락하면서, 그 어떤 강력하고 진심 어린 확신이 자라나는 것을 방해하고 가로막는 것이다.

밀은 토론에 따른 윤리 문제를 마지막으로 다룬다. 즉, "절제된 양식 아래 공정한 토론의 틀을 벗어나지 않은 상태에서만 의견의 자유로운 표현이 허용되어야 한다."는 주장에 대해서이다. 의견의 표현은 언제나 온화하고 정중한 방식으로 전개되어야 하는가? 욕설, 빈정거림, 부당한 명예훼손, 중상과 모략적 표현은 추방되어야 하는가?

2005년 덴마크의 신문사들이 예언자 마호메트를 풍자한 만화들을 게재한 사건이 있었다. 이 일로 인하여 중동지역 덴마크 대사관이 불에 타고, 이슬람권 전체가 반 유럽 시위와 항의 폭동으로 반발하였다. 서유럽 언론은 언론의 표현의 자유로 맞서고 이슬람에 대해 공격·비판하였다. 한 서방 신문사 편집자가 이슬람 극단주의자들에 의해서 살해되기도 하였다. 이런 사태들을 볼 때 특정 종교집단이나 민족집단에 선동적인 말이나 자료 출판을 금지하는 것이 바람직한 것으로 보인다. 이슬람 세계에서 알라나 마호메트를 그리는 행위는 최대 금기이다. 마호메트를 풍자만화의 소재로 삼는다는 것은 한 종교와 문명에 대한 부정이요, 파괴적 시도가 될 수밖에 없다는 입장이다. 서유럽 언론은 이슬람의 신성을 건드림으로써 이슬람을 모욕하고 적대감을 고취하는 음모를 하는 것으로 비추어진다.

2005년 9월 30일 덴마크 일간지 율란츠 포스텐(Jyllands-Posten)이
게재한 12컷의 마호메트 만평

현재의 환경에서 현대 정부가 전적으로 방관자적인 태도를 보이는 것이 옳은 것인지, 아니면 사회에 무질서와 혼란을 불러오는 출판이나 인터넷 기사의 확산을 억압하는 것이 옳은지의 논쟁이 발생할 수밖에 없다. 과연 언론의 자유에는 금기사항이나 신성의 영역까지도 포함되는가? 과연 타 종교와 신앙에 대한 예의는 언론의 자유에서는 필요 없는 것인가? 등의 문제이다.

밀은 토론의 예의 바름에 공감한다. 자신들의 논증 결핍을 만회하기 위한 수단으로 중상하는 반대자들을 비난한다.

> "그중에서도 가장 심한 것은, 세련되게 말하자면, 문제의 본질을 거짓 진술하기 위해 또는 반대 의견을 엉터리로 전달하기 위해 사실이나 주장을 호도하는 것이다. 무식하거나 모자란다고 생각되지 않는, 그리고 여러 측면에서 볼 때 그렇게 생각되어서는 안 될 사람들이 이런 일들을 아무런 거리낌 없이 오랫동안 자행해왔다. 따라서 그런 허위 진술에 대해 합당한 이유를 대며 도덕적으로 나쁜 짓이라고 낙인찍는 것은 거의 불가능할 정도이다. 이렇게 논란이 되는 비행(非行)을 법적으로 처벌한다는 것은 더구나 어렵다."
>
> The gravest of them is, to argue sophistically, to suppress facts or arguments, to misstate the elements of the case, or misrepresent the opposite opinion. But all this, even to the most aggravated degree, is so continually done in perfect good faith, by persons who are not considered, and in many other respects may not deserve to be considered, ignorant or incompetent, that it is rarely possible on adequate grounds conscientiously to stamp the misrepresentation as morally culpable; and still less could law presume to interfere with this kind of controversial misconduct(258).

밀은 무례한 토론, 악의적인 풍자, 의도적인 모욕, 빈정거림에 대해 반대한다. 거짓 진술은 오늘날의 페이크(가짜, fake) 뉴스에 해당한다. 가짜뉴스의 영향력은 오늘날 갈수록 확대되며, '사실의 일부'에 거짓을 섞는 양태는 고도화되어 가고 있다. 인터넷 거품은 오염된 생활환경을 이룬다. 사회·심리적으로 사람들은 정치사회에서 사실에 신경을 쓰기보다, 자신이 원하는 것을 믿는다. 이는 가짜뉴스의 토양이 된다. 그럼 이런 가짜뉴스를 어떻게 대해야 하는가? 밀은 타인에게 해를 가하는 행동과 선동에 대해서는 반대를 하지만, 그에 대한 어떤 사법적인 대응은 반대한다는 입장이다.

밀은 토론의 예의를 강화하려는 제안에는 분명히 반대한다. 밀은 여러 가지 이유 등이 있기 때문에 이런 틀을 정확하게 설정하는 것은 힘들다고 본다. 토론에서 용인될 수 없는 경계와 수준을 구분해줄 심판자 역할을 과연 누가 할 수 있는가에 대한 문제이기 때문이다. 밀은 먼저 법과 권위로는 그런 토론을 구속할 권리가 없다고 본다. 반대 주장들에도 그들의 주장과 반론에 대한 의견을 개진할 수 있는 방어가 허용되어야 한다.

독일은 나치즘을 선전하며, 유대인 학살(홀로코스트)을 부정하는 자를 처벌하는 법을 갖고 있다. 독일 형법 제86조는 헌법에 반하는 조직의 선전수단 확산을 금지하는 것으로, 선전 수단의 내용이 이전(독일 나치당의) 국가 사회주의의 목표를 진척할 의도를 가졌다면, 그러한 선전 수단은 3년 이하의 징역 또는 벌금형에 처한다. 또한 나치당의 "깃발, 휘장, 제복, 슬로건, 경례 방식 등"을 금지한다.

독일 형법 제130조 제3항은 홀로코스트를 왜곡 발언하는 것(Verhamlosen)을 처벌한다. 1994년 연방헌법재판소는 독일국민민주당(NPD)의 역사적 사실의 부인이 언론보장에 해당하는지를 심의하였고, 헌법적인 언론보장에 해당하지 않는다고 판결하였다(BVerfGE 90, 241, S.247f). 이에 입법부는 같은 해(1994년) 말에 역사적 사실의 왜곡을 처벌하는 규정을 입법했다.

우즐라 하퍼벡(Ursula Haverbeck, 1928~)은 홀로코스트 부인으로 85세의 나이에 10개월 감옥형을 받았다. 그는 2016년 추가 기소되었으며, 2018년

5월 7일 체포되어 2년 기간으로 빌레펠드 감옥에서 복역 중이다. 하퍼벡은 자신의 인터넷 사이트와 유튜버를 통해 국가사회주의독일노동당에 의한 유대인 대량학살은 존재하지 않았으며, 아우슈비츠는 가스학살이 일어나는 장소가 아니라, 노동수용에 불과하였다고 주장했다. 그는 노르트라인베스트팔렌주 법원으로부터 제130조 제3항에 근거하여 징역 2년형을 선고받았다. 그는 독일 기본법 제5조에 보장하는 언론의 자유에 반한다고 헌법소원을 냈다. 그러나 독일헌법재판소는 명백한 사실을 부정하는 거짓 사실의 확산, 국민 선동, 여론조작은 기본법 제5조에서 보장하는 언론의 자유에 해당하지 않는다고 판결하였다(Beschluss vom 22. Juni 2018, 1BvR 2083/15). 언론의 자유 보장은 역사적인 거짓의 사실이 그대로 공적 토론에 수용되는 것까지 방관하는 것은 아니라고 하였다. 홀로코스트 부정은 의견(Meinung)이 아니며, 국민을 선동하는 역사적 사실 부정은 언론 보장의 대상이 아님은 분명해졌다. 그러나 헌법재판소는 국가사회주의의 범죄를 긍정하는 발언이 그 자체로 처벌을 받을 수 있는 것은 아니며, 역사적 사실을 왜곡하는 발언이 '공적 평화(öffentlicher Friede)'에 위협이 된다고 판단될 때 처벌이 가능하다고 하였다.

밀은 분명 이러한 법에 반대했을 것이다. 출판, 연설, 언론의 기사를 사전에 검열하여 출판을 금지하는 것은 장기적인 결과들을 예단하는 것이 된다.

논의의 적절성과 공정성은 결국 자신들이 결정해야만 한다. 밀은 '진정한 토론의 윤리'는 자신과 반대자들의 견해를 정확하고 차분하게 밝히는 사람, 그리고 반대자들의 주장을 존중하며 대우해주는 사람들에게 있다고 말한다.

흔히 자제심을 잃은 토론이라고 할 때 독설, 빈정댐, 인신공격 등이 있는데, 이를 논쟁의 당사자 모두에게 금지할 수 있다면 더 많은 사람으로부터 공감대를 얻을 것이다. 그런데 실제로 이런 수단은 통설을 무차별적으로 공격을 가하지 못하게 가로막는 데 쓰인다. 반면 소수 이설에 대해서는 거침없이 공격을 퍼부을 수 있다. 상대적으로 힘이 없는 사람을 대상으로 이루어지는 것이다. 여기서 소수 이설에 대해 무차별적으로 공격을 가하는 사람을 뜨거운 양심이니 정의의 분노니 하는 말로 찬양한다. 이런 싸움은 언제나 통설에 일방적으로 힘을 실어주는 방향으로 결말이 난다.

논쟁이 진행되면서 통설과 생각이 다른 사람은 사악하고 비도덕적인 인물로 공격을 받는데, 이것이야말로 최악의 결과가 아닐 수 없다. 누구든지 시류에 어긋나는 생각을 하는 사람은 이런 비방과 중상에 노출되기 쉽다. 소수는 영향력도 적으며, 그 당하는 일에 관심을 기울일 사람도 없다.

그러면 소수자는 어떻게 표현을 하여야 하는가? 밀은 이렇게 말한다.

"다수가 받아들이는 생각과 일치하지 않는 소수의견은, 부자연스러울 정도로 표현을 순화하고, 상대방에게 불필요한 자극을 주지 않도록 극도로 세심한 주의를 기울여야 한다. 그러지 않으면 자기 의견을 밝힐 기회를 얻기가 여간 어렵지 않다. 결국 통설과 단 한 줄도 어긋나지 말아야 하는데, 그러자면 본래의 취지를 포기하는 수밖에 없다."

In general, opinions contrary to those commonly received can only obtain a hearing by studied moderation of language, and the most cautious avoidance of unnecessary offence, from which they hardly ever deviate even in a slight degree without losing ground: while unmeasured vituperation employed on the side of the prevailing opinion, really does deter people from professing contrary opinions, and from listening to those who profess them.

이에 반해 다수의 의견은 어떠한가? 기존 의견을 따르는 사람은 온갖 언어폭력을 다 동원해서 반대진영의 의견을 피력하지도, 듣지도 못하게 한다.

밀은 생각의 자유와 생각을 표현하는 자유에 대해 양쪽 모두가 '예(禮)'가 있음을 이야기한다.

"자기 생각을 표현하는 방식이 적절하지 못한 사람, 즉 눈에 띄게 솔직하지 못하거나 악의의 비방 정도가 너무 심한 사람이나 타인의 감정에 관용적이지 못한 사람에 대해서는, 그가 누구이고 주장하는 바가 무엇이든 관계없이, 가차없이 비판해야 한다. 그러나 비록 우리와 반대되는 견해를 가진 사람이고, 따라서 좋지 못한 결과를 불러일으킨다고 생각되더라도 그에게 간섭해서는 안된다."

Condemning every one, on whichever side of the argument he places himself, in whose mode of advocacy either want of candour, or malignity, bigotry, or intolerance of feeling manifest themselves; but not inferring these vices from the side which a person takes, though it be the contrary side of the question to our own(259).

"이에 반해, 자신과 반대되는 사람들의 진짜 생각이 무엇인지 차분하게 들어볼 수 있고, 정직하게 평가할 수 있는, 그래서 그들에게 불리한 것이라고 과장하지 않고, 또 유리한 것이라고 해서 절대로 차단하지도 않는 사람은, 그가 누구든 또 어떤 생각을 가졌든 존경할 만하다."

Giving merited honour to every one, whatever opinion he may hold, who has calmness to see and honesty to state what his opponents and their opinions really are, exaggerating nothing to their discredit, keeping nothing back which tells or can be supposed to tell, in their favour(259).

밀이 내세우는 토론과 관련된 진정한 도덕률은 다음과 같이 정리된다.

- 지배적인 의견이든 소수의 의견이든, 정직성이 없거나 악의적이면 단죄되어야 한다. 자신의 주장만을 일방적으로 고집하거나 다른 사람들의 감정을 전혀 용납하지 못하는 방식은 단죄된다.
- 반대라는 입장만으로 그 사람의 의견 개진을 좋지 않게 바라보고서 그와

그의 의견을 악하고 부도덕하다고 단정해서는 안 된다.

- 다른 사람의 의견을 아무런 사심 없이 경청하면서, 그들에게 불리한 것을 부풀리거나 그들에게 유리한 것들을 은폐하지 않는 가운데, 그들의 의견에 대해 자신의 솔직한 의견을 밝히는 모든 사람은 경의를 받는다.

다수가 이 도덕률을 지키고자 하며, 진지하게 애쓰는 사람이 많이 있음은 좋은 일이다. 자유의 원칙, 해악의 원칙 간에 균형을 이루는 또 다른 원리는 없다.

+ 더 알아보기

'종북' 표현과 대법원판결

사건 1: "종북" 표현 "명예훼손 아니다"

대법원은 국회의원 등 공인에게 '종북·주사파'라는 표현을 쓴 것은 명예훼손으로 볼 수 없다고 판결하였다. 대법원 전원합의체(주심 김재형 대법관)는 2018년 10월 30일 이정희 전 통합진보당 대표와 남편인 심재환 변호사가 변희재 주간미디어 워치 대표를 상대로 낸 손해배상청구소송(2014다61654)에서, "변 씨는 이 전 대표 부부에게 1500만 원을 지급하라"며 원고일부승소 판결한 원심을 파기하고 사건을 서울고법으로 돌려보냈다.

재판부는 "타인에 대한 명예훼손이나 모욕은 허용되지 않지만, 명예훼손과 모욕에 대한 과도한 책임 추궁이 정치적 의견 표명이나 자유로운 토론을 막는 수단으로 작용해서는 안 된다", "정치적 표현에 대하여 명예훼손이나 모욕의 범위를 지나치게 넓게 인정하거나 그 경계가 모호해지면 헌법상 표현의 자유는 공허하고 불안한 기본권이 될 수밖에 없다"고 밝혔다.

"언론에서 공직자 등에 대해 비판하거나 정치적 반대의견을 표명하면서 사실의 적시가 일부 포함된 경우에도 불법행위 책임을 인정하는 것은 신중해야 한다"면서, "'종북', '주사파' 등의 표현행위는 의견표명이나 구체적인 정황 제시가 있는 의혹 제기에 불과해 불법행위가 되지 않거나 원고들(이 전 대표 부부)이 공인이라는 점을 고려할 때 위법하지 않다고 봐야 한다"고 하였다.

이에 대해 박정화·민유숙·김선수·이동원·노정희 대법관은 "민주주의 국가에서 표현의 자유가 최대한 보장되어야 하고 특히 공적인물이나 정치적 이념에 대한 비판과 검증은 더욱 철저하게 이루어져야 하지만, 그럼에도 불구하고 표현의 자유에도 일정한 한계가 있을 수밖에 없다"는 반대의견을 냈다.

재판부는 판결에서 다음과 같이 '정치적 표현의 자유의 의의와 한계'에 대해 부연 설명하였다. 판결문에 밀이 왜 다른 생각의 표현과 언론의 자유가 보장되어야 한다고 했는지, 취지가 드러나 있다.

"(1) 민주주의 국가에서 표현의 자유가 최대한 보장되어야 하고, 특히 공적 인물이나 정치적 이념에 대한 비판과 검증은 더욱 철저하게 이루어져야 하지만, 표현의 자유에도 일정한 한계가 있을 수밖에 없다. '언론 보도가 공직자 또는 공직사회에 대한 감시·비판·견제라는 정당한 언론 활동의 범위를 벗어나 악의적이거나 심히 경솔한 공격으로서 현저히 상당성을 잃은 것으로 평가되는 경우', '표현행위의 형식과 내용이 모욕적이고 경멸적인 인신공격에 해당하거나 타인의 신상에 관하여 다소간의 과장을 넘어서 사실을 왜곡하는 공표행위를 함으로써 그 인격권을 침해한 경우', '일방의 타방에 대한 공격이 타방의 기본입장을 왜곡시키는 경우' 등에는 표현의 자유의 한계를 벗어나 불법행위가 된다(필자 강조). 결국 다수의견과 반대의견은 모두 민주주의 국가에서 표현의 자유가 최대한 보장되어야 하고, 특히 공적 인물이나 정치적 이념에 대한 비판과 검증은 더욱 철저하게 이루어져야 하지만, 표현의 자유에도 일정한 한계가 있을 수밖에 없다는 점에 대해서는 의견을 같이한다.

(2) 표현의 자유와 그에 터 잡은 민주주의의 전제는 다른 생각을 가진 사람을 인정하고 관용하는 것이다. 생각과 이념이 다른 사람을 인정하고 관용하는 전제 위에서 표현의 자유는 비로소 숨 쉴 수 있는 것이다. 상대방을 아예 토론의 상대방으로 인정하지 않는 '배제'와 '매도'는 민주적 토론을 원천적으로 봉쇄할 수 있다. 표현의 자유라는 명분으로 생각이 다른 사람들을 배제하는 것은 민주주의를 질식시킬 우려가 있으므로 신중한 접근이 필요한 영역이 존재한다. 그동안 우리 사회에서 '종북', '주사파', '▽▽▽ ▽연합'이라는 용어는 그러한 입장으로 규정된 사람들을 민주적 토론의 대상에서 배제하기 위한 공격의 수단으로 사용되어 온 측면이 있다. 합리적이고 민주적인 토론을 통한 민주주의의 성숙을 위하여 위와 같은 극단적 표현들은 자제되어야 한다. 우리 사회에서 부정확하거나 바람직하지 못한 표현들이 난무하고 있는 것이 현실이라는 점을 고려하면, 자유로운 의견 표명과 공개토론이 가능한 표현이라면 얼마든지 최대한 보장되어야 마땅하지만, 상대방의 존재를 부정하고 토론 자체를 봉쇄하는 표현에 대해서는 일정한 제한이 필요하다. 그렇지 않을 경우 오히려 민주주의가 질식될 수 있기 때문이다(필자 강조).

(3) 이 사건은 형벌을 부과하기 위한 형사사건이 아니라 손해배상을 구하는 민사사건이라는 점이 고려되어야 한다. 형벌을 부과하기 위해 진행하는 형사 절차와 그에 따른 형사책임은 국가권력이 국민에 대해 공권력의 행사로 기본권을 제한하는 것이기 때문에 최후수단으로서의 성질을 갖는다. 반면, 민사절차와 민사책임은 원칙적으로 개인 간의 권리구제를 위한 것으로서 일방의 권리침해가 있다면 인정될 수 있을 것이다. 그렇기 때문에 형사책임을 묻는 경우와 민사책임을 묻는 경우 그 위법성의 정도에 차이가 있다. 민주주의 사회에서 표현행위를 이유로 형사책임을 묻는 것은 가능한 한 억제되는 것이 바람직하겠으나, 민사책임을 묻는 것은 일방이 위법하게 명예를 훼손당하거나 모욕을 당했다면 인정될 필요가 있다(필자 강조).

바. 결론

우리 사회에서 표현의 자유라는 명분으로 사회적 약자와 소수자에 대한 혐오, 적대 그리고 배제하는 표현을 삼가고 성숙한 민주적 토론문화가 정착되기를 바라면서, 이상의 이유로 다수의견에 반대하는 취지를 밝힌다."

사건 2: "류여해 무당 같다"

류여해 전 자유한국당 최고위원이 자신의 발언에 대해 "무당"이라고 말한 김동호 목사를 상대로 한 손해배상 소송에서 최종 패소했다(대법원 제3부, 주심 민유숙 대법관, 2019.04.08.).

2017년 11월 16일 자유한국당 최고위원회에서 류여해 전 최고위원은 "이번 포항 지진에 대하여 문 정부에 대한 하늘의 준엄한 경고 그리고 천심이라는 지적들이 나오고 있다. 문 대통령은 결코 이를 간과해서 들어서는 안 될 것 같다"고 말했다. 김동호 목사는 나흘 뒤인 11월 20일 'CBS 라디오 김현정의 뉴스쇼'에서 류 전 최고위원의 발언을 두고 "정치 최고위원이라는 사람이 하는 말이 무당 같고", "어떻게 지진 난 것 갖고 정부 탓하고 과세 탓하고. 그게 무슨 말이 되는 소리를 해야죠", "무당은 그런 소리 하겠지"라고 말했다. 류전 최고위원은 이에 "사회 통념상 용인되는 범위를 넘은 의견표명으로 인격권을 침해당했다"며 100만 원을 배상하라고 소송을 냈다.

1, 2심 재판부는 "구체적 사실을 적시한 것이 아니라 피고의 개인적 생각이나 의견표명이어서 명예훼손이라고 볼 수 없다"고 판단했다. 또 "제1야당 최고위원인 원고의 정부에 대한 비판이 논리적이라기보다 미신적이라는 점을 지적하기 위해 비유적으로 표현했다. 표현 행위의 형식 및 내용에 비춰 봐도 그것이 모욕적이고 경멸적인 인신공격에 해당한다고는 보기 어렵다"고 했다(2018나39463). 대법원도 하급심 판단이 옳다며 상고를 기각하고 류 전 위원의 패소를 확정했다.

사건 3: "종북"—의견 표명, 의혹 제기에 불과

대법원 1부(주심 박정화 대법관)는 이재명 경기도 지사가 변희재 씨를 상대로 낸 손해배상청구 소송 상고심에서 '400만 원을 배상하라'고 피고 패소 판결을 한 원심을 깨고 사건을 서울고법으로 돌려보냈다고 밝혔다(2019. 04.23.).

변희재 씨는 2013년 1월부터 다음해 2월까지 13차례에 걸쳐 자신의 트위터에 당시 성남시장이던 이재명 지사를 "종북(從北)"이라고 비난하는 글을 게재했다. 예로 "종북보다 더 나쁜 종북", "종북에 기생해 국민들의 피를 빨아먹는 거머리 떼들"이라는 표현을 써서 게재한 것이다.

이재명 지사는 2014년 5월 "변 씨가 합리적 근거 없이 '종북', '종북 성향' 등으로 지칭해 사회적 평가가 심각하게 침해됐다"며 명예훼손으로 인한 손해배상 1억 원을 청구하는 소송을 냈다.

1·2심은 "남북이 대치하고 국가보안법이 시행되는 현실에서 북한을 무비판적으로 추종한다는 '종북'으로 지목될 경우 범죄를 저지른 반사회세력으로 몰리고 사회적 명성과 평판도 크게 손상될 것"이라며 명예훼손에 해당한다고 판단했다. 대법원은 하급심이 명예훼손이라고 인정한 표현 중에 "'종북'은 의견표명에 불과하다"며 2심 재판을 다시 하라고 결정했다.

재판부는 다만 '종북'이라는 표현에 명예훼손 책임을 부정하더라도 '거머리 떼들' 등의 모욕이나 인신공격적 표현은 불법행위가 될 수 있다고 했다.

대법원 재판부는 "시대적, 정치적 상황에 따라 그 용어 자체가 갖는 개념과 포함하는 범위도 변하고 평균적 일반인뿐 아니라 그 표현의 대상이 된 사람이 느끼는 감정 또는 감수성도 가변적일 수밖에 없으므로 그 의미를 객관적으로 확정하기 어렵다"고 판시했다.

재판부 판단은 '종북'이라는 말이 포함돼 있더라도 이는 공인인 이 지사의 정치적 이념에 대한 의견표명이나 의혹 제기에 불과해 불법행위가 되지 않거나 위법하지 않다고 봄이 타당하다는 의견이다. 공인은 공론장에서 비판을 감수해야 하며, '종북' 표현은 더는 사실적시의 명예훼손에 해당하지 않는다.

대법원은 "명예훼손죄가 성립하기 위해서는 사실의 적시가 있어야 하고, 적시된 사실은 이로써 특정인의 사회적 가치 내지 평가가 침해될 가능성이 있을 정도로 구체성을 띠어야 하며, 비록 허위의 사실을 적시하였더라도 그 허위의 사실이 특정인의 사회적 가치 내지 평가를 침해할 수 있는 내용이 아니라면 형법 제307조 소정의 명예훼손죄는 성립하지 않는다"고 판시하고 있다.

사건 4: 사자명예훼손

대법원 형사2부(주심 박상옥 대법관)는 사자명예훼손 등의 혐의로 기소된 김경재 전 총재에게 징역 8개월에 집행유예 2년을 선고한 원심을 확정했다 (2019.06.08., 2019도446)

김 전 총재는 2016년 11월과 지난해 2월 보수단체 집회에서 "2006년께 노 전 대통령이 삼성으로부터 8000억 원을 걷었고, 이해찬 전 총리가 이를 주도했다"고 연설했다. 이에 검찰은 유족의 고소에 따라 노 전 대통령과 이 전 총리의 명예를 훼손한 혐의로 김 전 총재를 기소했다.

1, 2심은 "김 전 총재의 연설은 사실관계와 맞지 않는 부분이 너무 많아, 피해자나 유족들이 큰 정신적 피해를 입었을 것으로 보인다"며 "단순히 연설로 끝난 것이 아니라 그 내용이 언론에 보도돼 명예훼손이 심해졌고, 피해자인 유족들도 아직 사과를 받아들이지 않고 있다"며 징역형을 선고했다.

대법원도 '관련 법리를 오해한 잘못이 없다'며 2심 판결이 옳다고 결론 내렸다.

표현의 자유, 한계는 어디인가? — 미국 수정헌법 제1조

생각의 자유, 표현의 자유, 행동의 자유는 같은 궤도를 가진다. 이는 인간의 삶의 전체를 이룬다.

한국 사회의 현안 사회 문제 중의 하나는 '과연 이런 표현의 자유를 어디까지 허락해야 하는가?'이다. 정치에서 혐오적인 발언과 막말, 소수자에 대한 조롱을 어디까지 허용해야 하는가?

혐오적 발언과 시위

2014년 9월 늦여름, 세월호 참사 이후 유가족들은 진상규명을 요구하며 광화문광장에서 단식투쟁을 벌였다. 이 와중에 자유대학생연합의 대표가 폭식 투쟁을 하자는 의견을 냈고, 일간베스트(일베) 회원들이 적극적으로 참여하였다. 500여 명의 많은 인원이 모였고, 이들은 치킨과 피자 등으로 먹거리 파티를 하였다. 단식 중이던 세월호 유족들 앞에서 폭식과 조롱하는 행위는 패륜 행위로 비판을 받았다. 5.18 희생자들을 '홍어'에 비유하는가 하면, '세월호 유족들이 징하게 해 처먹는다' 등의 발언도 계속되었다.

정치적인 일상이 된 '종북', '좌파', '주사파' 등을 넘어 "5.18 유공자는 괴물집단"이라는 발언도 나왔다. 정치인의 혐오적인 막말은 순간의 실수가 아니라 고도의 준비된 발언이다. 발언 당사자는 그로 인하여 손해보다 이익을 얻는다는 계산이 깔려있다. 혐오적인 발언은 진영 간에서는 지지층에 심리적인 카타르시스를 주며, 지지자들을 결집하여 열광적 지지를 얻게 하는 효과를 발휘한다. 막말은 분명히 적과 동지를 구별한다. 정치인은 언론을 통해 주목을 받게 되고, 자극적인 보도는 긍정이든 부정이든 국민의 관심을 끌게 된다.

정치인의 막말과 이를 확대 재생산하는 언론은 서로 조력자로서 공생한다.

혐오적인 발언과 소수자에 대한 조롱은 도덕적으로 당연히 비판을 받으나, 여전히 그런 혐오적인 발언과 시위를 법적으로 규제해야 하는가의 문제가 남아 있다. 표현의 자유의 한계는 어디인가?

우리는 표현의 자유의 한계를 미국 수정헌법 제1조와 비교해 볼 수 있다.

미국 수정헌법 제1조

미국 수정헌법 제1조(The First Amendment 또는 Amendment I)는 종교의 설립을 주선하거나, 자유로운 종교 활동을 방해하거나, 언론의 자유를 막거나, 출판의 자유를 침해하거나, 평화로운 집회의 자유를 방해하거나, 정부에 대한 탄원의 권리를 막는 어떠한 법 제정도 금지한다.

"의회는 종교를 만들거나, 자유로운 종교 활동을 금지하거나, 발언의 자유를 저해하거나, 출판의 자유, 평화로운 집회의 권리, 그리고 정부에 탄원할 수 있는 권리를 제한하는 어떠한 법률도 만들 수 없다"

Congress shall make no law respecting an establishment of religion, or prohibiting the free exercise thereof; or abridging the freedom of speech, or of the press; or the right of the people peaceably to assemble, and to petition the Government for a redress of grievances.

스코키 네오나치 시위(National Socialist Party of America v. Village of Skokie, 1977)

수정헌법 제1조의 한계를 시험하는 유명한 사건이 1977년 일리노이주에서 발생했다. 사건의 발달은 1977년 시카고 근교의 스코키(Skokie) 마을 앞에서 미국 네오나치들이 시위를 벌이겠다고 발표하면서부터이다.

제2차 세계대전에 미국에서는 독일-미국 연맹(German-American Bund)에서 자생한 소수의 나치 운동이 있었다. 전쟁 후에 나치 운동은 사회적으로 비난을 받았으며, 살아남은 것은 1967년에 살해된 록웰(George Lincoln Rockwell)의 리더십에 기인한다. 록웰은 홀로코스트를 부인하며, 히틀러를 20세기 백인의 구원자로 여겼다. 그는 흑인을 열등한 종족이라 하였다. 1970년에 나치 운동은 새로운 지도자 프랭크 콜린(Frank Collin)에 의해 주도되었다. 그는 일리노이주에서 일련의 네오나치의 행진과 시위를 도모하였다.

인구 7만 명의 스코키 주민의 절반 이상이 유대인이며, 이들의 상당수는 홀로코스트 생존자들이었다. 스코키 주민들은 당연히 나치의 처참한 살해와 악몽을 다시 기억하게 되었고, 네오나치들의 위협에서 자신을 보호해 줄 조치를 법원에 요구했다. 일리노이 지방법원은 "스코키 지역의 특수성을 고려, 네오나치의 집회를 금지한다"는 판결을 내려, 스코키 주민들의 요구가 관철되었고, 네오나치의 집회는 불허되었다. 이에 네오나치들은 스코키를 상대로 연방대법원에 항소했다.

놀라운 일은, 양측 모두 변호를 맡은 사람이 유대인이라는 점이다. ACLU(American Civil Liberties Union, 미국인권협회) 소속의 골드베르거(David A. Goldberger)는 나치를 변호하였다. Gilbert Gordo, Harvey Schwartz는 스코키를 대변하였다. ACLU는 1920년 창립되었고, 종교의 자유, 정교분리, 사형제 폐지, 동성 결혼 합법화 등을 위한 자유를 위해 투쟁해왔다. 게다가 변호를 맡은 변호사는 유대인이었다. 수백만을 가스실로 보낸 나치의 후예를 자처하는 자들을 변호한다는 것은 상식적으로 이해하기 힘든 사건임이 틀림없다. 콜린(Collin)은 자신의 신념에 변함이 없으며, 흑인은 열등하고, 유대인은 세계의 재정과 공산주의자들의 음모에 가담하고 있다고 주장하였다. 이들은 나치의 복장을 그대로 따라 하기도 하였다.

프랭크 콜린(Frank Collin)과 네오나치 대원

연방대법원: 네오나치 시위 허용

나치를 변호하는 ACLU를 보고, 회원 3만 명이 탈퇴하였으며, 예산의 1/3을 잃었다. 이러한 손실을 감소하면서까지 나치를 변호하는 ACLU의 입장은 무엇인가?

나치를 변호하는 변호사 골드베르거(Goldberger)는 이렇게 이야기했다.

"우리의 의견이 옳고 다수라 해도, 그 다르다는 이유로 소수자의 표현의 자유를 보호하지 않으면, 우리가 소수가 됐을 때 똑같은 이유로 보호받지 못할 것이다."

스코키 주민을 대표하는 피고인은 네오나치의 행진은 어떤 언론의 표현이나 행위가 아니라, 아무리 시위가 평화적으로 이루어진다고 해도(Speech-plus) 침공(invasion)이며 범죄행위라 하였다. 집회의 자유는 민주주의와 불가분의 관계에 있으며, 그 성격상 다른 자유나 권리와 일체화된다. 집회의 자유는 표현의 자유의 내용을 이루며, 언론의 자유와 그 뿌리가 같다.

미국 연방대법원은 네오나치의 편에 손을 들어주었다. 미국 연방대법원은 신나치주의자들이 홀로코스트 생존자·유가족들이 모여 사는 지역인 스코키(Skokie)에서 나치 복장을 하고 시위를 해도 이를 금지할 수 없다고 판결하였다.[13]

네오나치의 스코키에서의 행진은 이루어지지 않았다. Collin은 행진의 중단선언을 하였고, 이를 언론의 자유에 대한 승리라고 하였다. 미국의 지식인, 종교인, 양심있는 시민들이 스코키에서 반나치즘 시위를 벌였다.[14]

독일의 경우 나치의 복장을 한 행진은 상상할 수 없다. 독일은 형법 제86a에 따라 나치의 문장 사용과 AH(Adolf Hitler), HJ(Hitler Jugend), HH(Heil Hitler, Heinrich Himmler), SA(Sturmabteilung), SS(Schutzstaffel), 88(알파벳 8자리 수 H), 18(Adolf Hitler), 28(Blood&Honour) 같은 약자 사용을 허용하지 않는다.

스피커 코너(Speaker's Corner)

시위 장소의 문제와 내용에서 스피커 코너는 문제가 되지 않는다. 가령 영국 런던 하이드파크(Hyde Park)의 '스피커 코너(Speaker's Corner)'는 시민들의 자유발언대로 유명하다. 누구나 주제나 시간의 제한 없이 행인들에게 발언할 수 있다. 이런 스피커 코너는 캐나다, 미국, 싱가포르, 태국 등 수 많은 나라 공원에 설치되어 있다.

도로나 공원이라고 불리는 장소는 공공을 위한 시설이며, 이는 사람들이 아주 먼 옛날부터 서로 모여 이야기하고 생각을 나누며, 문제를 풀어가는 공공의 장소이기도 하였다. 공공장소는 진리의 일부이다. 1872년 공원규제법

---

13 National Socialist Party v. Skokie, 432 U.S. 43 (1977).
14 Hamlin, David. The Nazi/Skokie Conflict: a Civil Liberties Battle. Boston: Beacon Press., 1980.

을 통해 하이드파크 내 의사발언권이 인정되었다. 이후 칼 마르크스와 블라디미르 레닌, 조지 오웰 등이 발언대에 올라 발언을 하였다. 하이드파크의 자유발언대는 영국 민주주의와 표현의 자유의 상징이다. 그러나 때로는 갈등의 장소가 되어 골치 아픈 문제가 되기도 한다. 이곳에서 누군가 인종차별적 연설을 하고, 극단주의자들의 놀이터로 이용되기도 하는 것이다.

오늘날은 유튜브(YouTube)가 이런 스피커 코너 역할을 한다. 유튜브의 매력은 누구나 방송국의 값비싼 장비가 아니라, 핸드폰 하나만 가지고도 손쉽게 영상을 제작하여 업로드 할 수 있다는 점이다. 또한 누구든지 영상물에 자유롭게 접근하며 소통할 수 있다. 이런 점에서 유튜브는 1인 미디어 시대를 기술적으로 가능하게 해주고 있으며, 그 파급력도 크다.

+ 더 알아보기

공적 관심사 기준 — 스나이더 대 펠프스(Snyder v. Phelps) 사건

펠프스(Fred Phelps)는 1955년 캔자스주에서 웨스트보로침례교(Westboro Baptist Church)를 세웠으며, 이 교회 신도들은 이라크에서 사망한 해병대 상병(Lance Corporal) 매튜 스나이더(Matthew Snyder)의 장례식장으로부터 약 1천 피트 떨어진 곳에서 피켓 시위를 벌여왔다. 이들은 "이 군인을 죽게 한 신에게 감사한다(Thank God for Dead Soldiers, 잘 죽었다 병사들)", "신은 미국을 증오한다", "9·11 테러 감사하다", "미국은 이제 망한다", "미국을 위해 기도하지 마라", "동성애 군대", "교황은 지옥에나 가라", "성직자들이 소년을 성폭행한다" 등의 문구가 든 피켓을 들고 장례 시작 전 30분 정도 시위를 하였다.

Neier, Aryeh. Defending My Enemy: American Nazis, the Skokie Case, and the Risks of Freedom. New York: E.P. Dutton, 1979.

　　교회 신도들(모두 펠프스의 딸과 손자로 가족임)은 시위에 앞서 당국에 신고했고, 시위는 경찰의 지시에 따라 물리적 충돌 없이 이루어졌다. 이들의 시위는 무엇보다 300m나 떨어진 곳에서 이루어졌다.

　　스나이더는 장례 현장에서 이들의 시위에 사용된 피켓 문구를 보지 못하였고, 그날 방송을 통해서 알게 되었다. 그는 교회를 상대로 손해배상청구소송을 제기하였다. 명예훼손, 사적 공간에 대한 침해, 정신적 고통 등이 소송 내용이다. 제1심의 구법원은(The District Court)은 5백만 달러의 징벌적 손해배상금을 지급할 의무가 있다고 판결을 내렸다. 반면 항소심인 제 4순회법원(The Fourth Circuit)은 교회의 피켓 시위는 공적 관심 사안에 관한 것이며, 그 문구 표현이 거짓된 내용이 아니며, 수사적 과장(hyperbolic rhetoric)의 표현이며, 이는 수정헌법 제1조의 보호를 받는다고 판시했다.

　　원고(Snyder)는 연방대법원에 상고했으나, 상고는 기각되었다. 9인의 대법관 중 로버츠(John G. Roberts, Jr.) 대법원장 등 8인이 다수의견을 냈으며, 알리토(Samuel A. Alito, Jr.) 대법관만이 반대의견을 냈다.[15]

---

15 SUPREME COURT OF THE UNITED STATES
　　SNYDER v . PHELPS et al. certiorari to the united states court of appeals for the fourth circuit; 신평, 공적 관심사안과 언론자유의 확장 — 미국 연방대법원의 Snyder v. Phelps 판결을 중심으로-, 헌법학 연구 제18권 제2호, 2012, pp.381~408.; 허순철, 미국에서 공적 관심의 개념과 판단 기준, 법학논총, 2017, pp.33-35.

로버츠 대법원장의 법정 의견: 공적 관심사 기준

다수의견을 집필한 로버츠 대법원장은 공적 관심 사안에 관한 판단에 있어서 그 기준을 제시하였다. 공적인 관심사가 존재하는 경우란 "정치적, 사회적 그리고 그 밖에 그 사회 공동체의 관심 사안에 관련된 것으로 정당하게(fairly) 간주할 수 있는 경우, 또는 정당한 뉴스 이익(news interest)의 대상인 경우, 즉 공공의 이익(general interest)이고 공중의 가치(value)와 관심의 대상인 때"라고 하였다. 공적 관심사인지 그렇지 않으면 사적 관심사인지를 결정하는 기준은 ① 표현의 내용(content), ② 표현의 맥락(context), ③ 표현의 형식(form)을 들었다.

① 표현의 내용(content)

웨스트보로 침례교도들의 피켓에 적힌 "이 군인을 죽게 한 신에게 감사한다", "신은 미국을 증오한다", "9 · 11 테러 감사하다", "미국은 이제 망한다", "미국을 위해 기도하지 마라", "동성애 군대", "교황은 지옥에나 가라", "성직자들이 소년을 성폭행한다" 등과 "내용(content)"은 순수하게 사적인 관심사라기보다는 대체로 사회의 이익에 관한 광범위한 이슈와 관련되어 있다.

시위에 나타난 의견은 "정제된 사회적 · 정치적 논평"은 아니지만 그렇다고 사적인 것은 아니다. 이들이 강조하는 이슈는 "미국과 미국 사회의 정치적 · 도덕적 행동, 미국의 운명, 군대 내의 동성애, 가톨릭 성직자의 스캔들과 같은 공적인 관심사들"이다.

② 표현의 맥락(context)

원고(Snyder)는 피켓 시위에 사용된 글들이 자신의 죽은 아들의 장례식과 관련해서 쓰인 이상, 공적 관심에서라기보다 사적 성격의 것이라고 하였다. 이런 표현의 맥락에 대해서 연방대법원은 교회는 매튜 스나이더(Matthew

Snyder)의 존재를 알기 이전부터 다른 곳에서 동일한 시위를 적극적으로 행해왔다고 하였다. 교회는 피켓 시위의 장소를 통해 전달성을 높이기 위해서 선택한 것에 지나지 않는다고 하였다. 그 시위로 인하여 당사자의 마음을 아프게 했을지 모르지만, 그렇다고 수정헌법 제1조의 완전한 보호를 받을 수 없게 만들지는 않는다고 하였다.

③ 표현의 형식(form)

웨스트보로 침례 교인들이 사용한 피켓 시위는 가족에게 개인적 공격(personal attacks)을 가했음에도, 이는 가능한 한 많은 대중에게 자신들의 입장을 전달하려는 방식이다. 이들이 내건 시위는 "전체적인 취지와 주된 주제(overall thrust and dominant theme)"는 광범위한 공적 이슈에 관한 것이다. 다수의견은 도로에 인접한 공공용지에서 웨스트보로의 피켓 시위를 하였고, 그 개인의 장례를 따라다니면서 하지 않은 점은 사회 전반을 비난하려는 의도를 보여준다고 하였다.

소수의견: 사적 공격이다.

얼리토 대법관은 수정헌법 제1조는 언론의 자유의 범주에 들지 않는 사악한 공격(vicious attack)을 보호하지 않는다고 하였다. 그는 "스나이더와 그의 부친은 사적인 인물"이며, 교회 시위는 그에 대한 "공격(assault)"으로 "공적인 관심사에 관한 언사가 아니다"라고 하였다. 웨스트보로 침례 교인들의 시위는 "공적인 토론에 아무런 기여도 하지 아니하는 사악한 언어 공격(verbal attack)"이라고 하였다.

얼리토 대법관은 "교회의 장례식은 본질적으로 사후 세계(afterlife)에 관해 생각하게 되는 행사인데 '신은 너를 증오한다', '축복 말고 저주를', '너는 지옥에 간다'와 같은 문구들을 사용한 것은 고인에 대한 신의 심판을 언급하는 것으로 해석될 가능성이 높으며", "신은 동성애자를 증오한다"와 같은 내용은 스나이더를 동성애자로 생각하게 만든다고 주장하였다. 그 교회가 백악관, 의회 등 시위를 할 수 있는 수많은 장소와 장례 공원을 놔두고 유독 이 사건 장례식장을 선택한 것은 사자(死者)의 개인적 사항, 성적 취향에 관한 공격으로 비칠 수 있다고 주장하였다. 공적 문제를 공공의제로 내세우는 토론은 공중의 특별한 그룹에 해를 주지 않으면서 이루어질 수 있으며, 수정헌법 제1조는 이런 공적 담론의 적용을 보호한다고 보았다.

연방대법원은 웨스트보로 침례교인들의 시위에서의 표현은 공적 장소에서, 공적 관심사이며, 그 표현은 적법하게 행해진 것으로서, 수정헌법 제1조의 보호를 받아야 한다고 판결함으로써 헌법에서 보장되는 표현의 자유를 확인하였다.

미국은 혐오 표현의 규제에 소극적이며, 그 처벌에도 극히 예외적이다. 연방 대법원의 판결은 미국 사회의 '공적 담론(public discourse)'에 대한 신뢰이다. 어떠한 문제도 우선 공적 담론의 장에서 자유롭게 의견이 개진되며, 해결되기를 바라는 것이다. 공적 담론은 이상적인 갈등의 해결방식이며, 이민사회의 미국을 사회통합으로 이끄는 강력한 기제로 작용한다.

한국 대법원이나, 미국 연방대법원은 표현과 언론의 자유에 대한 밀의 주장을 지지한다.

"비록 한 사람을 제외한 전 인류가 동일한 의견을 갖고 있고 오직 한 사람만이 반대 의견을 가진다고 하더라도, 그 한 사람이 권력을 가지고 있어서 전 인류를 침묵시키는 것이 부당한 것과 마찬가지로, 인류가 그 한 사람을 침묵시키는 것도 부당하다."(자유론, 229)

제3장 개별성 — 행복의 요소

『자유론』 제3장은 한마디로 '개별성 예찬(禮讚)'이다. 밀은 제3장에서 생각과 표현의 자유, 그리고 행동의 자유의 당위성을 인간의 '개별성'에서 찾는다. 이상적 개별성은 개별 인간의 자유에 대한 정당성이 될 뿐만 아니라, 밀의 사회철학의 핵심을 이룬다. 개별성의 개념은 자아의 발달(self-development)이라는 측면에서 본질적이다. 밀은 이러한 자유에 대한 주장을 훔볼트를 인용함으로써 시작한다.

"우리는 최대한 다양하게 인간 발전을 추구할 수 있어야 한다. 이 책은 처음부터 끝까지 이 최고의, 제1원칙의 절대적 중요성을 그 무엇보다 강조하고 있다."

The grand, leading principle, towards which every argument unfolded in these pages directly converges, is the absolute and essential importance of human development in its richest diversity(Wilhelm von Humboldt, Sphere and Duties of Government).

자유의 가치는 밀에 있어서 개별성의 가치와 연계되어 있다. 인간은 자유롭게 발전할 수 있는 여건을 가져야 한다. 자유는 자아발전의 전제 조건이며, 자아발전은 행복의 핵심이다. 사람은 모든 위험과 불확실성을 스스로 책임지는 한, 어떤 타자의 물질적 방해나 간섭 없이 각자의 생각대로 행동할 수 있는 자유를 가져야 한다. 이러한 자유에는 물론 자신의 행동에 대해서 자신이 책임을 진다는 단서가 있다. '다른 사람에게 피해를 주지 않는 한', 각자의 개성을 다양하게 꽃피울 수 있어야 한다. 개별성의 자유로운 발달은 인간을 행복하게 만드는 데 특별히 중요한 하나의 요소이다.

개인적 자유에 대한 밀의 견해는 분명하다. 인간에게 자기가 옳다고 여기는 것을 선택할 자유가 주어지지 않는다면, 인간에게는 이성을 가진 합리적인 존재로서, 도덕적 존재로서의 존엄성은 주어지지 않는다.

밀은 제3장에서 오늘날 인간은 서로서로 닮아가고 있다는 실망감을 드러낸다. 현대의 문명과 현대의 문화는 사람들을 획일화하고, 서로 닮아가도록 강제한다. 대중은 자신의 삶에서 주체성을 상실했다. '공리주의'에서 개인이 갖는 행복은 전체사회에서 감수하는 개인의 희생에서 찾아지는 것이 아니라, 사회 구성원으로서 개인이 자신의 탁월한 품성과 능력을 최대한 발전시키는 데에 있다. 이는 우리가 밀의 '공리주의'를 다시 주목해서 보아야 하는 이유이다.

1. 왜 개별성인가? ― 나무와 같은 존재로서의 인간

밀은 사람들이 자유롭게 자기 의견을 가지며, 자기 의견을 자유롭게 표현하는 자유를 가지지 않으면 안 된다고 주장한다. 표현의 자유가 없는 인간이 지적 발달과 도덕 생활을 한다는 것을 생각할 수 없다. 이와 똑같은 이유에서 다른 사람의 간섭이나 물리적인 방해 없이 "자신의 생각대로 행동하는 자유가 필요함"을 전개한다. 물론 여기서 생각과 행동은 다르다. 즉, 행동하는 것이 의견을 가지는 것처럼 자유로워야 하는 것과는 다르다. "다른 사람들이 옳지 못한 행동을 하도록 하는 데 직접적인 영향을 끼칠 수 있는 상황이라면, 의견의 자유도 무제한으로 허용될 수 없다"(260). 의견의 자유, 행동의 자유도 정당한 사회적 통제의 대상이 된다. 정당한 이유 없이 다른 사람에게 해를 끼치는 것은 사회통제의 대상이 된다. 왜냐하면 상대의 자유가 심각하게 제한을 받기 때문이다.

> "인간이 불완전한 상태에서는 서로 다른 의견이 존재하는 것이 유익하듯이, 삶의 실험도 다양하게 이루어지는 것이 필요하다. 다른 사람에게 피해를 주지 않는 한, 각자의 개성을 다양하게 꽃피울 수 있어야 한다. … 간단히 말하자면, 다른 사람들에게 중대하게 연관되지 않는 일에서는 각자의 개별성이 발휘되도록 하는 것이 바람직하다."
>
> As it is useful that while mankind are imperfect there should be different opinions, so is it that there should be different experiments of living; that free scope should be given to varieties of character, short of injury to others; … It is desirable, in short, that in things which do not primarily concern others, individuality should assert itself(260-261).

밀에 따르면 개별성은 개인과 사회발전의 요소이며, 개별성의 자유로운 발달은 인간을 행복하게 만드는 결정적인 요소이다. 사람들은 이러한 개별성의 중요성, 각 개인의 자발성이 얼마나 중요한 가치가 있는지, 또는 그것이 왜 소중한지를 깨닫지 못하며, 그다지 생각하지 않는다고 비판한다(261).

밀은 다음과 같이 개별성이 갖는 중요성을 말한다.

> "각자의 고유한 개성이 아니라 전통이나 다른 사람들이 행하는 관습에 따라

행동하게 되면, 인간을 행복하게 만드는 중요한 요소 가운데 하나이자 개인과 사회의 발전에 결코 빼놓을 수 없는 요소인 개별성을 잃게 된다."

Where, not the person's own character, but the traditions or customs of other people are the rule of conduct, there is wanting one of the principal ingredients of human happiness, and quite the chief ingredient of individual and social progress(261).

자유는 개별성을 달성하는 수단이 되면서 또한, 개별성은 인간의 자유에 대한 표현 그 자체가 된다. 자유는 고전적인 의미에서 강제의 부재일 뿐만 아니라, 자발적인 결정의 이상이며 발전의 목표가 된다. "개별성이 발전과 같다(Individuality is the same thing with development)"(267). 밀은 개별성의 중요성을 강조하는 데 훔볼트를 인용한다.

"인간은 막연하고 덧없는 욕망이 아니라 영원하고 변함없는 이성에 따라 살아야 한다. 인간의 진정한 목적(der wahre Zweck)은 인간의 능력을 최고로 또 가장 조화롭게 발달시켜서 완전하고 일관된 전체를 형성하는 것이다. 모든 사람은 끊임없이 노력을 기울여야 하고, 특히 다른 동료에 영향력을 행사하려는 사람은 그 목적을 향해 언제나 눈을 부릅뜨고 바라보아야 하는 것은 힘 있는, 그리고 발전하는 개별성이다."(261)

개별성의 개념을 정의하기는 쉽지 않으나, 밀은 일단 독일의 자유주의 철학자 훔볼트를 인용함으로써 개별성의 성격을 보여준다. '완전히 발전된 개별성(a fully cultivated individuality)'은 개별성의 가장 완전한 이상형(the most complete idea of individuality)이다. 개별성은 개인적이며, 교육 또는 발전에 관계한다. 이로써 밀은 훔볼트와 같이 인간 모두에게 해당하는 어떤 확정된 삶의 방식이 있는 것은 아니라는 데 동의한다. 개별성은 한 인간에게 있어서는 교육으로 완성되어 가는, 그리고 이 교육으로 이끌어가는 '고유성 (Eigentümlichkeit)'이다. 고유성으로서의 개별성을 잘 보여주는 것이 나무에 대한 비유이다.

> "인간 본성은 모형대로 형성되어 그것에 부과된 작업을 시키는 대로 따라 하는 기계가 아니다. 그보다는 생명을 불어 넣어주는 내면의 힘에 따라서 온 사방으로 스스로 자라고 발전하려는 나무와 같은 존재이다."
>
> Human nature is not a machine to be built after a model, and set to do exactly the work prescribed for it, but a tree, which requires to grow and develop itself on all sides, according to the tendency of the inward forces which make it a living thing(263).

자유와 개별성의 관계는 무엇인가? 개별성은 스스로 선택하는 것의 일부를 구성하므로, 내적 관계에서 자유의 일부를 구성한다. 개별성은 '서로 같지 않으며', '고유성'을 가지며, '차별성'을 가지고, '중심에서 벗어나고', '관행을 따르지 않는' 특성을 가진다. 개별성에 자유가 전제되어야 함은 당연하다. 자유와 상황의 다양성은 서로 결합하여 개별적 활력과 고도의 다양성을 낳으며, 이들은 곧 '독창성'의 바탕이 된다. 개별성을 독창성과 관련해서 좀 더 관심을 가져야 할 부분은 진실과 거짓을 구별하는 능력, 스스로 선택하여 결정하는 능력이다. 가령 플라톤의 동굴 비유에서 보듯이, 쇠사슬에 묶여서 그림자만을 보도록 강제되는 상황에서 사람들은 거짓과 진실을 분간할 수도 없으며, 그런 능력을 배양할 수도 없다.[16]

개인은 스스로 선택하고 결정하는, 자신이 자신의 삶을 실험해가는, 자신의 인생 스타일(Art of Life)을 살아가야 한다. 결국 개인의 품성과 정신의 탁

---

16 정재각, 가장 아름다운 나라 - 플라톤의 국가: 사유와 비판, 오렌지도서, 2018, pp.228-231.

월성들의 발전은 고차적인 행복, 즉 정신적 쾌락의 본질적 구성요소가 된다. 이런 자기발전의 증진은 인간의 행복을 고양시키는데, 이는 밀의 '공리주의'와 직접적인 관련이 있다. 자유의 허용은 '자유론'이 아니라 '공리주의'에서 먼저 전제된다. 만약 가능한 많은 사람이 최대로 행복해질 수 있다면, 사회는 사람들의 능력을 계발하고 발전시킬 수 있는 자유를 허용해야 한다는 원리는 '공리주의' 원리의 토대가 된다.

- 각 사람은 자신의 독특한 개별성과 발전에 비례해서 좀 더 자신과 타인에게 가치 있는 존재가 될 수 있다(264).
- 개별성이 발전(development)과 동일한 것이고, 오직 개별성을 잘 키워야만 인간이 높은 수준의 발전에 이르게 된다(266).

밀은 개별성을 강조하면서 이렇게 말한다.

"각 개인은 자신의 육체적 혹은 정신적이고 영적인 건강의 적절한 보호자이다. 각자가 자신에게 좋다고 생각되는 방식대로 살도록 내버려 두는 것이, 각 개인을 타인에게 좋다고 생각하는 방식대로 살도록 강제하는 것보다 인류에게 큰 혜택을 준다."(226)

"그저 그런 정도의 능력밖에 갖지 못한 다수 보통 사람들의 주장이 점점 압도적인 힘으로 온 세상을 지배하는 요즘 같은 때에는, 널리 통용되는 의견의 잘못을 지적하고 시정할 수 있도록 뛰어난 사상을 지닌 사람들의 개별성이 더욱 발휘되어야 한다. 소수의 뛰어난 사람들이 대중의 생각과 다른 방향으로 자유롭게 거리낌 없이 행동하고 살아가도록 장려되어야만 한다."(269)

밀은 훔볼트의 '자유와 상황의 다양성'이라는 두 조건은 각자의 개별성 능력 발전에 필수적으로 충족되어야 함에 전적으로 동의한다. 그렇다면 개별성에 어느 정도 가치를 부여할 것인가라는 문제가 있다. 어느 정도까지 다양성이 바람직한가는 다시금 논쟁이 될 수밖에 없다. 누구도 다른 사람을 따라 살지 않으며, 자신의 판단 또는 고유한 특성을 가지고 살려고 함은 자명하다. 그러므로 경험을 통해서 얻을 게 없다고 주장하는 것은 어리석은 짓이다. 나이가 든 사람은 경험을 자기 방식대로 해석하며 적용한다. 밀은 사람들이 서로에게 배우고, 어릴 때 교육과 훈련을 통해서 경험의 확증된 결과들을 배워야 하며, 이를 통해서 유익을 얻어야만 하는 점을 인정한다.

"반면에 사람들이 이 세상에 태어나기 전에는 아무런 지식도 존재하지 않았던 것처럼, 그리고 경험을 통해서 어떻게 살고 어떻게 행동하는 것이 더 나은지에 대해 하나도 얻을 게 없는 것처럼 살아야 한다고 주장하는 것은 어리석은 일이다. 사람들은 경험을 통해 확인된 결과에 대해 알고, 또 그 혜택을 받을 수 있도록 젊은 시절에 가르침과 훈련을 받아야 한다. 적당히 나이가 들어 경험을 자신의 방식대로 이용하고 해석하는 것은 인간의 특권이자 인간다운 삶을 살기 위한 조건이라고 하겠다."

On the other hand, it would be absurd to pretend that people ought to live as if nothing whatever had been known in the world before they came into it; as if experience had as yet done nothing towards showing that one mode of existence, or of conduct, is preferable to another. Nobody denies that people should be so taught and trained in youth, as to know and benefit by the ascertained results of human experience. But it is the privilege and proper condition of a human being, arrived at the maturity of his faculties, to use and interpret experience in his own way. It is for him to find out what part of recorded experience is properly applicable to his own circumstances and character(262).

관습과 전통은 유용한 지침이 될 수 있다. 그러나 그중 어떤 부분이 현재 상황과 자신의 품성에 적절하게 적용될지 스스로 따져봐야 한다(262). 밀은 인간은 어디까지나 자신의 신념과 행동들에 대해 전적인 책임을 지는 자율적인 존재임을 기꺼이 말하고 싶어 하는 것이다.

경험은 인간의 특권이자 인간다운 삶을 살기 위한 조건이다. 그러나 모든 경험이 유용한 것은 아니기 때문에 우리는 경험에 대해 한 번 더 따져봐야 한다.

첫째, 경험이 너무 지엽적이거나, 자신이 경험을 잘못 해석한 경우이다.

둘째, 대체로 관습은 관계를 따르는 환경과 성격의 산물이다. 그러나 환경과 성격이 일반적이지 않을 수 있다.

셋째, 관습을 단순히 관습으로 여기면, 인간발전에 어떤 진전도 없게 된다. 사람의 지각, 판단, 특이한 감정, 정신 활동 그리고 도덕적 선호와 같은 능력도 오직 선택을 통한 과정으로 단련될 수 있다. 그저 관습이 시키는 대로만 하는 것은 선택하지 않은 것과 다르지 않다.

육체적 힘과 마찬가지로 정신적·도덕적 힘도 사용될 때만 커진다. "어떤 문제에 대해서 자기 자신의 분명한 이성적 판단에 따라 결론을 내리지 않는다면, 그 사람의 이성은 튼튼해질 수 없다."(262)

> "사람의 지각, 판단, 특이한 감정, 정신 활동, 그리고 심지어 도덕적 선호와 같은 능력들도 오직 선택을 거듭하는 과정을 통해서만 단련될 수 있다. 그저 관습이 시키는 대로 따라 하기만 하면 사람은 아무런 선택도 하지 않는 것이나 다름없다."
>
> The mental and moral, like the muscular powers, are improved only by being used. The faculties are called into no exercise by doing a thing merely

because others do it, no more than by believing a thing only because others believe it(262).

밀은 여기서 원숭이를 들어 비교한다.

"만일 사람이 세상 또는 주변 환경이 정해주는 대로 살아간다면, 원숭이의 흉내 내는 능력 이상은 필요하지 않을 것이다. 자기 자신의 삶을 설계하고 선택하는 사람만이 자기가 타고난 모든 능력을 사용하게 된다."

He who lets the world, or his own portion of it, choose his plan of life for him, has no need of any other faculty than the ape-like one of imitation. He who chooses his plan for himself, employs all his faculties(262).

인간은 정밀하게 제작된 기계가 아니다. 인간의 이성 능력은 각자가 자기 행동을 자신의 판단과 감정에 따라 결정하는 것과 비례해서 커진다. "인간의 삶을 완전하고 아름답게 만드는 것 가운데 가장 중요한 것은 역시 인간 그 자체이다"(263). 인간은 내적으로 욕망(desires)이나 충동(impulses)을 내재하고 있다. 욕망과 충동 또한 신념과 자제 못지않게 완전한 인간을 만드는 데 필수적인 요소이다. 이와 같은 주장에 어떤 사람은 강한 충동을 통한 개별성보다, 과도한 육체에 대한 절제가 더 필요하다고 할지 모른다. 그러나 밀은 충동이 강하다고 해서 모두 문제가 되는 것이 아니라고 본다. 적절한 균형을 이루는 것이 필요한 것이다. 가령 욕망과 비교하면 양심(conscience)이 약한 것이 문제이다. 게으르고 무덤덤한 사람보다는 정력적인 사람이 좋은 일도 더 많이 할 수 있는 법이다.

밀은 인간의 내재적인 본성의 문제를 긍정적으로 서술하고 있다(264-265). 그러나 이에 대한 깊이 있는 이해는 당시 빅토리아 시대의 사회 문화, 엘리자베스의 통치, 청교도와 칼뱅주의 등 종교 원리 등과 관련되어 있음을 알 때 가능하다. 밀은 빅토리아 시대가 다른 시대보다 문화가 발전하였음을 분명 인정한다. 그러나 밀은 개인의 자유와 개별성에 미치는 시대정신을 비판적으로 보고 있다. 다원적 사회에서 개별 인간의 개별성이 발전되어 가는 사회가 바람직하다는 것이다. 분명 개별적 삶의 스타일과 사회문화 간에 긴장관계가 발생한다.

밀은 자유에 대해 개별성을 논하면서, 강제의 부재인 소극적 자유의 옹호에 머물지 않는다. 소극적 자유는 개별성의 확보와 발전의 전제가 되며, 공리주의 원리의 전제이다. 자율성은 이런 면에서 개인적 자유의 한 형태이다. 그러나 적극적 자유는 자유와 개별성의 사용을 가능케 하며, 이를 계발하는 것으로 되어야 한다. 이러한 밀의 주장은 '보호적 간섭주의'를 반대하며, 어떤 면에서는 유토피아적으로 보일 수도 있다.

밀에 따르면 사회는 다양성을 가져야 한다. 예를 들어 자신만의 욕망과 충동을 가진 사람, 자기의 고유 성격을 가진 사람에게 살아갈 터전이 제공되어야 한다. 그러나 이는 충동적으로 살아야 함을 의미하는 것은 아니다. 밀은 이와 관련해서 몇 사람을 예로 든다.

1) 그리스의 장군이자 정치가인 알키비아데스(Alkibiades, BC. 450-404)는 생전에 야망, 부도덕, 배신, 방탕한 생활로 전설이 되었다. 그는 조국 아테네를 배신하고 스파르타로 갔다. 그는 창녀들과 즐기며 방탕한 삶을 살았다. 그리스 철학은 인간 본성을 '단순하게 포기하거나' 또는 '부정되거나'하는 것 그 이상을 추구한다고 본다. 인간에게 본성을 따르라고 권하지 않는다. 자유는 방종과 다르며, 개인의 탁월성 추구는 '제멋대로 행동(self-indulgence)'하는 것과 혼동되어서는 안 된다. 알키비아데스는 좋은 모델이 못 된다.

2) 스코틀랜드 칼뱅주의 지도자인 존 녹스(John Knox, 1513-1572)는 알키비아데스와 비교할 수 없을 정도로 숭고한 삶을 살았다. 그러나 그는 엄격하며 완고했다.

3) 아테네 정치가 페리클레스(Perikles, 490-429)는 우리에게 이상적인 인물이다. 페리클레스는 이성적이며 탁월한 웅변가요 정치가였다. 그는 '고귀한 정신과 실천적 지혜'를 가졌으며, 오직 '지휘관적 자질'을 통해 탁월하게 국정을 운영하였다.

개별성을 파괴하는 것은 그 이름이 무엇이든지 간에 모두가 폭력이다. 밀에 따르면 사회의 초기 발전 단계에서 정신적으로 강한 충동을 가진 사람들을 통제하고 규칙에 복종하도록 가르치는 것이 큰 문제였다. 그러나 지금은 개인의 충동과 선호의 과잉이 아니라, 그런 것의 결핍이 인간 존재를 위협하는 시대가 되었다.

> "대신 자신의 위치에 어울리는 것이 무엇인지, 자기와 비슷한 신분의 사람, 또는 경제적 여건이 비슷한 사람이 주로 무엇을 하는지, (심지어는) 자기보다 높은 위치의 사람이 즐겨 하는 것이 무엇인지 궁금해한다."(264)

오늘날 우리가 사는 사회는 어떠한가? 자신이 무엇을 더 좋아하는지, 자기 성격과 취향에 맞는 것이 무엇인지, 또는 자신이 타고난 최고·최선의 재능을 찾고 고민하기보다 그 대신 타자의 삶에 더 관심을 갖지는 않는가?

2. 다른 사람의 권리와 이익의 배려

자유와 자발성에 대한 밀의 주장을 따라가다 보면, 도덕의 형성에서 또 다른 중요한 요소를 간과하거나 또는 가볍게 취급할 우려가 있다. 밀이 개인의 자유만큼이나 중시하는 것은 타인에게 해를 끼치지 않는다는 사회적 규칙을 따르는 역량이다. 인간은 스스로의 특성을 가꾸고 발전시키면서 더욱 고귀하고 아름다운 존재가 될 당위성을 가진다. 그러나 그 개별성을 발전시켜 가는 것은 "다른 사람의 권리와 이익을 침해하지 않는다(within the limits imposed by the rights and interests of others)."는 전제하에서이다(266). 다른 사람의 권리를 침범하지 않고자 하는 억제력은 인간 본성에서 필수 불가결하다. 따라서 자기 개별성 실현을 위해 타인에게 해를 가하는 것은 허용되지 않는다. 자유의 범위 내에서만 개별성 실현은 허용된다. 한편 다른 사람에게 해를 주지 않기 위해 자신의 욕망을 억제하면, 자기 발전의 수단을 잃게 될 수도 있다. 그러나 그 본성의 억제로 인하여 사회적 부분의 더 나은 발달이 있게 되고, 자기 자신도 이타적인 행동과 사고 능력을 배양하게 된다. 이는 자기 본성을 억제함으로써 얻는 보상이다.

> "따라서 이기적인 요소를 억제하면 자기 내면의 사회적 요소를 더욱 발전시키게 되고, 결과적으로 그에 못지않은 것을 새로 얻게 된다. 다른 사람을 배려하는 엄격한 정의의 규칙을 따르다 보면 타인의 이익을 목표로 삼는 감정과 능력을 발전시킬 수 있다."
>
> And even to himself there is a full equivalent in the better development of the social part of his nature, rendered possible by the restraint put upon the selfish part. To be held to rigid rules of justice for the sake of others, develops the feelings and capacities which have the good of others for their object(266).

각자는 다른 사람에게 해를 미치지 않는 범위에서 자신의 개별성을 발전시켜 나가야 한다. 타인의 이익에 영향을 주지 않는 일인데, 단순히 그들이 불쾌감을 갖는다는 이유로 인해 제지를 받는다면, 그에 대해 저항감만 자랄 뿐이다. 그래서 교육 방법에서 강압적인 방법이 아닌, 확신과 설득을 통해서 교육의 목적을 달성할 수 있다고 본다. 자유를 부정하여 좋은 결과가 얻어지더라도 이는 강제된 그 사람을 '가치 있게' 만들거나 행복하게 만들 수는 없다. 사람은 서로 도와가며, 좋은 것과 나쁜 것을 구분하며, 나쁜 것을 피하고 좋은 것을 취하도록 격려하며, 품위를 유지한 채 고상한 목표와 계획에 점점 더 높이 지향하도록 서로를 격려해야 할 의무를 서로 간에 지고 있다 (277).

자기 문제에 관한 자아의 주장(self-assertion)은 항상 일반 규칙을 지키는 자아 억제(self-restraint)와 연계되어 있다.

3. 개별성이 없는 삶에 대한 평가

독특한 취미, 유별난 행동 더 나아가 자기만의 생각이나 고유한 감정을 비우는 것이 인간에게 바람직한가? 칼뱅(1509-1564)은 이런 상태가 바람직하다고 본다. 왜냐하면 칼뱅에게 있어서 '자기 뜻대로 사는 것(self-will)'은 인간이 저지를 수 있는 죄악 중에서 가장 무거운 것이기 때문이다. 인간에게 할 수 있는 것은 복종이다. 인간은 너무 타락하였기 때문에 자기 속에 내재하는 인간성이 완전히 죽어야 구원을 받을 수 있다. 이런 시각에서 인간이 지닌 특성, 감수성을 없애는 것은 당연히 죄가 아니다.

칼뱅주의는 '인간이 신의 의지를 잘 따르는 것 외에 다른 용도로 자신의 능력을 쓸 바에야, 차라리 그 능력 자체가 없는 편이 더 좋다'는 것이다.

이런 이론은 오늘날에는 분명 편협하다. 이는 꽉 막혀 답답한 유형의 인간에게 호소력이 크다. 왜 그런가? 이들은, '자연 그대로의 나무보다는 가지를 바짝 치거나 이런저런 동물 모양으로 잘린 모습이 훨씬 보기 좋다고 생각하는 것처럼, 인간이 비비 꼬이고 위축된 존재로 전락한 것은 그 창조자가 그렇게 설계한 대로라는' 생각을 갖고 있기 때문이다(265).

밀은 칼뱅주의가 다른 각도에서 성공적인 인간상을 그릴 수 있다고 본다. 이는 어느 종교이든 인간을 어떤 '선한 존재(good Being)'에 의해서 창조되었다고 보기 때문이다. 또한 이런 선한 존재는 인간에게 준 모든 능력이 뿌리를 드러낸 채 말라비틀어지기보다는, 잘 자라고 번성하기를 바랄 것이기 때문이다.

인간은 획일성을 벗어나 다른 사람의 권리와 이익을 침해하지 않는 전제하에 잘 가꾸고 발전시킴으로써 더욱 고귀하고 아름다운 존재가 될 수 있다. 묵종(黙從)하는 버릇이 든 성격은 단조롭고 둔감해진다.

> "각자의 개별성이 발전하는 것과 비례해서 사람은 자기 자신에 대해 더욱 가치 있는 존재가 되며, 또 그로 인해 다른 사람에게도 더 가치 있는 존재가 될 수 있다. 자기 존재에 대해 더욱 충만한 감정을 느끼게 되는 것이다. 각 개인이 이처럼 의미 있는 삶을 영위하면, 개인들이 모인 사회 역시 더욱 의미 있는 존재가 될 것이다."
>
> In proportion to the development of his individuality, each person becomes more valuable to himself, and is therefore capable of being more valuable to others. There is a greater fullness of life about his own existence, and when there is more life in the units there is more in the mass which is composed of them(266).

우리 삶에서 각자를 인간이 이를 수 있는 최선의 상태에 최대한 가깝게 끌어올리는 것이 가장 중요한 것이며, 또한 가장 좋은 것이다. 반대로 이를 가로막는 것이 가장 나쁜 일이 된다.

남이 하지 않는 관례를 처음 만들고, 더욱 발전된 행동과 더 수준 높은 취향과 감각을 선보이는 사람도 필요하다. 이런 사람이 사회 전체를 한 단계

발전시켰으며, 끌어올렸다. 이들 소수야말로 세상의 소금과 같은 존재이다. 이들이 없으면 우리 삶은 정체를 면치 못할 것이다. 이의 가장 좋은 예가 비잔틴 제국이다.

"그러나 지금 이 시대에서는 획일성을 거부하는 파격, 그리고 관습을 따르지 않는 것만으로도 인류에게 크게 봉사하는 셈이 된다. 오늘날에는 무언가 남과 다른 것을 일절 용납하지 않을 정도로 여론의 전제가 심하다. 바로 이런 이유로 색다르게 행동하는 것이 바람직하다. 그래야 그러한 전제를 부숴버릴 수 있기 때문이다. 언제나 강한 성격이 충만할 때 거기에서 남다른 개성이 꽃핀다. 그리고 한 사회 속에서 남다른 개성이 자유롭게 만개할 수 있는 가능성은, 일반적으로 그 사회가 보여주는 탁월한 재능과 정신적 활력, 그리고 도덕적 용기와 비례한다. 불행하게도 오늘날에는 극히 일부 용기 있는 사람들만이 그런 개성을 발휘할 뿐이다. 이것이야말로 우리 시대가 직면한 가장 심각한 문제가 아닐 수 없다."

In this age, the mere example of nonconformity, the mere refusal to bend the knee to custom, is itself a service. Precisely because the tyranny of opinion is such as to make eccentricity a reproach, it is desirable, in order to break through that tyranny, that people should be eccentric. Eccentricity has always abounded when and where strength of character has abounded; and the amount of eccentricity in a society has generally been proportional to the amount of genius, mental vigor, and moral courage which it contained. That so few now dare to be eccentric, marks the chief danger of the time(269).

1) 개별성과 독창성의 중요성

"개별성을 짓밟는 체제는 그 이름이 무엇이든, 그리고 그것이 신의 뜻을 따른다거나 인간이 만든 율법을 집행한다거나 하는 등 어떤 명분을 내세우든, 최악의 독재 체제(폭정)라고 할 수 있다."

Whatever crushes individuality is despotism, by whatever name it may be called, and whether it professes to be enforcing the will of God or the injunctions of men(266).

밀은 분명히 개별성과 독창성을 짓누르는 것은 그 개인에 대해서 뿐만 아니라 사회 전체에 대해서도 궁극적으로 해롭다고 주장한다. 공리주의에서는 개인의 이익보다 사회의 이익을 우선하기 때문에, '사회', '국민'이라는 이름으로 개인의 자유를 억압할 우려가 있다. 공리주의 철학을 대변하는 밀이 이처럼 사회적 이익을 앞세운 개인의 자유와 개별성의 억압은 결코 정당화될 수 없다고 하는 것은 놀랍다. 공리주의에서도 사회 전체의 이익과 유용성을 고려할 때에 사회구성원이 지닌 개별성과 고유성을 배제하는 사회적 유용성이란 정당화되지 않는다는 점을 간과해서는 안 된다.

사실 독창적이지 않은 사람들이 독창성이 왜 중요한지 이해하기는 어렵다. 독창성이 자기들에게 무슨 의미가 있는지 알 수가 없는 것이다. 누군가가 처음 시작하지 않았으면 이 세상의 그 무엇도 존재할 수 없었을 것이다. 독창성이 얼마나 중요한지 모르는 사람은 독창적인 사람들이 해야 할 일이 많음을 깨달아야 하며, 이를 겸손히 받아들이는 것도 중요하다.

2) 천재와 평범한 사람이 장악한 세상

천재는 속성상 일반 사람들보다 개인적(individual)이다. 그래서 사회 구성원이 각자 나름대로 살지 못하도록 쳐놓은 작은 틀들(moulds) 속에 들어가는 것을 다른 사람들보다 더 힘들어한다(267). 즉, 사회의 틀에 맞추어 사는 것을 힘들어한다는 것이다. 그래서 천재는 기인(奇人)이 되기 쉽다. 또한 대부분의 사람들은 천재의 기이성을 불편해하곤 한다. 이런 천재의 기이성을 불편해하는 것에 대해 밀은 "우리들은 나이아가라강(the Niagara river)처럼 큰 강이 네덜란드의 운하처럼 양 둑 사이로 잔잔하게 흘러가지 않는다고 불평해서는 안 된다."고 말한다(268). 밀에 따르면 개인의 독창성에 따른 그 기이함(oddity) 또한 그 자체로 좋은 것이다.

> "독창적이지 못한 사람들로서는 독창성이 왜 중요한지 이해하기 어렵다. 독창성이 자기들에게 무슨 의미가 있는지 알 수가 없는 것이다."(268)

사회는 사람들이 자신의 삶들을 영위할 수 있는 방식들에 제약을 부과하여 천재의 발전이나 표현을 제한하거나 위험에 빠뜨려서는 안 된다.

천재는 오직 자유의 공기 속에서만 자유롭게 숨을 쉴 수 있다. 천재가 숨을 못 쉬면 '집단적 평범함(collective mediocrity)'이 통치하게 된다. 첫 단추는 일반적으로 어떤 특별한 사람이 펜다. 우리는 정신적인 능력이 뛰어난 사람에게 겉으로나마 또는 실제로 경의를 표한다. 그러나 우리가 사는 이 세상은 어떠한가? 일반적으로 평범한 사람들이 최고 권력을 장악하는 경향이 있다. 개인이 군중 속으로 묻혀버리는 세상이다. 여론이 세상을 지배한다는 말은 진부하기까지 하다.

정부는 어떠한가? 정부는 대중이 좋아하는 것을 챙겨주는 기관으로 변모되고 있다. 문제는 평범한 사람들이 움직이는 정부가 평범한 정부가 되는 것을 피할 수 없다는 데 있다.

"다수의 주권자가 대단한 재능과 교육을 받은 소수의 충고와 영향에 의해 지도받기를 자청하는 경우(그들의 최고 전성기에는 항상 그러해 왔듯이) 민주적인 또는 다수의 강력한 귀족의 지배가 자신의 정치적 행동이나, 그 정부가 떠받드는 사람들의 여론, 자질, 그리고 생각의 방향에서 평균 수준을 능가한 경우는 한 번도 없었고 또 그럴 수도 없는 일이다."(269)

"오늘날에는 무언가 남과 다른 것을 일절 용납하지 않을 정도로 여론의 전제(專制)가 심하다. 바로 이런 이유로 색다르게 행동하는 것이 바람직하다."(269)

밀 자신은 이 세상을 자기 마음대로 주무르는 일종의 '영웅 숭배론(hero-worship)'을 펼치자는 것이 아니라고 밝힌다. 평범함을 벗어나려면 탁월한 재능을 갖춘 천재의 지도를 받아야 한다는 주장이 옹호되기 때문이다. 이는 오늘날 그 의미를 확대하면 엘리트주의가 된다. 밀은 엘리트주의를 옹호하는 것은 아니라고 말한다. 밀은 인간의 능동적인 성격을 계발하는 것을 강조하는 것이며, 계몽된 소수에 의한 강제적인 개혁과 삶의 재구성을 지지하는 것은 아니다. 개별성에 대한 호소는 곧 열린사회에 대한 호소다. 다수의 의견이 습관적으로 통용될 때, 탁월한 사고를 가진 천재들의 독창성은 그 사회의 방향을 재설정하고 옳은 방향으로 이끌 수 있다는 점을 밀은 이야기하고 싶은 것이다.

"그저 그런 정도의 능력밖에 갖지 못한 다수 보통 사람들의 주장이 점점 압도적인 힘으로 온 세상을 지배하는 요즘 같은 때에는, 널리 통용되는 의견의 잘못을 지적하고 시정할 수 있도록 뛰어난 사상을 지닌 사람들의 개별성이 더욱 발휘되어야 한다. 소수의 뛰어난 사람이 대중의 생각과 다른 방향으로 자유롭고 거리낌 없이 행동하고 살아가도록 장려되어야만 한다."

It does seem, however, that when the opinions of masses of merely average men are everywhere become or becoming the dominant power, the counterpoise and corrective to that tendency would be, the more and more pronounced individuality of those who stand on the higher eminences of thought. It is in these circumstances most especially, that exceptional individuals, instead of being deterred, should be encouraged in acting differently from the mass(269).

밀은 '영웅숭배론'과 같은 위험성을 피하기 위해서 오히려 사람들의 개별성을 인정하고 이를 이끌어 올리기 위해서 노력해야 한다고 본다. 그러지 못할 경우에 자신을 돌아보지 않고 '위대한 영웅' 따위를 추종하고 따르는 잘못된 관행에 제동을 걸 수 없기 때문이다. 그러므로 개별성에 대한 밀의 주장은 천재들에게만 해당하는 것이 아님은 분명하다.

"누구든지 웬만한 정도의 상식과 경험만 있다면, 자신의 삶을 자기 방식대로 살아가는 것이 가장 바람직하다. 그 방식 자체가 최선이기 때문이 아니다. 그보다는 자기 방식대로 사는 길이기 때문에 바람직하다는 것이다."
If a person possesses any tolerable amount of common sense and experience, his own mode of laying out his existence is the best, not because it is the best in itself, but because it is his own mode(270).

사람들은 자신의 취향과 멋에 따라 살아야 한다. 인간은 양 같은 동물과는 다르다. 물론 양이라고 해도 다 똑같지는 않다. "사람들의 취향이 서로 다르다면, 그 이유만으로도 사람들을 하나의 틀에 맞춰 획일화해서는 안 된다"(270). 각자의 경우에 맞는 다양한 삶의 형태가 허용되지 않는다면, 인간은 충분히 행복해질 수 없다. 개별성은 인간의 행복과도 밀접한 관계를 갖는다. 왜냐하면 질적으로 가치 있다고 여겨지는 행복이나 자연스러운 즐거움은 개별성의 추구와 자유의 향유를 통하지 않고서는 획득될 수 없기 때문이다. 개별성과 자유는 논리적으로도 당연히 행복의 필요조건이다.

"사람들을 기쁘게 해주는 일들, 고통을 느끼는 상황, 이런 문제들을 지각하는 육체적 · 정신적 작용은 사람에 따라 아주 다양하다. 그러므로 각자의 경우에 맞는 삶의 행태가 허용되지 않는다면, 인간은 충분히 행복해질 수 없다. 제각기 타고난 소질에 맞게 정신적 · 도덕적 · 미적 능력을 발전시킬 수도 없게 된다."

Such are the differences among human beings in their sources of pleasure, their susceptibilities of pain, and the operation on them of different physical and moral agencies, that unless there is a corresponding diversity in their modes of life, they neither obtain their fair share of happiness, nor grow up to the mental, moral, and aesthetic stature of which their nature is capable(270).

물론 수도원은 예외이다. 사회 전체가 수도원이 될 수는 없다. 남보다 특출나게 두드러지고, 보통 사람이 볼 때 눈에 띄게 이탈하는 듯한 개성이 강한 사람을 사정없이 짓눌러버린다면, 이는 마치 과거 중국 여인들의 전족(纏足)처럼 불구가 되게 만드는 것이다. 중국은 수천 년 동안이나 한 자리에 머물러 있었다. 이런 밀의 시각은 유럽 중심적이라고 비판을 받지만, 개별성의 가치를 발전이라는 역사적 관점에서 보고, 중국의 전족을 예로 들고 있는 것은 흥미를 끈다. 한마디로 전족은 '관습의 독재'의 한 예가 된다.

개별성의 발달은 그 자체가 목적일 뿐만 아니라 그 결과물을 다른 사람이 활용할 수 있다는 점에서도 가치를 가진다.

방탄소년단(BTS)과 창의성

방탄소년단(BTS)은 2013년 6월 13일에 데뷔한 대한민국의 7인조 보이그룹이다. 방탄소년단은 2017년을 기점으로 한국 대중문화사를 새로 써 나가고 있다.

- K-POP 그룹 최초 '2017 아메리칸 뮤직어워드'로 미국 데뷔
- 한국 가수 최초 2년 연속 '2017~2018 미국 빌보드 뮤직어워드 AMAs' 톱 소셜아티스트상 수상
- 유튜브 1억 뷰 이상 뮤직비디오가 무려 12개
- 빌보드 HOT 200 차트 1위
- 앨범 발매 첫 주 빌보드 HOT 100 차트 10위 진입
- 빌보드 소셜 50(Billboard Social 50) 100주 이상 1위
- 전 세계 뮤지션 중 트위터상에서 가장 많이 언급된 그룹으로 기네스북 등재
- 미국 3대 토크쇼(ABC '지미 키멜 라이브', NBC '엘렌 드제너러스쇼(엘렌쇼)', CBS '더 레이트 레이트쇼(위드 제임스 코든 출연)'
- 런던 웸블리 최초 한국인 가수 공연(2019.6)

방탄소년단은 2015년, 노래 '쩔어'에 이어 2016년 '불타오르네'와 '피땀 눈물' 등으로 주로 10대 청소년층을 중심으로 한 팬덤이 크게 형성되었다. 이후 지속해서 인지도가 급상승해 2017년 '봄날', 'DNA'를 통해 큰 인기를 굳혔다. 동남아시아, 미주, 유럽을 포함한 세계 수십개 국에도 이름을 알리고 있다.

방탄소년단이 이처럼 성공할 수 있었던 배경에 대해 다양한 해석과 분석들이 있다.

- 힙합의 기본정신은 자유와 저항으로 통한다. 권력과 사회의 부조리에 목소리를 높이는 힙합은 단순한 음악 장르 그 이상의 메시지로 그 힘을 발휘한다.
- 방탄소년단의 모든 음악 역시 멤버들이 직접 겪으면서 써 내려간 성장 서사를 토대로 만들어졌다. '피땀 눈물' 뮤직비디오는 헤르만 헤세의 성장소설『데미안』이 모티브가 됐다.
- '봄날'의 뮤직비디오는 청춘에게 위로와 희망을 전하는 메시지가 담겨있다. 단편집『바람의 열두 방향』에 수록된 '오멜라스를 떠나는 사람들'을 인용하며, "사회적 편견과 억압의 '총알'을 막아내겠다"는 청소년 성장기의 고민, 사회문제, 집단 내 폭력 근절을 호소하는 메시지 등을 담고 있다.
- 방탄소년단의 노래와 춤에서 한글을 모르는 해외 팬들도 인생의 혹독하고 아름다운 시절인 '청춘'을 함께 겪어내고 있다는 공감대를 얻고 있다.

방탄소년단은 '천재와 관습의 타파, 천재성'에서 차이가 난다. 미국의 음악 잡지 롤링스톤은 '어떻게 BTS가 K-POP의 가장 큰 금기들을 깨고 있나(How BTS Are Breaking K-Pop's Biggest Taboos)'라는 칼럼을 통해 방탄소년단의 성공 신화에는 '관습'을 흔들고자 하는 의지가 있기 때문이라고 보도했다.[17]

4. 역사의 발전과 후퇴 — 관습의 폭정과 독재

관습의 전제[despotism of custom(272)]는 곳곳에서 인간의 발전을 가로막는다. 관습의 전제의 대표적인 나라는 과거의 중국으로 수천 년 동안이나 제자리에 머물러 있었다. 이러한 관습의 전제가 이제 영국을 위협하고 있다는

---

17 How BTS Are Breaking K-Pop's Biggest Taboos(https://www.rollingstone.com/music/music-news/how-bts-are-breaking-k-pops-biggest-taboos-628141).

것이 밀의 견해이다. 영국 사람들이 이제 잘하는 것은 그저 집단으로 모여 활동하는 것뿐인 듯 보일 정도라고 비판한다. 다양성이 영국에서 하루가 다르게 줄어들고 있다고 한탄한다. 밀의 기술과는 달리 빅토리아 중기 영국 사회(1850-1870)에 수많은 천재가 출현하였다. 다윈, 헉슬리, 디킨스, 엘리엇, 브론테 자매, 로세티, 디즈레일리, 글래드스턴, 나이팅게일, 뉴먼, 리빙스턴, 그리고 밀 자신과 같은 독창성을 지닌 천재들이다.

그러나 빅토리아 시대의 영국 사회는 산업혁명의 진전에 따른 사회적 발전이 퓨리턴적인 엄격한 도덕규범에 지배당하였다. 빅토리아풍(風)의 엄격한 도덕과 행동 규범은 당시 영국인의 삶을 구속하고 획일화하는 경향이 점점 강해졌다. 사람들은 일요일조차 우울한 휴일로 보내야 했으며, 평일에도 즐거움을 찾아보기 힘들게 사회는 생동감을 잃었다는 것이 밀의 판단이었다.

"개선을 가능하게 만드는 절대적이며 영원한 요소는 오직 자유에서 나온다. 자유가 허용되는 곳에서만 사람의 수만큼이나 다양한 독립적인 개선의 요소가 뿌리를 내릴 수 있기 때문이다. 발전원리는 자유를 사랑하든, 아니면 개선을 사랑하든, 그 형태와 관계없이, 관습의 횡포에 대해서는 적대적이다. 관습의 굴레로부터 해방을 포함하지 않으면 발전 원리라고 할 수 없다."

The only unfailing and permanent source of improvement is liberty, since by it there are as many possible independent centers of improvement as there are individuals. The progressive principle, however, in either shape, whether as the love of liberty or of improvement, is antagonistic to the sway of Custom, involving at least emancipation from that yoke(272).

관습의 폭정은 인간의 진보에 지속적인 장애물이라는 것이 밀의 판단이다. 관습과 관습의 해방은 인간 역사를 규정하는 기본 변수가 된다. 이 둘 간의 싸움이 없는 곳에서는 역사가 없다. 관습의 전횡이 극에 달한 곳은 가령 아시아 전체이다. 이곳에서는 관습이 모든 문제에 대한 최종 결정권을 쥐고 있었다. 관습을 따르는 것이 곧 정의요, 올바른 것으로 통했다.

모든 나라는 초기에는 독창성을 구가함으로써 발전한다. 그러나 문제는 그들의 관습이 자유와 발전을 가로막는 데 있다. 그래서 어느 정도는 번영을 누리다가 그만 쇠퇴기에 접어들고 만다. 언제 그런 일이 일어나는가? 바로 관습이 개별성을 가볍게 이기는 때이다. 이때 우리가 등을 돌리고 거부하고 있는 것은 다름 아닌 개별성이다.

+ 더 알아보기

문화계 블랙리스트

이명박 · 박근혜 정부에서 정권에 비우호적이거나 비판적인 문화 · 예술인을 탄압 · 규제하기 위해 비밀리에 리스트를 작성하였다. 이에 대한 비판은 한마디로 "문화융성이 아닌 검열융성", "문화대혁명에서나 가능할 발상"으로 요약된다. 블랙리스트 작성은 작가 개인의 생각하는 자유, 표현의 자유, 문화예술에 대한 직접적인 타격이며, 훼손으로 귀결된다.

헌법 제11조 제1항은 "모든 국민은 법 앞에 평등하다. 누구든지 성별 · 종교 또는 사회적 신분에 의하여 정치적 · 경제적 · 사회적 · 문화적 생활의 모든 영역에 있어서 차별을 받지 아니한다", 제22조 제2항은 "모든 국민은 학문과 예술의 자유를 가진다"고 규정하고 있다.

문화계 블랙리스트 작성은 헌법정신에 위반되며, 국민의 사상 및 표현의 자유를 심각하게 훼손한 것이다. 블랙리스트 작성은 '자유'에 대한 심각한 오해와 무지에 기초한다. '블랙리스트'는 받아들일 수 없는 자들, 신뢰할 수 없는 자들로, 문화예술을 단순히 '적과 동지'로 구분한 것이다. 그래서 낙인을 찍어

'은밀하게' 작성하여 배제한 것이다.

박근혜 정부에서 작성된 블랙리스트를 보면, i) 세월호 정부 시행령 폐기를 촉구하는 서명자 594명, 세월호 시국선언한 문학인 754명, ii) 문재인 후보 지지 선언을 한 문화인 6,517명 그리고 박원순 후보 지지 선언을 한 문화인 1,608명, 총 9,473명으로 이루어졌다. 거의 1만 명에 육박한다. 몇몇 진보 예술계 인사뿐만 아니라 단순히 정권에 협조적이지 않은 예술계 인사들 상당수와 단순히 야당 정치인을 지지하는 대부분의 예술계 인사들을 포괄하고 있다. 영화감독으로는 이창동, 박찬욱, 봉준호 등 52명, 방송인으로는 김미화, 김구라, 김제동 등 8명, 가수로는 윤도현, 신해철, 김장훈 등 8명이다.

김기춘 전 대통령비서실장과 조윤선 전 문화체육부 장관이 문화계 블랙리스트를 만든 혐의로 구속되었다. 김기춘 전 대통령비서실장은 2013년 말 개봉했던 영화 '변호인'을 본 직후 이를 못마땅해하였다. "왜 이런 영화를 만드는 회사들을 제재하지 않느냐"고 유진룡 당시 문화체육관광부 장관에게 말했던 사실이 당사자인 유 전 장관의 인터뷰를 통해 드러났다(CBS 인터뷰). 유 장관은 "순수 문화예술 쪽에서도 반정부적인 행동을 하는 그런 사람들이나 단체에 대해서는 왜 지원을 하느냐? 왜 제재를 하지 않느냐는 요구를 김기춘 실장이 직접 또는 모철민 교육문화수석, 김소영 문화체육 비서관을 통해서 다각도로 문체부에 전달했다"며 이것이 이후 문화예술계 블랙리스트로 이어졌다고 밝혔다.

또한 국가정보원이 블랙리스트를 작성하는 데 조직적으로 개입된 정황이 특검에서 밝혀졌다. 블랙리스트와는 달리, 정부에 우호적이며 협조적인 인사를 적극적으로 지원하거나 추천하는 '화이트리스트'도 작성 및 관리되었다.

2017년 12월 20일, '문화예술계 블랙리스트 진상조사 및 제도개선 위원회'의 중간 조사 결과, 블랙리스트 총 피해건수는 문화예술인 1,898건, 문화예술단체 772건 등 총 2,670건에 달한 것으로 드러났다.

관습의 전제는 인간의 발전을 가로막는다. 블랙리스트를 주도한 사람들은 '과연 자유와 창의성이 무슨 의미가 있는지를 사유했을까?'라는 의구심이 든다.

5. 유럽의 발전 원인

밀은 유럽의 발전 원인에 대해 질문하며 답을 한다. 즉, 유럽이 지금까지 이런 운명의 나락으로 떨어지지 않고 버틸 수 있었던 것은 무엇 때문인가? 무엇이 유럽민족들이 정체되지 않고 계속해서 진보할 수 있게 만들었는가? 이런 질문은 현재에도 계속되고 있다. 사람들은 유럽 민족들의 우수성을 이야기한다. 그러나 설령 그렇다고 해도 이는 결과일 뿐 원인이 아니다. 밀은 '유럽을 유럽답게 만든 요인은, 그것은 바로 성격과 문화의 놀라운 다양성이다'라고 밝힌다.

반면에 한때 서양 사회보다 앞서갔던 동양 사회가 뒤처진 원인은 언제부터인가? 개별성을 포기하기 시작하면서부터이다. 중국과 같은 동양 사회는 똑같은 사유, 똑같은 행동과 기준에 의해 규제되기 때문에 더는 획기적인 사회진보를 이루어 낼 수 없었다는 것이 밀의 진단이다. 이와 달리 서양 사회는 자유와 다양성을 존중하였기에 발전할 수 있었다. 그래서 밀은 영국인에게 유럽을 중국처럼 만들지 말라고 경고한다.

"오늘날 대중 여론이라는 것은 중국의 교육과 정치가 하던 일을 똑같이 따라 하고 있다. 단지 비조직적으로 그런다는 점이 다를 뿐이다. 유럽도 이런 굴레를 벗어나 개별성을 활짝 꽃피우지 못하면, 아무리 과거 문명이 찬란하고 그리스도교의 영향이 뛰어나다 해도 제2의 중국이 될 수밖에 없다."

The modern régime of public opinion is, in an unorganized form, what the Chinese educational and political systems are in an organized; and unless individuality shall be able successfully to assert itself against this yoke, Europe, notwithstanding its noble antecedents and its professed Christianity, will tend to become another China(274).

6. 사회의 위협 — 닮아가는 세계

인간의 발전에는 개인적 자유뿐만 아니라, '환경들의 다양성'도 있어야 한다. 그런데 밀은 여기서 세계가 놀라울 정도로 서로 닮아가고 있다고 진단한다. 과거에는 다른 계급과 이웃, 서로 다른 직업과 활동 분야의 사람들이 서로 다른 세계 속에서 살았다. 그러나 이제는 상당한 정도로 같은 세계에서 살고 있다.

"서로 다른 계급과 개인을 둘러싸고서 그들의 성격을 형성하던 환경이 하루가 다르게 닮아가고 있다. 과거에는 서로 다른 계급과 이웃, 서로 다른 직업과 활동 분야의 사람들이, 말하자면 서로 다른 세계 속에서 살았다. 그러나 이제는 상당한 정도로 같은 세계에서 살고들 있다. 과거와 비교해 볼 때 읽고 듣는 것이 같아졌다. 놀러 가는 곳도 같다. 희망이나 두려워하는 것도 서로 닮아간다. 똑같은 권리와 자유를 누리며 그것을 향유하는 방법도 같다."

Formerly, different ranks, different neighbourhoods, different trades and professions, lived in what might be called different worlds; at present, to a great degree in the same. Comparatively speaking, they now read the same things, listen to the same things, see the same things, go to the same places, have their hopes and fears directed to the same objects, have the same rights and liberties, and the same means of asserting them(275).

이런 변화는 물론 많은 사람에게 진보된 삶을 가져다주었다. 밀도 이점을 인정한다. 문제는 '인간의 일반적인 유사성'이라는 좀 더 교활한 일치(conformity)가 따라 들어온 것이다. 이는 '공적 여론의 주도권'을 쥐며 개별성의 수명을 단축한다. 여론을 주도하는 대중이 등장하였으며, 정치 일선에서 대중의 의지에 맞서기도 어려워졌고, 통념을 뛰어넘으려는 사회적 후원도 보이지 않게 되었다. 지식인도 이런 변화를 깨닫지 못하고 있다.

이러한 밀의 당시 빅토리아시대에 대한 진단은 매우 비관적으로 보인다. 관습과 관례에 대한 밀의 비판이 일방적이어서 그 비판에 대한 반론이 있을 수 있다. 관습이나 관례는 가령 사회를 통합시키는 힘이 되어주기 때문이다. 개별성을 위한 지속적이며 실험적인 노력은 어떤 면에서 공동체 사회에서 외딴 섬으로 남으며, 사회적 고립과 소외(alienation)를 초래할 수도 있다.

서로 닮아가는 세계에 대한 밀의 분석은 오늘날 글로벌화하는 세계를 볼 때 놀라운 통찰력과 안목을 보여준다. 서로 닮아가는 세계에 대해 밀은 3가지를 지적한다.

첫째, 이 시대의 정치적 변화가 사람을 똑같게 만들어 가고 있다. 신분이 낮은 사람들은 끌어올리고, 높은 사람은 끌어내린다.

둘째, 교육 기회의 확대이다. 교육이 사람들을 비슷한 영향권 아래 들게 하고, 비슷한 사실과 감정을 접하기 더 쉽게 만든다.

셋째, 교통과 통신 수단의 발전이다. 이는 서로 멀리 떨어져 있는 사람들까지 개인적 접촉이 용이하게 만들었고, 거주지를 옮기는 속도도 빨라졌다. 상업과 제조업의 발달은 이런 현상을 촉진한다.

이런 모든 이유는 서로 합쳐져서 '개별성에 대해 적대적인 환경'을 만들고 있다(275). 개별성을 파괴하는 그 뿌리는 "다른 모든 사람도 우리처럼 살아야 한다고 강요하는 것"이다. 그래서 아직 우리의 삶이 획일적인 형태로 굳어지지 않은 지금이야말로 개별성의 중요함을 환기시킬 최적의 시기라고 본다. 왜 그러한가? 시기를 놓치면 병을 키우고, 획일화가 굳어진 뒤에야 그것을 뒤집으려 든다면, 그때는 불경(不敬)이니, 비도덕적이니, 심지어 자연에 반하는 괴물과도 같다는 등 온갖 비난과 공격을 감수해야 하기 때문이다 (275).

밀은 이제 사회의 힘은 개별성을 상당히 능가하고 있기 때문에, 인간 본성을 위협하는 위험은 개인적 충동과 선호가 과다하다는 데 있는 것이 아니라 그것이 결핍되어 있다는 데 있다고 본다(264). 또한 우리 시대에는 사회의 상위계급에서부터 하위계급에 이르기까지 모든 사람이 적대적이고 무서운 검열의 감시하에 살고 있다고 본다. 그래서 사람들은 '나는 무엇을 선호하는가? 나의 성격과 기질에 적합한 것인 무엇인가?'라는 질문 대신에 '나의 분수에 적합한 것은 무엇인가? 나와 같은 재정적 형편에 처한 사람들은 대체로 무엇을 하는가? 나보다 우월한 지위와 상황에 있는 사람들이 주로 하는 것은 무엇인가?'라는 질문을 한다. 이런 질문에서 밀은 아주 놀라운 이야기를 한다.

"내가 의미하는 바는 그들이 자신의 성향에 적합한 것보다는 관습적인 것을 선택한다는 것이 아니라, 관습적인 것을 제외하고는 어떤 성향을 가진다는 사실조차도 그들에게는 고려되지 않는다는 것이다. 정신 자체가 굴레에 묶여 있는 것이다."

I do not mean that they choose what is customary, in preference to what suits their own inclination. It does not occur to them to have any inclination, except [265] for what is customary. Thus the mind itself is bowed to the yoke(264-265).

다양성의 가치는 타인과 다르게 생각하는 것보다 '스스로 생각하는 것'에 있다. 다양성은 또 다른 기회를 제공한다. 개별성을 장려하는 것과 관습을 쫓는 사이에는 긴장이 존재한다. 관습이 개별성을 압도하는 사회에서는 새로운 생각, 새로운 예술, 새로운 미래는 없다. 이는 이미 밀이 중국과 유럽을 비교하고 판단하면서 보여주었다.

개별성을 잃고 살아가는 인간의 존재를 하이데거(Martin Heidegger, 1889-1976)는 '퇴락(verfallen)'이라고 규정한다. 여기서 퇴락이란 도덕적인 타락이 아니라, 그 존재 방식이 본래적인 것에서 비본래적인 것으로 바뀐 것을 말한다. 본래적인 존재가 비본래적인 존재로 바뀐 것을 말한다.

> "이 세 성격[잡담, 호기심, 애매성]과 그것들의 존재적 연관에서 일상성의 존재의 한 근본 양식이 드러난다. 그것을 우리는 현존재의 퇴락이라고 부른다." (존재와 시간, 175)
> "현존재는 '본래적인 자기로 있을 ―수 ―있음'으로서의 자기 자신으로부터 탈락해서, 우선 언제나 이미 '세계' 속에 퇴락해 있다."(존재와 시간, 175)

오늘날 현존재로서의 인간은 본래적인 삶을 떠나, 비본래적인 삶의 특징을 보여준다. 비본래적인 삶의 특징은 자기의 존재를 사람과의 관계에서, 세상과의 관계에서, 소유 여부에서 찾는다는 것이다. 자신의 고유한 삶을 살아가는 것이 아니라, 세상의 일반적 가치와 기준에 따라 규정된, 평균적인 삶을 살아가는 방식이다. 그래서 이런 삶은 자신의 주체적 삶이 아니라 대중적이고 몰개성적인 삶이 된다. '몰개성적'이라 함은 자신의 존재를 늘 다른 사람과의 비교에서 찾는 것이다. 가령 소비에서 유행과 브랜드의 깃발을 따라가는 것이다.

우리의 교육제도는 개별성을 질식시키며 개별성과 창의성을 억압하고 있다는 끊이지 않는 비판을 받는다. 서로 비슷비슷한 생각을 가진 학생들을 만들어내지는 않는가? 이는 우리가 심각하게 고민하여야 할 문제임이 틀림없다.

+ 더 알아보기

교육부 폐지 요구

전국국공립대학교수회연합회(국교련)는 2019년 5월 17일 기자회견을 열고 '교육부 폐지'라는 놀라운 요구를 하였다. 국교련은 헌법에 명시된 교육의 자주성·전문성·정치적 중립성 및 대학의 자율성을 확보하기 위해서는 교육부가 폐지되어야 한다는 것이다.

교육은 국가의 백년지계(百年之計)라는 것에 모두가 상식적으로 동의한다. 우리의 교육은 목표를 잃은 지 오래고, 교육정책은 조령모개(朝令暮改)로 바뀌어 왔다는 비판을 받는다. 입시정책이 단적인 예이다. 교육부와 통계청이 2019년 3월에 발표한 자료를 보면 2018년 초·중·고교생 사교육비 규모가 19조 5,000억 원에 이르렀다. 이는 2017년(18조 7,000억 원)보다 4.4% 증가한 것으로 2011년 이후 7년 만에 최고치를 기록하였다. 이를 1인당 월평균 사교육비로 계산하여 보면, 29만 1,000원으로 2017년보다 7.0%(1만 9,000원) 증가한 것이다. 사교육비를 줄이고자 다양한 입시제도를 만들어 냈지만, 그 효과는 없었다고 봐야 한다.

국교련은 대학의 교육 측면에서 대학 재정 고갈, 학문 후속세대 단절, 지방대 몰락, 열악한 연구 환경 등 대학이 처한 위기에 교육부를 주범이라고 보았다. 국교련은 교육부가 펼쳐온 "규제, 통제, 간섭 등 기계적이고 관습적인 관료행정으로는 새로운 교육의 미래를 준비할 수 없다"고 주장하며, "교육부는 이제 수명을 다한 조직"으로 "창조적 파괴"로 미래를 준비해야 한다고 하였다.

국교련은 대통령 공약인 국가교육위원회 출범 논의가 진행되고 있지만, 당·정·청 합의에 따라 발의된 법률안은 대학에 대한 간섭과 통제 심화의 우려만 가중시킨다며 다음과 같이 밝히고 있다. "교육부와 교육 관료의 적폐를 청산하지 않은 채 국가교육위원회만 설치한다면 옥상옥 혹은 형식적인 조직이 될 수밖에 없다." 국가교육위원회는 결국 교육부 관료들의 자리만 추가로 만들어 그들의 영향력만 강화시키는 것밖에 될 수 없다는 것이다.

이런 국교련의 비판에 대해 국가교육위원회를 통해 정부 통제에서 벗어나려는 국립대의 의도가 있다고 지적되기도 한다. '교육부 해체' 요구는 기존의 교육부로는 더 이상 국민이 기대하는 교육정책을 실현할 수 없다는 의미를 담고 있다. 교육부를 통한 국가의 정도를 넘은 교육에의 간섭이 대학의 자율성, 학문의 자율성, 인재양성의 다양성과 창의성에 걸림돌이 되어왔으므로, 교육부 해체를 통해 '교육위원회'와 같은 새로운 교육 행정체제를 출범시켜야 한다는 요구이다.

정권 입장에서 볼 때 과연 '교육부폐지'가 가능한가? 과거 정권은 대학을 어떻게 통제하는가가 정권의 사활과 직결된 문제라고 보았다. 한국 사회에서 대학은 신분 상승의 가장 합법적이면서도 적합한 길이었다. 한국 사회의 차별적 사회구조의 변화 없이는, 어떤 교육정책의 개혁 시도를 통해서만은 그 목적을 이룰 수 없다.

교육부 폐지 논쟁에는 "국가는 교육을 어떻게 보아야 하는가?"에 대한 시각의 차이가 있다. 교육은 인간이 자유로워지는 것을 가르치며 훈련한다. 교육은 분명 읽고 쓰는 것이 전부가 아님은 분명하다. 밀의 개별성, 인간의 발전 요구 등은 국가의 교육에의 지원과 간섭의 한계를 정하는 문제에 논점을 제공한다.

학생의 교육에 대한 무모한 실험은 언제나 끝날 것인가?

제4장 사회가 개인에게
행사할 수 있는 권한의 한계

밀은 제4장에서 해악의 원칙에 대한 논의를 확장하여 다룬다. 밀은 지금까지 개인의 자유의 필요성과 당위성을, 그리고 개인의 자유가 뒷받침되어야 하는 개별성에 대해서 논했다. 그렇다면 여기서 제기되는 본질적인 질문이 있다. 개인의 자유는 어디까지 주장될 수 있으며, 사회의 권한(권위)은 어디서부터 개인의 삶에 정당하게 개입할 수 있는가이다.

"그렇다면 각 개인은 자신에 대해 어느 정도까지 주권을 행사할 수 있는가? 그 정당한 한계는 어디인가? 사회의 권한은 어디서 시작되는가? 우리의 삶에서 개별성에 속하는 부분은 어디까지이고 사회에 속한 부분은 또 어디인가?"

WHAT, THEN, is the rightful limit to the sovereignty of the individual over himself? Where does the authority of society begin? How much of human life should be assigned to individuality, and how much to society?(276)

이와 같은 질문은 지금까지 개인과 사회가 각기 자유의 영역을 가지고 있다는 전제에서 볼 때 당연히 제기될 수밖에 없는 질문이다. 즉, 개인의 영역, 사회의 영역, 그리고 두 영역 간의 중첩과 경계에 대해서이다. 이에 대해 밀은 해악의 원칙을 좀 더 정교하게 다음과 같이 진술한다.

"개인과 사회는 각각 자신과 특별하게 관계되는 것에 대해 정당한 권리를 가
진다. 개인이 일차적으로 이해관계가 걸려 있는 삶의 부분은 개별성에 속한다.
반면 사회가 기본적으로 이해관계가 있는 것에 대해서는 사회가 권한을 가져
야 한다."

Each will receive its proper share, if each has that which more particularly
concerns it. To individuality should belong the part of life in which it is
chiefly the individual that is interested; to society, the part which chiefly in-
terests society(276).

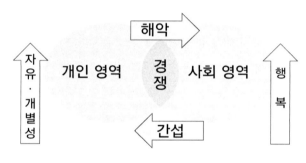

개인의 자유와 사회적 권위의 한계

그림에서 왼쪽은 개인의 자유 영역, 오른쪽은 사회 영역이다. 개인은 타
자(사회)에 해를 끼치지 않는 범주에서 자유를 누린다. 사회는 개인이 해를
끼치는 한에서 간섭을 하며, 벌을 가할 수 있다. 이는 사회의 공익(행복)을 지
키기 위해서이다. 반면 개인과 사회의 영역이 서로 중첩이 되는 부분이 있
다. 밀은 이 중첩이 되는 부분에서 우선적으로 개인의 자유와 자율성을 존중
하는 쪽을 선택한다.

1. 개인의 자유와 한계

밀은 '개인의 일은 개인에게', '사회의 일은 사회에게'라는 원리를 제시한다. 어떻게 보면 이 말을 이해하는 데 어떤 어려움이 없어 보인다.

개인의 영역이 어디까지이고, 사회의 영역은 또한 어디까지인가? 그 경계를 명확히 하는 것은 어떠한가? 개인이 주로 관심을 가지는 영역은 개인에게, 사회가 관심을 가지는 영역은 사회에 속한다. 그러나 이런 답은 개인적 삶과 사회적 삶의 경계가 명확하지 않을 때는 어떤 답변도 도움이 되지 않는다. 우리는 로빈슨 크루소처럼 고립된 존재로서 외딴 섬에 혼자 살지 아니한다. 이러한 원리가 적용되기 위해서는 먼저 개인적인 일과 사회적인 일이 명확히 구분될 수 있어야 한다.

밀은 "사회는 계약에 의해서 만들어진 것은 아니다."(276)라고 보며 토머스 홉스의 사회계약론에 기초한 사회개념에 반대한다. 홉스는 자연 상태에서 인간을 개별적 존재로 보았으며, 그 관계는 만인의 만인에 대한 투쟁이다. 밀은 사회에 대해서 공동체주의적인 입장을 보인다. 우리는 사회에서 살고 있으며, 사회의 보호를 받고 있다는 점이다. 즉, 사회에서 보호받는 사람이라면 누구든 자신이 혜택을 받은 만큼 사회에 갚아 주어야 한다는 것이다. 밀은 사회계약론에 따라 사회적 삶이 개인들에게 의무를 부과한다는 점은 수용한다. 또한 사회 속에서 사는 한, 일정한 원칙을 지키며 살아갈 수밖에 없다는 점도 수용한다. 다른 사람들과 공존하기 위해서는 일정한 행동 규칙을 준수하는 것이 불가피하다. 사회의 동료에게 해악을 유발하거나 주어서는 안 된다.

그러면 사회생활에서 개인이 준수해야 할 행동규칙은 무엇인가?

"첫째, 다른 사람들의 이익, 좀 더 구체적으로 말하면, 명시적인 법 규정 또는 암묵적인 이해에 따라 개인의 권리로 인정되어야만 하는 특정 이익을 침해해서는 안 된다. 둘째, 각자는 사회를 방어하는 데 또는 사회 구성원이 공격이나 괴롭힘을 당하지 않도록 하는 데 필요한 노동과 희생 중에서 자기 몫(이것은 어떤 평등한 원리에 따라서 결정해야 한다)을 감당해야 한다."(276)

밀은 다른 사람의 이해에 해를 가해서는 안 되는 시민의 기본 의무를 말한다. 이는 다른 사람들의 이익, 다시 말해 명확한 법 규정 또는 '암묵적인 이해'에 따라 개인의 권리로 인정되어야만 하는 특정 이익을 침해하지 않는 것이다. 밀은 여기서 개인의 자율의 한계를 결정하는 것으로 '진보하는 존재인 인간의 항구적인 이익에 기반을 둔' 가장 넓은 의미에서의 '효용(utility)'을 든다(224). 이런 이익의 개념으로 오직 다른 사람의 이익에 영향을 주는 행위에 대해서만 외부의 힘이 개인의 자율성을 제한할 수 있다. 다시 말해 누군가가 다른 사람에게 해가 되는 행동을 한다면 그 사람은 당연히 제재를 받는다.

사회는 '그 사회 구성원 모두의 보호자'가 된다. "사회는 모든 구성원을 보호해야 하므로, 그에게 응징을 가해야 하고 명백한 징계의 표시로 고통을 주어야 하며 그 처벌이 아주 무겁도록 신경을 쓰지 않으면 안 된다"(280). "사회구성원들의 이익을 보호해야 한다(sollen)"는 기능은 사회구성원의 '지속적'이며 '주요한' 이해가 되는 경우에는 의무가 된다. 이는 사회의 '기본 기능'이다. 이는 왜 사회가 각자의 이익을 '명시적인 법 규정' 또는 '암묵적인 이해'를 통해서 개인의 권리로 인정해야만 하는가를 말한다. 사회는 특히 중요한 이익의 인정을 도덕적 권리로서 명시한다. 이에 사회는 사회 구성원에 대한 실증적-법적 또는 실증적-도덕적 보호 의무를 갖는다. 이는 '진보하는 존재인 인간의 항구적인 이익'을 보호하는 것이 된다.

그렇다면 첫 번째 의무로서 '보호 의무는 어떤 내용을 갖는가?'이다. 보호 의무는 하지 말 것을 요구한다. 가령 살인하지 말라, 도둑질 하지 말라, 속이지 말라 등이다. 밀은 행위자의 능동적인 호혜를 요구한다. 사람은 살아가면서 '어떤 행동을 하는 것은 물론이고, 하지 않음으로써도 남에게 피해를 줄 수 있다. 어느 경우든 그 피해에 대한 책임을 질 수 밖에 없다'(225). 밀은 여기서 '이웃의 생명을 구해주거나 자기 방어능력이 없는 사람을 악용하지 못하게 간섭하는 등' 자선의 손길을 생각한다(225). 밀에 있어서 어떤 행위를 하지 않는 것뿐만 아니라, 호혜를 베푸는 것 또한 중요한 의무 원리가 된다.

둘째, 각자는 사회를 방어하는 데 필요한 노동과 희생 중에서 자기 몫을 감당해야 한다. 자기 몫은 어떤 평등한 원리에 근거해서 결정해야 한다. 이러한 의무를 거부하는 개인에 대해 사회는 강제할 수 있다. '법정에서 증인으로 발언하는 것, 공동 방위에 적절한 몫을 수행하는 것, 공동 작업의 일정 부분을 감당하는 것'(225)은 일종의 제도화된 의무이다. 밀은 사회 구성원의 보호자로서 사회의 역할을 분명히 하며, 중요한 이익보장의 실현으로서 시민들의 의무가 있다고 밝히고 있다. 시민들은 이러한 보호 기능을 유지하는 데 있어 자신에 주어진 적절한 의무를 감당해야 한다. 밀은 '이런 의무를 거부하는 개인이 있으면 사회는 무슨 수를 써서라도(at all costs) 그것을 강제할 수 있다'고 본다(276). 납세의 의무, 국방의 의무를 다하지 않을 경우에 심한 사법적인 처벌을 받게 된다. 밀은 개인 간의 약속이나 사회 간의 의무를 저버리는 것(break faith), 기대의 요구에 부응하지 못하는 것은 정의롭지 못하다(unjust)고 본다(CW X, 242).

그러나 그 개인의 행동이 다른 사람과 아무 관계가 없는, 즉 자신에게만 영향을 끼치는 경우에는 어떤가? 공공장소에서 나체로 춤을 추는 것과 자신의 방에서 나체로 춤을 추는 경우는 다르다. 개인의 영역에 있어서만 문제가 되는 개인 행위에 대해서는 사회는 그 개인에게 책임을 지도록 완전한 법적 사회적 자유를 보장해야 하며, 간섭해서는 안 된다.[18] 밀은 여기서 도덕이나 법으로써 강제할 수 없는 개인의 권리가 있음을 말한다.

> "그러나 개인의 행동이 다른 사람과는 아무 관계가 없고 단지 자신의 이익에만 영향을 끼친다면, 또는 그들이 원치 않는 한 영향을 끼치지 않는다면(이때 관계에 있는 사람들은 모두 성년이고 지적 수준이 웬만한 정도는 되어야 한다). 그런 질문은 할 필요도 없어진다. 이 모든 경우에는, 각 개인이 그런 일과 그로 인한 결과에 대해 절대적인 법적·사회적 자유를 누려야 한다."(276)

예를 들어 성인이 '자기 앞가림'도 못하고 사는 경우에 사회는 어떻게 해야 하나? 사회는 이런 사람이 그렇게 살도록 내버려 두어야 하는가? 아니면 간섭을 해야 하는가? 밀은 그런 사람에게 충고하거나 설득을 할 수 있지만, 그 이상은 안 된다고 본다. 즉 어느 사람도 충고나 설득을 넘어서 다른 사람의 사생활에 간섭할 자격은 없다는 것이다. 이러한 주장에는 개인들은 충분히 성숙해서 자기 일은 자신이 알아서 잘 처리할 수 있다는 전제를 가지고 있음은 물론이다. 성인은 자신이 선택한 삶을 살아가는 것이 당연하며, 그렇지 않고 사회가 간섭하거나 강제하는 것은 오히려 사회에 해악을 가져다준다는 것이 밀의 주장이다.

> "누구보다도 자신이 자기를 가장 아끼는 법이다. 아주 긴밀한 인간적 관계가 아니라면, 타인에게 기울이는 관심이라는 것은 당사자가 자기에게 쏟는 관심에 비하면 보잘것없다. 그리고 사회가 그 사람 개인에게 두는 관심이라는 것은 (그 사람이 타인에게 하는 행동에 대한 관심을 제외하면) 그야말로 지엽적이

---

18 우리사회에서 '낙태', '동성애'에 대한 문제는 밀이 살던 시대의 문제는 아니었으며, 또한 별도의 논의를 요하기 때문에 본 글에서는 다루지 않는다. 스와핑(swapping)을 처벌할 수 있는가의 문제도 마찬가지이다. 스와핑은 위해원칙, 사생활, 법으로 처벌할 수 있는가의 도덕과 법과의 관계, 헌법(제10조)에서 보장하는 개별성으로서 행복추구권 등을 중심으로 논할 수 있다.

고, 한마디로 말하면 간접적이다. 이에 반해 아무리 평범한 남자나 여자라 해도 자기 자신의 감정과 환경에 관한 한, 그 누구보다도 자신이 더 잘 알고 있다. 따라서 상대자에게만 관계되는 문제에 대해 본인 스스로 내린 결정과 마음목표를 사회가 끼어들어 번복하는 것은 그릇된 가정 위에서나 가능한 일이다. 설령 그것이 잘못된 가정에서 출발한 것이 아니라 해도, 문제가 되는 개별 상황에 대해 그저 국외자 처지에서, 구경꾼 정도의 지식밖에 없는 사람이 간섭하게 되니 일이 잘될 수가 없다. 그러므로 이런 일에 대해서는 개별성이 크게 작용할 수 있어야 한다."

He is the person most interested in his own well-being; the interest which any other person, except in cases of strong personal attachment, can have in it, is trifling, compared with that which he himself has; the interest which society has in him individually (except as to his conduct to others) is fractional, and altogether indirect; while, with respect to his own feelings and circumstances, the most ordinary man or woman has means of knowledge immeasurably surpassing those that can be possessed by any one else. The interference of society to overrule his judgment and purposes in what only regards himself, must be grounded on general presumptions; which may be altogether wrong, and even if right, are as likely as not to be misapplied to individual cases, by persons no better acquainted with the circumstances of such cases than those are who look at them merely from without. In this department, therefore, of human affairs. Individuality has its proper field of action(277).

자기 자신에 대해서 가장 잘 아는 사람은 바로 자기 자신이다. 어머니, 아버지, 형제, 또는 선생이나 정신과 의사도 자기가 자신에 대해서 아는 만큼 잘 알지 못한다. 밀은 이를 통해서 다시 한 번 자신의 삶에 대한 최종 결정자는 바로 자기 자신임을 확인한다.

2. 이기적 무관심에 대해

사회에서 개인은, 밀에 따르면, 자신의 행동이 다른 사람과는 아무런 관계가 없고, 자신에게만 관계하며 영향을 미친다면, 절대적인 법적·사회적 자유를 누려야 한다. 그렇다면 이에 대한 비판이 제기된다. 즉, 이 원리가 "자기 자신의 이해관계가 걸려 있지 않은 타인의 행동에 대해 아무런 상관도 하지 않고 서로의 행복이나 성공에 관심을 둘 필요도 없이 이기적인 무관심을 조장한다."는 것이다(276). 이는 시민 각자 자신의 행위가 자신의 이익에만 영향을 미치는 한, 사회는 그 시민의 삶에 관여할 권리가 없다는 것을 의미하는가?

밀은 이런 해석은 아주 심각한 오해(a great misunderstanding)라고 서둘러 말한다. 이 원리는 오히려 우리가 모두 다른 사람의 이익을 위해 '사심 없는 노력'을 많이 기울여야 할 필요성을 강조한다(277). 사람은 개인적인 행복을 이룸에 있어 서로 빚을 지고 있다.

> "사람은 서로 도와가며 좋은 것과 나쁜 것을 구분하며, 나쁜 것을 피하고 좋은 것을 취하도록 격려한다. 우리는 언제까지나 높은 능력과 감정과 목표가 현명하게, 그리고 품위를 유지한 채 고상한 목표와 계획을 점점 더 지향하도록 서로 자극을 주며 살아야 한다."
>
> Human beings owe to each other help to distinguish the better from the worse, and encouragement to choose the former and avoid the latter. They should be for ever stimulating each other to increased exercise of their higher faculties, and increased direction of their feelings and aims towards wise instead of foolish, elevating instead of degrading, objects and con-templations(277).

밀은 타인에게 간섭하는 수단과 방법의 문제를 지적한다. 이에는 좋은 방식과 나쁜 방식이 있다는 것이다. 즉, '사심 없이 남을 돕는 것(개인적 이해관계가 없는 자선, disinterested benevolence)'에 채찍질을 하거나 혼을 내는 것이 아니라, 스스로 하도록 설득하는 것과 같은 방법을 이용하는 것이다. 이는 마치 교육에서 강압적인 방법이 아니라 확신과 설득을 통해서 목표를 달성하고자 하는 바와 같다. 사심 없이 남을 돕는 일에 충고, 설득, 경고, 간청 등은, 어떤 상황에서든 최종 결정자가 되는 한에서는, 어떤 도덕적인 한계를 갖지 않는다.

"다른 사람과 관계되는 행동이라면 대부분의 경우 일반 규칙을 준수하는 것이 필요하다. 그래야 사람들이 무엇을 기대해야 하는지를 알 수 있을 것이기 때문이다. 그러나 각 개인 고유의 문제라면 그 사람의 개별적 자발성에 전적으로 맡겨야 한다. 다른 사람은 그저 당사자의 판단을 돕기 위한 고려를 하거나 의지를 강화하기 위한 경고 정도만 하는 데 그쳐야 한다. 또 경우에 따라서는 강요도 할 수 있을 것이다. 그러나 어떤 상황에서든 본인이 최종 결정권을 가져야 한다."

Individuality has its proper field of action. In the conduct of human beings towards one another, it is necessary that general rules should for the most part be observed, in order that people may know what they have to expect; but in each person's own concerns, his individual spontaneity is entitled to free exercise. Considerations to aid his judgment, exhortations to strengthen his will, may be offered to him, even obtruded on him, by others; but he himself is the final judge(277).

명령은 거절할 수 없는 것이지만, 설득은 그렇지 않다. 강제는 사람을 덕망이 있는 사람으로 변화시키지 못한다.

3. 개인적인 덕과 해악 ─ 나쁜 사람과 못난 사람

밀은 자유의 원리에서 좀 더 어려운 문제를 다룬다. 이는 인간의 덕목(virtu)과 자유의 문제이다. 벤담은 공동체(community) 구성원에 해를 미치는 '해(offences) 목록'을 만들었다. 이에는 5가지 유형이 속한다. 공공해(public offences), 준공공해(semi-public offences), 자기관련 해(self-regarding offences), 국가에 대한 해(offences against the state), 융합적인 해(multiform or anomalous offences). 범죄적 해(criminal offences)는 다른 사람에 해를 미치는 것에만 한정되어야 한다고 본다. 벤담은 사회가 자신에 대한 의무를 반하는 것을 '자기관련 해(self-regarding offence)'로 여기며, 소수의 사례에서 자신에 해를 끼치는 경우에 법적인 수단을 가지고 그런 행위에 벌을 가하는 것은 가능하며, 목적에 부합한다고 본다(Bentham 1789, Kap. XVIII, §18).

밀은 '자기 관련 덕들(self-regarding virtues)'에 대해 이야기한다.

> "어떤 사람이 자기에게 도움이 되는 특정 자질을 빼어나게 많이 가지고 있다면, 그 사람은 분명히 존경의 대상이 될 것이다. 거꾸로 그 사람이 그런 자질을 전혀 가지고 있지 못하다면, 존경과는 정반대되는 감정이 따를 것이다."(278)

자기 관련 덕들은 '자기 발전(self-development)'과 관련되어 있다. 인간들이 고귀하고 아름다운 존재가 되는 것은 타인에 해를 끼치지 않는 한계 내에서 그 개별성을 잘 가꾸고 발전시켜 나갈 수 있기 때문이다(266).

> "각자의 개별성이 발전하는 것과 비례해서 사람들은 자기 자신에 대해 더욱 가치 있는 존재가 되고, 또 그로 인해 다른 사람에게도 더욱 가치 있는 존재가 될 수 있다."(266)

인간은 개인적 덕목과 더불어 또한 사회적 덕목을 지녀야 한다. 자기 관련 덕목을 획득하지 못한 사람은 타인들에게 해악을 끼치기보다 자신의 위신을 떨어뜨리는 것이 된다. 그렇다면 이런 개인의 자질에 대해서 사회는 어떠해야 하는가의 질문이 제기된다. 밀은 한마디로 각 개인의 고유 문제라면 그 사람의 개별적 자발성에 전적으로 맡겨야 한다고 말한다.

> "당사자에게만 관계되는 문제에 대해 본인 스스로 내린 결정과 마음먹은 목표를 사회가 끼어들어 번복하는 것은 그릇된 가정 위에서나 가능한 일이다."(277)

개인의 덕목에 개입하는 것은 전체주의(독재) 국가에서나 가능한 일이다. 다른 사람은 당사자의 판단을 돕기 위한 고려, 경고 등을 하며, 경우에 따라서 강요도 할 수 있다. 그러나 최종 결정권은 본인이 가져야 한다. 이런 최종 결정에 따른 책임은 당연히 당사자가 진다. 개인의 인격 문제에 대한 결정권은 행위의 결과를 감수해야 하는 사람에게 주어져야 한다(282). 행위의 당사자는 나쁜 평판을 받으며 비난받을 각오를 해야 한다.

> "경솔하고 완고하며 자만심이 강한 사람, 절제하는 삶과 거리가 먼 사람, 패가망신으로 이끄는 탐닉에서 벗어나지 못하는 사람, 품격 높은 감성과 지성은 마다하고 동물적인 쾌락만을 좇는 사람, 이런 사람은 자신에 대한 다른 사람들의 평판이 나쁘리라는 점을 각오해야 한다. 좋은 말을 하리라고 기대해서는 안 된다."
> A person who shows rashness, obstinacy, self-conceit ― who cannot live within moderate means ― who cannot restrain himself from hurtful indulgences ― who pursues animal pleasures at the expense of those of feeling and intellect ― must expect to be lowered in the opinion of others, and to have a less share of their favourable sentiments(278).

실제로 세상에는 바보 같은 짓이라고 할 수 있는 것, 천박하거나 타락한 사람들이 좋아하는 취향이 널려 있다. 이런 행동을 하는 사람은 자신에 대한 비우호적인 판단에 대해 불편함을 가질 수밖에 없다. 사회도 물론 이런 짓을 하는 사람에 달리 해를 가해서는 안 된다. '관습의 폭정'이 따라서는 안 된다.

밀은 사려 깊지 못하고 인간적 존엄을 지니지 못한 탓에 어쩔 수 없이 타인들에게 제대로 대접받지 못하는 것과 다른 사람들의 권리를 침해한 까닭에 비난을 받는 것은 엄연히 다르다고 본다. 가령 다음과 같은 것은 다른 사람에 대한 의무를 위반하지 않는 한 도덕적 비난의 대상이 될 수 없다.

> "잔인한 기질, 악의적이고 나쁜 천성, 모든 정념 가운데 가장 반사회적이고 가증스러운 것이라고 할 질투, 위선과 불성실, 그리고 별것도 아닌 일에 화를 곧잘 내는 것, 옳지 못한 대접을 좀 받았다고 지나치게 분노를 느끼는 것, 다른 사람에게 위세 부리기를 즐기는 것, 자기 몫 이상을 얻으려고 욕심을 부리는 것 (그리스어로는 pleonexia), 남을 깎아내림으로써 만족을 얻는 자존심, 특히 자기와 자기에게 이익이 되는 것만 생각하고 모든 문제를 자기 입맛대로 결정하는 이기심 등"(279).

이러한 모든 인간의 성질과 성격은 도덕적으로 보면 우리가 경계해야 할 악덕이다. 이는 인격적 존엄과 자존감이 부족한 것을 보여주는 증거일 수는 있으나, 남의 권리를 침해하지 않는 한, 도덕적 비난의 대상이 될 수는 없다. 못된 사람일 수는 있으나 다른 사람에게 해를 끼치는 나쁜 사람은 아니라는 것이다. 우리 자신에 대한 의무라는 것은, 동시에 다른 사람에 대해서는 의무가 되지 않는 이상, 사회적으로 책임을 져야 할 일은 아니다.

중요한 것은 '사심 없는 남을 돕는 일'이 명령과 강제로 표출되는가, 아니면 단순한 조언으로 이루어지며 그 거절에 어떤 징계나 처벌이 없는가에 있다. 왜냐하면 당사자에게 있어 조언은 그것을 행하는 것에 있어 자유이나,

명령은 그에 순종해야 하기 때문이다. 명령은 거절할 수 없는 것인데 반해 조언은 자신의 판단에 따라 거부할 수 있고, 그럼에도 자유 영역에 남아 있는 것이다.

　나쁜 품성을 가진 사람은 혐오나 때로는 비판의 대상이 될 수 있으나, 분노나 복수의 대상이 아니라는 것이다. 밀은 이에 대해서 이렇게 이야기한다. '인간은 사려 깊지 못하고 인간적인 존엄을 지니지 못한 것에 대해 다른 사람으로부터 이에 대한 비난을 받기 전에 이미 당사자는 자신의 잘못으로 인한 모든 벌을 벌써 받고 있는 것이다. 이미 자신이 자신의 삶을 망치고 있는 것이다. 그러므로 사회는 이런 사람을 사회의 공적(公敵)인 것처럼 다루어서는 안 된다. 그는 우리에게 동정이나 혐오의 대상이 될 수 있을지 몰라도 노여움이나 분노의 대상은 아니다(He may be to us an object of pity, perhaps of dislike, but not of anger or resentment; we shall not treat him like an enemy of society).'

　그렇다면 다시 이런 질문이 제기된다. "사회 속에서 사람이 하는 일 가운데 타인에게 아무런 영향도 끼치지 않은 것이 과연 있는가?" 실천적인 의미에서 타인들에게 해악을 끼치는 행동들이 분명히 있으며, 또한 '그것들로 이끄는 인간의 경향성'이 부도덕하며 혐오감을 불러일으키는 것들이 있지 않는가이다. 칸트가 말하듯 '경향성(Neigung)'을 채우고자 할 때 일어나는 불쾌한 일들이다. 이런 경향성의 목록에는 잔인함, 악의, 시기심, 탐욕, 충분한 이유 없는 화냄, 지배욕, 타인을 굴욕시키는 즐거움, 자신을 더 사랑하는 이기심 등이 있다. 밀은 우리가 어떻게 이런 나쁜 경향성을 대해야 하는가에 대해서는 구체적으로 설명하지 않는다. 사람들은 자신의 행위에 따른 일에 대해서는 도덕적으로 책임을 질 수 있지만, 인간의 본질 또는 속성이 되는 경향성에 대해서는 다르다.

경향성에 따른 해악은 처벌할 수 없다. 사회 또한 개인적인 경향성을 감시하고 공정하게 판단하는 것도 불가능하다. 행위로 드러나지 않는 경향성은 연민이나 미움의 대상이 될 수 있지만, 분노의 대상이 될 수는 없다.

그러나 남에게 해를 주는 행동에 대해서는 전혀 다르다.

"타인의 권리를 침해하는 것, 정당한 권리 없이 다른 사람에게 손해를 끼치고 타격을 입히는 것, 거짓으로 또는 표리부동하게 사람을 대하는 것, 불공정하게 또는 관대하지 못한 방법으로 남에게 이득을 얻는 것, 심지어는 다른 사람이 위험에 빠져 있는데 이기적인 마음에서 모른 척하는 것 등, 이 모든 것은 도덕적 비난 또는 심각할 경우에는 도덕적 징벌이나 처벌의 대상이 되어야 한다."

Acts injurious to others require a totally different treatment. Encroachment on their rights; infliction on them of any loss or damage not justified by his own rights; falsehood or duplicity in dealing with them; unfair or ungenerous use of advantages over them; even selfish abstinence from defending them against injury — these are fit objects of moral reprobation, and, in grave cases, of moral retribution and punishment(279).

4. 반자유주의 주장에 대한 반대 논증

사회는 개인의 영역에서 그 자유를 침해하거나 간섭해서는 안 된다는 것이 밀의 일관된 주장이다. 과연 그런 개인과 사회 간의 연관성을 명확하게 구분하는 것이 가능한가? 인간은 섬이 아니며, 로빈슨 크루소와 같이 무인도에서 혼자 살아가는 존재가 아니다. 사람은 고립되어 살 수 없기 때문에, 자기 자신에게만 해를 끼치고 다른 사람에게는 전혀 영향을 미치지 않는 것이 있을 수 없다.

밀은 자신을 해롭게 하는 사람은 다음 세 가지 측면에서 다른 사람에게도 해를 끼칠 수 있다고 본다.

첫째, 자신의 재산에 손해를 입히는 경우이다.

가령 누군가 자신의 재산에 손해를 입힌다면, 이는 결국 사회 전체의 부(富)를 감소시키는 결과를 낳는다.

둘째, 자신의 육체적 또는 정신적 능력을 저하시키는 경우이다.

자신의 잘못된 행동이나 어리석은 일이 다른 사람에게 직접적인 해를 주지 않는다고 하더라도, 그 바람직하지 행동은 가족, 친구, 동료 등에게 해를 입히며, 더 나아가서 사회의 유용한 구성원이 되지 못한다. 자신의 신체적 또는 정신적 능력을 낭비하거나 남용한다면 그 가족은 실망하게 된다.

셋째, 비록 자신의 바람직하지 못한 행동이 타인에게 직접적인 해를 끼치지 않는다고 해도, 자신이 본이 되지 못하는 행동은 결국 다른 사람에게 해를 주는 행동이 될 수 있다. 그 누룩과 같은 행동이 다른 사람의 타락에 영향을 미친다는 것이다.

해악의 원리에서 보면 사회는 그 구성원이 어리석음이나 무기력 또는 방탕함으로 인하여 본을 보이지 못한다면, 이에 간섭해야 할 것이다. 사회는 틀림없이 사회에 부적합한 사람들을 지도하는 일을 포기해서는 안 된다. 이는 아이들이 자신의 의지에 반하여 보호를 받아야만 한다면, 똑같은 논리에서 '자율적 판단'이 안 되는 성인은 보호를 받으면 안 되는가의 문제이다. 가령 도박, 술 취함, 부절제, 나태, 불결(성적 문란) 등에 빠진 사람들에 대한 도움이다. 사람들이 이런 일에 빠지지 않기 위해서, 행복한 삶을 사는 데 치명적인 장애가 되는 것들에 대해서 할 수 있는 어떤 통제 양식이 있는가? 밀은 두 가지 방식을 이야기한다.

"만일 도박이나 과음, 무절제나 게으름, 불결함 등이 법으로 금지한 행위들

만큼이나 행복한 삶을 사는 데 치명적인 장애가 되고 개인의 발전에도 심각한 걸림돌이 된다면 — (법이 이렇게 물을 수도 있을 것이다) 법이 현실성을 띠고 사회적 편의 또한 고려해야 한다면, 법의 이름으로 이런 일도 단속해야 하지 않을까? 그리고 법이 불완전할 수밖에 없다면, 그것을 보완해줄 여론이라는 것이 최소한 이런 악에 대해 강력한 경찰 역할을 해서 그런 일을 하는 사람에게 엄격한 처벌을 가해야 마땅하지 않을까?"

If gambling, or drunkenness, or incontinence, or idleness, or uncleanliness, are as injurious to happiness, [281] and as great a hindrance to improvement, as many or most of the acts prohibited by law, why (it may be asked) should not law, so far as is consistent with practicability and social convenience, endeavour to repress these also? And as a supplement to the unavoidable imperfections of law, ought not opinion at least to organize a powerful police against these vices, and visit rigidly with social penalties those who are known to practise them?(280-281)

첫째, 법적인 조치들을 통해서 '행복이 아닌 불행'으로 몰아가는 장애들을 저지하는 것이다.

둘째, '그런 악덕'들에 대해서 사회적 여론을 동원하고 사회적 형벌들을 부과하는 것이다.

사람들은 이런 사회적 제재를 부과해야 한다고 찬성할 것이다. 밀은 이런 조치들을 '반자유적 행동'으로 간주하며, 이에 대해 반대한다.

"오랜 세월이 지나고 충분한 실험을 거쳤으면 도덕적이거나 사려 깊은 진리로서 확립되었다고 말할 수도 있을 것이다. 그래서 앞 시대의 조상들에게 치명적인 타격을 입힌 바로 그 절벽에서 후손들이 또다시 떨어지는 일이 없도록 막는 것이 당연히 필요하다."

There must be some length of time and amount of experience, after which a moral or prudential truth may be regarded as established: and it is merely desired to prevent generation after generation from falling over the same precipice which has been fatal to their predecessors. (281)

서로 다른 시대에 사람들은 마녀와 이단들을 화형에 처하고, 노예제를 실시하였으며, 유용성이 없는 아이들을 버렸고, 남편에 순종하지 않는 아내들을 처벌하는 것이 옳다고 여겼다. 감정이 인간에게서 종심법원(a final court of appeal)이 될 수는 없다.

1) 반대 논증 사례 1: 알코올 중독

나쁜 취미에 중독이 된 나머지 자기 가족에게 슬픔을 안겨주는 경우이다. 이는 배은망덕함으로 비난을 받아야 마땅하다고 사람들은 생각한다. 알코올과 같은 물질의 중독자는 더불어 사는 사람에게 행복이 아니라 고통을 주기 때문이다. 그런 상황에 이르게 한 원인에 대해서는 비난을 할 수 없다. 이는 무엇보다 그 사람에게만 관계되는 실수이기 때문이다. 사기를 당해 사업의 실패가 원인이 되어서 술을 찾게 된 경우를 예로 들 수 있다.

한 개인의 나쁜 버릇이나 습관은 자신에게 피해를 줄 수 있다. 그 잘못은 자신에게만 해당하는 '자신의 것'과 자신의 문제로 남는다. 그런데 자신의 나쁜 버릇이 이제 개인의 영역을 넘어 사회적인 것이 된다. 사회적인 문제는 공적인 문제가 된다.

그러나 밀이 말하고자 하는 것은 우리가 방탕한 사람을 도덕적으로 비난하거나 또는 처벌하려는 것은, 그가 가족에 대한 의무를 다하지 않았기 때문이지 그가 방탕했기 때문이 아니라는 것이다. 어떤 도덕적으로 훌륭한 사람도 가족에 대한 의무를 소홀히 할 수 있다. 그 사람은 자신이 원하는 것을 성공시키기 위해서, 또는 그 일에 몰두한 나머지 가족에 대한 의무를 소홀히

할 수도 있다. 가령 연구원이 연구 성과를 얻기 위해서 퇴근하지 않고 밤새워 연구하는 경우이다. 또는 도둑을 잡기 위해 근무 시간을 넘어 밤새 근무하는 경우이다. 개인이 술에 좀 취했다고 해서 벌을 받는 것은 말이 안 된다. 그의 잘못들은 개인적인 것으로 남기 때문이다.

아무도 술에 취했다는 이유만으로 그를 처벌할 수는 없으나, 근무 중에 술에 취한 경찰이나 군인은 다르다. 군인이나 경찰이 근무시간에 술에 취하면 이는 완전히 다른 문제이며, 처벌 대상이다.

술이나 도박에 빠진 가장은 가족에게 손해와 슬픔을 준다. 그래서 우리는 '자기 관련'과 '타자 관련' 간의 요소를 정하는 데에 어려움이 있다. 도덕적 태만으로 인해 고통과 해를 당하는 사례는 수없이 많다. 밀은 술 취함의 사례를 들어 인간 삶의 인과적 상호 연관성이 개인의 선택과 결정에 대한 사회적 간섭을 허용해주는 충분한 근거가 되지 못한다는 점을 지적하고자 한다. 밀은 물론 개인의 나쁜 습관들로 가족에게 불행을 준다면, 이는 배은망덕한 사람으로 비난받아 마땅하다고 본다.

2) 반대 논증 사례 2: 불확정적 또는 추정적 피해를 사회에 끼치는 경우

사회생활을 하면서 공공 의무를 조금도 위반하지 않고, 누구에게도 눈에 띌만한 손해를 끼치지 않는 행동을 하는 경우이다. 사람들이 자신들을 적절히 돌보지 않았기 때문에, 그 결과 사회적 선에 적극적으로 기여할 수 있는 자신의 능력을 훼손하는 경우이다. 이런 행동은 불확정적 또는 추정적 피해를 사회에 끼칠 수 있어 처벌을 받을 수 있다고 주장한다. 이를 테면 나이든 사람이 자신을 적절히 돌보지 않는 경우이다. 저명한 작가가 음주로 인하여 더는 양서(良書)를 출판하지 못하는 경우도 생각해 볼 수 있다.

이런 행위에 대해 손상을 막아야 한다든가, 아니면 사회에 무언가 유익한 일을 하게끔 만들어야 한다고 하면서 간섭할 일은 아니다. 불확정적 또는

추정적 피해를 사회에 미치는 경우에서 발생하는 불편은 '자유라는 좀 더 큰 목적을 위해 감수할 수밖에 없다'는 것이 밀의 주장이다.

다만 미성년자인 경우에는 사회가 이들에 대해 절대적인 권한이 있다. 현세대는 미래 세대의 훈육 선생이면서 동시에 그 토양이 된다.

> "이 세대가 개탄스러울 정도로 인품이나 지적 능력 면에서 부족하다면 그다음 세대도 지적으로나 도덕적으로나 완전한 사람이 될 수 없다."(282)

사회는 미성년과 아동에 대해 이들이 가장 합리적으로 인생을 꾸려나가도록 하게 하는 책임을 져야 함은 당연하다. 반면 성인이 어린아이처럼 살아간다면 어찌할 것인가? 적지 않은 수의 구성원들이 장기적인 계획에 따라 합리적으로 행동하지 않고 그저 어린아이들처럼 산다면, 이런 일에는 사회가 책임져야 한다. 이는 개인 문제를 넘어 사회문제가 되었기 때문이다. 사회는 다수 의견을 내세워 판단할 능력이 없는 사람들을 지배할 힘도 가지고 있으며, 주변 사람들에게 불쾌감이나 경멸을 불러일으키는 사람에게 그 대가를 치르게 하는 힘도 가지고 있다. 그러나 여기에 사회가 순전히 개인적인 행동에 간섭해서는 안 되는 가장 중요한 이유가 있다.

> "그런 간섭이 잘못된 방법으로 잘못된 곳에서 일어날 가능성이 크다."(283)

도둑이 지갑을 훔치고 싶어 하는 욕망과 주인이 그것을 지키고 싶어 하는 욕망이 같을 수 없듯이, 어떤 사람이 자신의 의견에 대해 느끼는 감정과 그것 때문에 상처를 받는 다른 사람의 감정을 같이 취급할 수는 없다. 한 개인의 취미는 자신의 특수한 문제이다. 모든 불확실한 문제에 대한 개인들의 자유와 선택을 침해하지 않고, 검열의 한계를 넘지 않으려고 하는 사회는 없다.

사회는 개인의 행동에 간섭할 때, 그 사람이 사회의 주류와 다르게 행동하고 다른 감정을 품는다는 사실에 대한 격렬한 분노 때문에 다른 생각을 할 겨를이 없다. 도적주의자나 사변적인 저술가 열 가운데 아홉은 얄팍하게 위장된 형태로 이런 판단기준을 종교와 철학의 명령에서 찾아 사람들에게 내보인다.

3) 반대 논증 사례 3: 도덕경찰

밀은 도덕경찰(moral police)을 든다. 이란, 사우디아라비아와 같은 이슬람 국가들에서는 이슬람법의 적용을 위해 도덕경찰을 운영하고 있다. 이들은 여자들이 히잡을 착용하였는지, 남자들이 이슬람법에 맞는 옷을 입고 있는지를 감시한다. 도덕경찰은 의심할 바 없이 개인의 자유까지 침범한다.

밀은 대중이 잘못된 방법으로 잘못된 장소에서 개인의 자유 영역을 간섭할 것이라고 본다. 사회는 개인의 일에 끊임없이 간섭하고자 하는 성향을 가진다. 다수의 여론이 어떤 문제에서 상대적으로 옳을 가능성이 높다. 왜냐하면 사람들은 자신과 관련하여 판단하게 되고, 그 판단이 합리적일 가능성이 크기 때문이다. 반면 다수의 여론은 일차적으로 자기 자신과 관계된 행위의 문제에 근거하기 때문에, 그 판단의 기준이 자신의 선악의 기준이 될 가능성도 배제할 수 없다. 다수의 선악에 대한 의견과 기준을 소수에게 적용하고 강제하고자 할 가능성이 있다. 바로 여기에 밀은 다수 의견의 위험성을 지적한다.

> "그러나 사회가 순전히 개인적인 행동에 간섭해서는 안 되는 가장 중요한 이유는, 그런 간섭이 잘못된 방법으로 잘못된 곳에서 일어날 가능성이 크기 때문이다. 사회적 윤리나 타인에 대한 의무 같은 문제를 놓고 공공 여론, 즉 압도적 다수의 의견이 가끔 틀리기는 하지만 옳을 때가 더 많다."(283)

과거 마녀들을 사형에 처하거나 노예제도 폐지를 반대한 것들이 좋은 예가 될 것이다.

밀은 이제 자유 원리들에 대해서 다른 사람들이 자신들의 가치와 종교적 가치를 기준으로 판단할 때 어떤 문제들이 있는지 몇 가지 사례를 예시하고 있다. 이런 사례는 제4장 후반과 제5장에서 소개된다.

사례의 기능은 두 가지 점에서 찾아볼 수 있다. 하나는 이론적인 주장을 명료하게 해준다. 추상적이며 관념적인 이론을 손으로 만져보고 눈으로 보며 냄새를 맡아보는 것과 같은 실체성으로 보여준다. 대상을 정확하게 인식하며 판단하는 데 기여한다. 두 번째는 사례는 일반화와 이론적 진술에 대한 증거가 된다. 주장에 대한 증거가 되는 셈이다. 유리한 사례는 선택하며, 불리한 사례는 생략하는 일반적인 책략이 작용할 수 있다. 부정확하거나 불충분한 분석은 왜곡으로 이용된다. 밀이 제시하는 사례는 자신의 논제에 대한 증거로 제시된다.

5. 개인 자유에 대한 부당한 간섭의 예들

1) 무엇을 먹을까? − 금식과 돼지고기 문제[19]

자신들과 종교적 견해가 다르다는 이유로 다른 사람들의 종교적 관계를 무시하고, 그로 인하여 반감이 깊어지는 경우이다.

유대교에는 금식의 율법, 이슬람교에는 돼지고기를 먹지 않는 율법이 있다. 힌두교도에게는 쇠고기가 금지되어 있다. 이슬람교도들에게 기독교도들의 신조 혹은 관행 중에서 돼지고기를 먹는 사실은 증오의 대상이 된다.

---

19 부당한 사례 7가지의 '소제목'은 '단숨에 이해하는 자유론'(김요한), 144-146에서 인용함.

이들은 돼지고기 먹는 것을 하나의 음식문화로 보지 않는다. 반면 포도주를 마시는 것도 종교에서 금지되어 있지만 포도주를 마시는 것은 돼지고기를 먹는 것만큼 혐오하지는 않는다. 불결하다고 보는 짐승의 고기를 극단적으로 피하는 것은 본능적 반감과 유사하다. 불결한 생각이 일단 감정 안으로 들어오면 끊임없이 좋지 못한 충동을 일으킨다고 여긴다. 이런 생각은 불순한 것을 몹시 조심하는 힌두교도들에게도 마찬가지이다. 이슬람 국가에서 돼지고기를 금지하는 것은 정당하다고 본다. 돼지고기를 먹는 것은, 첫째로는 대중의 관습을 거역하는 것이고, 둘째로는 신(神) 또한 그러한 행위를 금지했다고 믿기 때문이다. 이슬람교도나 신학자들은 돼지고기를 금하는 이유는 하나님께서 코란을 통해서 지시하였기 때문이라는 대답을 갖고 있다.

그러면 이슬람 국가 내에서 돼지고기를 먹는 것을 금지하는 것이 과연 종교적 박해라고 비난할 수 있는가. 밀은 그럴 수 없다고 본다. 어떠한 종교도 돼지고기 먹는 것을 의무화하지 않기 때문이다(285). 또한 대중은 개인적 취미와 개인의 자아 지향적 문제에 대해 간섭할 이유가 전혀 없다.

2) 무엇을 믿을까? ― 스페인 사람들의 숭배방식

대다수의 스페인 사람들은 로마가톨릭교회가 규정한 예배를 따른다. 따라서 로마가톨릭교회와 다른 방식으로 최고 절대자를 숭배하는 것은 신에 대한 더할 나위 없는 모독, 엄청난 불경으로 간주한다. 그래서 스페인 땅에서는 다른 형식의 종교적 예배는 법으로 금지되어 있다. 남부 유럽 사람들은 사제가 결혼하는 것은 비종교적이고, 정숙하지 못하며, 야비하고 혐오스러운 것으로 여긴다. 이러한 예배형식을 비가톨릭교도들에게 적용하려는 시도에 대하여 개신교도들은 어떻게 생각하는가? 개인적으로 비도덕적인 일이라고 간주하는 것을 억압하고자 할 때, 신에 대한 불경이라는 이유를 내세우는 것만큼 강력한 무기도 없을 것이다. 우리가 박해자들의 논리를 채택하여 우리가 옳기 때문에 다른 사람들을 박해할 수 있고, 반면 그들은 그릇되기 때문에 우리를 박해해서는 안 된다고 말할 수는 없다.

3) 어떻게 놀까? ─ 영국의 공공오락 금지

음식 문제, 예배 문제는 영국인들에게 해당되는 문제는 아니다. 그러나 영국의 경우에 청교도들이 권력을 완전히 장악한 곳에서는 공공오락 시설, 더 나아가 모든 개인적 오락까지 없애버리려고 하였으며, 실제로 상당한 성공을 거두기도 했다. 음악, 춤, 단체 놀이, 기분 풀이의 군중집회, 극장이 그 대상이었다. 영국에서는 오늘날까지도 도덕과 종교적인 이유를 내세워 이런 종류의 유희를 완강하게 거부하는 사람들이 있다.

4) 어떻게 돈을 쓸까? ─ 사치에 대한 반감

민주주의가 가장 발달했다고 여겨지는 미국에서는 대중의 감정이 일종의 사치규제법 역할을 한다. 돈이 아무리 많은 사람이라도 대중의 반감을 사지 않고 자기가 원하는 대로 돈을 마음껏 쓰기가 쉽지 않다. 대중은 개인이 번 돈을 쓰는 행태에 대해 거부권을 갖고 있다는 생각을 은연중 하고 있다. 또한 산업 분야에서 하층 노동자들은 모두 똑같은 대우를 받아야 한다는 생각에 완전히 기울어져 있다.

오늘날의 사회에 대한 밀의 진단이다.

"오늘날 사적인 삶의 자유가 실제로 광범위하고 심각하게 침해받고 있으며, 더 심각한 위협이 곧 현실로 등장할 가능성도 높다. 사회가 판단해서 틀린 것이면 무엇이든 법으로 금지할 수 있을 뿐만 아니라 그런 잘못을 막을 목적이라면 아무런 혐의가 없다고 인정되는 여러 가지 일마저 사회가 제한 없이 금지할 권리가 있다는 생각이 퍼져나가고 있기 때문이다."(287)

5) 무엇을 마실까? ─ 미국의 금주법

미국의 거의 절반을 차지하는 곳에서 치료용을 제외한 모든 종류의 발효 음료 제조를 법으로 금지하고 있었다. 이는 사람들의 음주벽을 뿌리 뽑겠다는 목적이었다. 판매를 금지하는 것은 결국 그 사용을 금지하는 것이다. 그러나 실제 집행상의 어려움으로 여러 주에서 결국 폐지하고 말았다. 영국에서도 미국에서와 같은 이유로 비슷한 법을 제정하기 위한 '동맹(Alliance)'이라는 조직이 만들어졌다. 이 동맹의 대표자는 술 제조의 금지를 변명하였다.

6) 언제 놀까? ─ 안식일 준수법에 대해

일부 기독교인들은 안식일이 거룩한 날이기 때문에, 그날에 놀러 가는 것, 오락하는 것은 잘못된 일이라고 본다. 그래서 안식일에 오락과 여행을 금지해야 한다고 여긴다.

일주일에 한 번 근로에서 벗어나 휴식을 취한다는 것은 유대인을 제외한 다른 나라 사람들에게는 종교적인 구속력이 없지만, 분명 대단히 유익한 관습이다. 산업노동자들 가운데 일부가 안식일에 일함으로써 다른 사람들도 할 수 없이 같이 일을 하게 만들고 그 결과 이 관습이 지켜지지 않는다면, 법으로 일주일 중 하루를 잡아 대부분의 산업이 일을 멈추고, 일하는 사람들이 이 관습을 준수하게 하는 것은 타당하고 옳은 일이다. 그러면 자영업 종사자는 어떠한가? 자영업에 종사하는 사람도 안식일을 준수하도록 만들 수 있는가? 자영업에 종사하는 사람의 경우에는 그의 여가나 또는 지극히 사적인 취미활동에 법이 개입하여 간섭할 수는 없다.

신은 자신을 거역하는 것에 신경을 쓴다. 밀은 질문하며 답을 찾는다. 즉, 다른 시민들의 눈에는 그렇게 보이지 않는데도 사회나 어떤 공공기관이 전능한 신을 거역하는 짓이라며 특정 행위를 처벌하는 것을 용납할 수 있을까? 밀의 답은 이렇다. "다른 사람도 자신들과 종교적으로 똑같은 행동을 하

도록 만들 의무가 있다는 믿음이 이제까지 자행된 종교적 박해의 출발점이었다."(290)

일요일 기차여행을 금지하려는 것, 박물관 문을 여는 것을 막으려는 집요한 움직임은 과거의 종교 문제로 인한 박해를 가하던 때처럼 잔인하지는 않지만, 그 감정은 본질적으로 다르지 않다. 이러한 정신 상태는 불신자들의 일을 그냥 내버려 둔다면 '우리 자신도 죄가 없다'고 할 수 없다는 믿음의 발로에서이다.

7) 누구랑 결혼할까? — 모르몬교 일부다처제

모르몬교도도 다른 종교들과 같이 순교자들이 있다. 모르몬교 가운데 특히 사람들의 반감을 사는 교리는 일부다처제의 용인이다. 특히 영어를 사용하는 그리스도교인들은 일부다처제의 용인에 대해 분노를 표한다. 밀은 이런 제도에 대해서 개인적으로 반대를 하지만, 여자들이 자발적으로 이를 선택하고 있음을 기억해야 한다고 말한다(290). 모르몬교도들은 극단적인 적대감을 이기지 못해 고향을 떠나 외딴 곳으로 거주지를 옮겨갔다. 그러므로 그곳에서 그들의 삶의 방식대로 사는 것을 막는다면, 이는 전제정치가 아니면 생각할 수 없는 일이다. 어떤 사람들은 자신들의 눈에 문명의 퇴보로 비치기 때문에, 이런 일을 방지하기 위해 십자군(crusade)이 아닌 '문명 보호군(civilizade)'을 보낼 것을 제안한다. 그러나 이런 발상이 일리가 있고, 그럴 듯해 보이기는 해도, 어느 사회든지 다른 사회를 강제로 문명화할 권리는 없다. 그 사람들이 스스로 도움을 청하지 않는 이상, 그리고 자신들의 눈에 불미스러운 일이라는 이유로, 당사자들에게 아무 문제도 되지 않는 제도를 폐기하라고 요구할 수는 없다. 다만 그런 풍습을 폐기하도록 설득할 선교사를 보낼 수는 있다. 그런 풍습이 자신들에게 미치는 영향을 막기 위한 노력은 당연히 할 수 있다.

밀은 여기서 문화의 존중과 다양성에 대해 분명히 말한다.

"야만인들이 사는 지역에 문명이 스며든 뒤 오랜 시간이 지났음에도 야만적인 풍습이 되살아나서 문명을 해칠까 두려워하는 것은 기우에 지나지 않는다. 자신들이 이미 과거에 징벌할 적 앞에서 무너질 수 있는 문명이라면 그런 일이 있기 전에 이미 몰락이 진행되고 있었을 것이다. 그리고 그 문명의 공인된 사제나 선생 또는 그 누구도 그에 맞설 능력이 없고, 희생을 감당할 생각이 없음이 분명할 만큼 타락했다. 만일 그런 문명이라면 하루빨리 사라지는 것이 차라리 낫다."

If civilization has got the better of barbarism when barbarism had the world to itself, it is too much to profess to be afraid lest barbarism, after having been fairly got under, should revive and conquer civilization. A civilization that can thus succumb to its vanquished enemy, must first have become so degenerate, that neither its appointed priests and teachers, nor anybody else, has the capacity, or will take the trouble, to stand up for it. If this be so, the sooner such a civilization receives notice to quit, the better(291).

밀은 종교와 같은 문제는 순전히 개인적 취향이며, 자신과 관계된 영역에 속한다고 보므로 사회는 어떤 간섭도 해서는 안 된다고 본다. 유럽에서 30년간의 종교전쟁이 실제로 개인의 영역에 대한 사회의 간섭과 강제의 문제에 뿌리를 두고 있음에서도 볼 수 있다. 밀이 볼 때, 신앙의 문제는 궁극적으로 타인의 간섭, 사회의 간섭을 불허하는 개인의 자유 영역에 속한다. 밀은 '불관용'에 대해서 '문명군(civilizade)'을 파병하는 것은 잘못된 것으로 본다. 즉 일부다처제의 결혼 관행은 모르몬교의 '문명의 퇴보 과정'을 보여주지만, 그렇다고 "어떤 공동체가 다른 공동체를 강제로 문명화할 권리"를 가지고 있다고는 보지 않는다. 또한 문명은 영원히 존속하는 것도 아니며, 퇴보

할 수도 있다는 것이다.

6. 자기 관련 영역들

우리가 어느 신을 어떻게 섬기며 경배할 것인가? 우리가 내 돈을 어떻게 사용하는가? 어떻게 놀며 시간을 보낼 것인가? 결혼할 것인가 말 것인가, 한다면 누구와 어떻게 결혼할 것인가? 이러한 질문들은 밀에 따르면 모두 자기 영역의 문제이다. 즉, 대중들의 출입금지 영역이다.

밀은 분명히 사회의 간섭을 반대하지만, 사회의 공유된 가치와 제도는 다른 한편에서 사회 구성원을 결속시키는 긍정적 기능을 한다고 본다. 참을 수 없는 사회의 오지랖이 문화로 존재하는 것이 문제이다.

"그러나 같은 다수 의견이라 해도 소수의 사람에게만 관계되는 행동에 대해 하나의 법으로 군림하는 의견은, 옳을 때도 있지만 그에 못지않게 틀리는 경우도 많다. 왜냐하면 이런 경우 공공 여론이라는 것은 기껏해야 다른 사람에게 좋고 나쁜 것에 대한 일부 사람들의 생각이고, 실제 대부분은 아무런 관심도 없는 사람들의 쾌락이나 편의에 대해 그저 자신들의 기분에 따라 판단하는 것이기 때문이다."

But the opinion of a similar majority, imposed as a law on the minority, on questions of self-regarding conduct, is quite as likely to be wrong as right; for in these cases public opinion means, at the best, some people's opinion of what is good or bad for other people; while very often it does not even mean that; the public, with the most perfect indifference, passing over the pleasure or convenience of those whose conduct they censure, and considering only their own preference(공리주의, 4장).

많은 사람은 자신이 싫어하는 어떤 행동을 자신들에게 피해를 주는 행동으로 간주한다. 이들은 자신들의 의견과 판단을 다른 사람에게도 적용하려 한다.

사회의 오지랖은 남의 사생활에 끊임없이 관심을 갖고 간섭하며, 비판한다. 오지랖이 넓은 대중이 인터넷 등 IT 기술의 발달로 더욱 기승을 부리는 것이다.

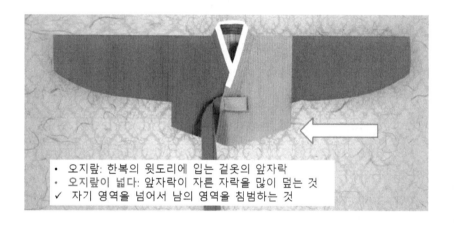

- 오지랖: 한복의 윗도리에 입는 겉옷의 앞자락
- 오지랖이 넓다: 앞자락이 자른 자락을 많이 덮는 것
- 자기 영역을 넘어서 남의 영역을 침범하는 것

제5장 적용

제5장은 자유론의 마지막 장이며, '적용(applications)'이라는 제목을 달고 있다. 밀은 지금까지의 논의를 두 개의 핵심 준칙(격률)으로 정리한다. 이는 제1장에서는 '한 가지 매우 단순한 원칙'이라고 소개된 것을 풀어쓴 것이다.

자유의 원칙은 어떻게 보면 신성불가침한 영역을 설정해 준다. 사회가 이러한 신성불가침한 영역에 개입할 수 있는 유일한 경우는, 그 한 개인의 행위가 다른 사람에게 해악을 가져다줄 때이다. 다른 사람에게 손해를 입힐 때, 또는 손해를 입힐 가능성이 있을 때이다. 그러나 그런 간섭이 언제나 정당화되는 것은 아니다. 이러한 준칙은 단순하며 합리적이지만, 그렇다고 즉각 적용하는 데 있어 명확한 것이 되지 못하며, 어떤 예외 없는 절대성을 가지는 것은 아니다. 밀은 따라서 이 준칙이 언제나 정당화되는 것은 아니라고 본다. 이 원칙을 적용하는 데 있어서 신중해야 하는 것은 바로 이 점에 있다.

먼저 지금까지의 논의를 정리하는 두 준칙이다.

"첫째, 각 개인은 자신의 행동이 다른 사람의 이해관계에 해를 주지 않고 자기 자신에게만 영향을 끼칠 때 사회에 대한 책임을 지지 않는다. 다른 사람의

눈에 어떤 사람의 행동이 불만스럽거나 옳지 않게 보일 때, 당사자에게 이익이
될 수 있도록 정당하게 의사를 표시할 수 있는 유일한 방법은 충고, 훈계, 설득
또는 상대해주지 않고 피하는 것뿐이다.

　둘째, 다른 사람의 이익을 침해하는 행동에 대해서는 당사자가 당연히 책임
을 져야 한다. 또 사회 전체의 이익을 보호하기 위해 필요하다고 판단하면, 그
런 행동에 대해 사회적 또는 법적 처벌을 가할 수 있다(개인은 그러한 처벌을
감수해야 한다).”

　The maxims are, first, that the individual is not accountable to society for his
actions, in so far as these concern the interests of no person but himself.
Advice, instruction, persuasion, and avoidance by other people if thought nec-
essary by them for their own good, are the only measures by which society can
justifiably express its dislike or disapprobation of his conduct. Secondly, that
for such actions as are prejudicial to the interests of others, the individual is
accountable, and may be subjected either to social or to legal, if society is of
opinion that the one or the other is requisite for its protection(292).

‘매우 하나의 단순한 원칙’은 실천에서 이중적 의미를 갖는다. 하나는,
행위가 그 당사자에게만 관계할 때에는 사회는 그 행위에 간섭할 수 없다.
다른 하나는 그 행위자가 타인의 이익에 침해를 줄 때이다. 이때 사회는 그
개인의 행동에 간섭할 수 있으며, 개인은 처벌을 감수해야만 한다.

　해악의 원리와 후견주의 금지의 두 준칙은, 밀에 따르면 스스로 결정하
고 그에 따라 행위를 하는 제한받지 않는 자유로서 개인 행복의 본질적인 요
소이다. 행복의 이러한 차원은 개인의 주권, 발전 능력(계발, 교육) 그리고 자
존이다. 해악의 원리는 유용성의 원리에서 도출하는 것이 아니라, 제재의 적
용에 대한 유용성 원리와 고려 간의 적용 원리이다. 공리주의적 도덕을 정치
적으로 전환하는 데 대한 일종의 ‘자유주의적 필터’이다. 좀 더 긍정적으로

표현을 하자면, 해악의 원리는 문제가 되는 모든 개입을 '여과(필터)'한다.

칸트는 일찍이 『실천이성비판』에서 "너의 의지와 준칙이 항상 동시에 보편적 법칙 수립의 원리로서 타당할 수 있도록, 그렇게 행위하라."고 하였다. 나의 준칙이 보편적 법칙이 될 때, 비로소 그 행위는 도덕법칙이 될 수 있다. 나에게 이익이 되지만, 다른 사람에게 해가 되는 행위는 도덕법칙이 될 수 없다. 칸트에 따르면 행위의 보편성에 따르는 것을 나의 당연한 의무로 여기고 따를 때 진정한 자유를 갖게 된다. 식욕, 성욕과 같은 인간의 경향성을 만족시키고자 하는 행위는 보편화가 될 수 없으므로, 도덕법칙이 될 수 없음은 자명하다(실천이성비판, A35~51).

밀은 제5장에서 해악의 원리와 후견주의 금지 또는 두 원리의 적용을 다루며, 밀은 모든 질문에 대해 단순하고 명확한 답이 있음을 말한다. 특히 국가의 행위에 대해 세세한 권위화와 제한에 대한 질문이, 엄격한(연역 또는 귀납) 학문의 대상이 아니라, 통치 예술, 정치의 예술이 된다(308-309).

제5장은 방법론에서 보면 '딱딱한 학문'이라기보다 판단 능력을 대상으로 하는 일종의 '예술 교훈'이다. 미세한 것 양 측면을 손끝으로 터치하는 예술적 능력에 대해서이다. 또한 방법론적으로 밀은 유사한 사례들을 제시함으로써 어떤 해답을 찾았다고 하는 것이 아니라, 어떤 사례에 어떤 해결이 가능한지를 보여준다고 하겠다. 밀은 이런 방법론을 제5장 서두에서 먼저 밝히고 있다. "나는 이런저런 사안 중에서 몇몇 경우만 골라 그 적용 문제를 따져볼 것이다"(292).

이로써 독자는 준칙과 적용 간에서 균형을 취하며 올바른 판단을 내리는 데 도움을 얻게 된다. 물론 두 준칙 간에 명확하게 경계를 짓는 것이 어려울 수도 있다. 또한 밀이 제시하고 있는 사례들은 오늘날의 사회 가치와 현실적 차이로 인해 그대로 받아들이기에 어려운 점이 있지만, 그럼에도 그 본질적인 문제에서 설득력이 있다.

1. 시험과 경쟁

자유주의는 경쟁이 우리에게 알려진 여러 방법 중 가장 효율적일 뿐만 아니라, 더 크게는 강제적이고 자의적인 간섭 없이도 우리의 행위들을 서로 조정할 수 있는 유일한 방법으로 여기기 때문에, 경쟁을 우월한 방법으로 간주한다. 경쟁을 선호하는 핵심적인 주장 중 하나는 '의식적인 사회적 통제'를 필요로 하지 않는다는 점이다(하이에크, 78-79). 특정 상품에 대한 가격이나 물량을 통제하게 되면 어떤 일이 일어날까? 개인 각자의 노력을 유효하게 조정하는 경쟁능력을 박탈하게 된다.

우리 사회는 치열한 경쟁 사회이다. 지금같이 경쟁이 치열할 때가 또 있었을까 할 정도로 치열한 경쟁의 연속에서 산다. 누구나 오늘날의 '시험'을 경쟁 사회에서의 보편적인 원리로 받아들이고 있다. 이런 시험에는 늘 역기능이 있게 마련이다. 과거 사법시험을 보던 시절 수년이나 준비하다가 결국 시험을 포기하는 경우가 많았던 것이 단적인 예가 된다. 고시 낭인이다. 사회적인 명예와 부를 보장하는, 따라서 사람이 많이 몰리는 직종이나 경쟁시험에는 성공을 거두는 사람이 있지만, 실패하는 사람들이 있다. 시험에서 선택을 받은 사람은 원리상으로는 상대방의 패배를 통해서 과실을 얻는 경우가 된다(292). 승리자는 기뻐하지만, 그 기쁨은 반대로 패배자에게는 손실이며 실망감이 된다. 그렇다면 사회는 승자에 어떤 제재를 가할 수 있는가? 그런 주장은 말도 안 된다. 사회는 경쟁에서 진 쪽을 편들어 결과를 무효 처리할 수 있는 법적 또는 도덕적 권리를 가지고 있지 않다. 결과에 상관없이 이런 방식의 게임으로 자기가 원하는 목표를 방해받지 않고 추구하며, 이는 인류 전체에 이익이 된다(293). 경쟁에서 이긴 쪽이 사기나 위약(違約), 강압과 같은 사회 전체의 이익과 어긋나는 방법을 쓸 경우에만 간섭할 수 있다. 밀은 이처럼 정부가 하는 일은 다만 경쟁에서 공정성을 유지하는 데 있다고 본다. 여기서 우리는 롤즈의 정의의 원칙을 기억해볼 필요가 있다.

롤즈는 정의의 두 원칙을 내세운다. 제1원칙은 자유의 우선성이며 제2원칙 중 하나는 기회 평등의 원칙으로, "직업과 지위는 공정한 기회의 평등을 보장하는 조건에 의해 모두에게 열려 있어야 한다."이다. 누구나 자신의 능력에 따라 사회 속의 지위와 직업에 도전하고 차별 없이 선택될 기회가 평등하게 주어져야 한다.

그렇다면 '소수 우대정책(affirmative action)'은 어떠한가? 소수 우대정책은 차별, 시민권들의 부재, 열악한 사회적 처지에 놓여있던 집단들에게 기회의 문을 열어주는 것이다. 이는 미국 역사에서 보면 과거 흑인에 대한 차별적 대우에 대한 시정이다. 밀은 분명 과도한 국가의 권력집중에는 회의적이지만 국가가 이런 공정한 기회를 증진하는 데는 찬성한다.

1) 사례 1: 자유 거래

비슷한 문제를 상거래 행위에서도 볼 수 있다. 시장에서 어떤 상품을 사고파는 행위는 다른 사람과 사회의 일반에 영향을 끼친다. 상거래는 영향력을 가진다. 상거래는 사회적 행위로서 '자유 거래(free trade)' 원리가 보편적인 원리로 받아들여진다. 밀은 '자유 거래'와 그 장점을 다음과 같이 정의한다.

"상품의 저렴한 가격과 탁월한 품질이 가장 효과적으로 제공되는 방법은, 생산자와 판매자에게 완벽한 자유를 부여함으로써, 생산자와 판매자를 견제하는 것뿐이라는 사실은 오랜 투쟁을 거친 지금에서야 인식되었다."(293)

자유 거래에 대한 이익은 데이비드 리카도 『정치경제학과 과세의 원리에 대하여』(Principles of Political Economy and Taxation)[20]의 제7장 '외국무역에

---

20 권기철 역, 책세상문고, 2010.

관하여'에서 논의되었고, 밀은 리카도의 자유 교역의 견해를 수용한다. 자유 거래는 각 나라가 자신의 자본과 노동을 자신의 최적 경제 영역에 투자하게 함으로써 이익을 가져온다. 가령 당시의 상황에서 보면 포도주는 프랑스와 포르투갈, 곡물은 미국과 폴란드, 농기구는 영국이다. 이미 18세의 나이에 무역의 장벽이 되는 관세법의 철폐를 강력히 옹호한 밀에게는 따로 자유무역의 장점을 위한 논거를 펼칠 필요성이 없어 보인다. 밀에 따르면 자유무역은 관련된 당사자의 경제발전을 도모하며, 국제간의 분업을 가져오며, 혁신의 속도를 촉진할 뿐만 아니라, 기술의 발달을 세계적으로 확산시킨다. 결국 자유무역은 각 나라의 발전을 도모하고, 모든 나라의 부의 증진에 기여한다 (CW III, 593-594). 밀은 "교역 혹은 교역을 목적으로 하는 생산에 대한 규제는 실제로 속박이고, 모든 속박은 그 자체로 하나의 악이다."(293)라고 말한다. 정부가 하는 것, 또는 하기를 기대하는 것보다 사람들은 자신들의 일을 더 잘 알 뿐만 아니라, 훨씬 더 잘한다고 밀은 주장한다(CW III, 942). 자기 일을 보다 더 잘 알고 더 잘할 수 있는 사람은 본인 자신이다.

이런 일반원칙은 국가의 간섭과 법 제정의 반대의 원리이다. 국가가 사회의 문제에 간섭하는 것을 반대하는 자유방임(lassire-farire principle) 또는 불간섭(Non-Interferecne Principle) 원칙에서 밀은 시대 동료 리카도와 의견을 같이한다. 밀은 자유방임 원칙의 장점을 주장하며, 더 나아가서 국가의 간섭을 금지하는 것을 원한다(CW III, 944). 그렇다고 밀이 로버트 노직(『무정부, 국가 그리고 유토피아』)과 같이 최소국가를 주장하는 것은 아니다.

오늘날 인정되는 상거래 원칙은 '생산자와 판매자에게 완전한 자유를 줄 때 가장 싼 값에 가장 높은 품질의 물건을 살 수 있다는 사실'이다. 그러면 정부가 이런 모든 상거래에 간섭해야 하는가? 과거에 모든 제품의 가격을 동결하고 제조 과정을 규제하는 것이 정부의 의무라고 생각한 적이 있다.

상거래와 관련하여 자유의 문제가 제기되는 것도 사실이다. 거래 또는 거래목적의 생산물에 대해 제한을 가하는 것은 자유를 구속하는 것이 된다. 그래서 개인의 자유 원리를 자유 거래 속에서 명확하게 구현하기가 쉽지는 않다. 이에 대한 질문을 보자.

- 불량품 사기를 방지하기 위해 공권력이 어느 정도로 규제를 하는 것이 좋은가?
- 위험한 작업장에서 일하는 사람들의 건강과 안전을 도모하기 위해 고용주가 어느 정도의 예방조치를 취해야 마땅한가?

밀은 이러한 의문들에 대해서 "사정이 다 같다면, 통제하기보다 각자 알아서 하게 내버려 두는 것이 언제나 더 나은 결과를 낳을 수 있다."(293)라고 본다. 그럼에도 '위험한 직업에 종사하는 노동자를 보호하기 위해 사업주에게 적용되어야 하는 위생적인 예방조치와 제도가 필요하다면 통제하는 것도 필요하며, 원리상으로도 이런 통제의 필요성을 부인할 수 없다고 본다(292). 일단 밀은 최소 안전망의 제공과 양립 가능한 한도 내에서 자유 교역을 공리주의적인 입장에서 찬성한다. 노동력의 자유 교역에서 사용자와 노동자 간의 노동문제, 노동착취의 문제는 논쟁의 대상이다. 밀에 따르면 정부는 이런 노동자의 착취 문제에 간섭할 수 있다. 가령 노동시간, 최저임금제와 같은 규제이다. 그러나 그 수준이 어느 정도가 되어야 하는지를 결정하는 것은 또 다른 문제이다.

오늘날 우리가 정부의 규제 문제에 대해 수많은 논쟁을 벌이는 것을 보면, 밀이 이미 이런 정부 규제를 언급하였음은 그의 혜안을 엿볼 수 있게 한다.

밀은 분명히 통제하기보다 각자 알아서 하게 내버려 두는 자유주의적 입장을 지지한다. 그럼에도 필요하다면 통제가 있어야 함을 부인하지 않는다.

거래를 규제하는 문제는 자유와 관련된 문제이다. 거래와 규제에서 아편 수입금지, 독약 판매에 제한을 가하는 조치, 어떤 물건의 획득을 아예 불가능하거나 어렵게 하는 것 등이 있다. 우리는 상식적으로 이런 규제와 금지가 당연하다고 생각한다. 그렇다면 중국의 아편 교역 금지는 어떠한가? 그러나 놀랍게도 밀은 여기서 국가의 '이런 종류의 간섭은 허용될 수 없다'고 본다. 왜냐하면 '생산자나 판매자가 아니라 구매자의 자유를 침해하기' 때문이다(292). 마약을 구입할 것인지 어떤 용도로 쓸 것인지를 결정하는 것은 스스로 결정하는 개인의 자유에 대한 부당한 간섭이 된다. 이런 밀의 생각과 판단은 밀이 마치 마약 중독에 따른 심각한 문제를 모르거나 또는 무시하는 것처럼 보인다. 술과 마찬가지로 아편도 밀의 입장에서는 다르지 않다. 자아와 관련된 영역이라는 것이다. 아편이 다른 사람에게 해를 주지 않는다면 간섭의 대상이 아니라는 것이다.

밀은 여기서 금지된 품목에서 과연 경찰이 독극물 판매를 어떻게 해야 하는가를 다룬다. 밀은 아편 문제는 간단히 언급하며 지나치고, 독극물 판매에 집중한다. 경찰이나 다른 기관은 독극물 판매를 금지할 권한을 가져야 하는가? 우루과이, 캐나다 등 일부 국가에서 마리화나 판매를 허용하고 있다. 한국에서는 마리화나를 포함한 마약의 구매, 소지, 운반, 섭취 등 모든 행위를 엄격히 통제하고 있다.

2) 사례 2: 독약 판매와 자유 구속 해결

독약은 치료약으로 쓰이기도 하지만, 범죄나 심지어 자살에 악용되기도 한다. 독극물이 살인 등의 '범행에만 쓰인다면', 그 생산과 판매를 금지하는 것은 합당하다(294). 그러나 독극물이 유용한 목적에도 사용될 수 있다면, 이를 금지하는 것은 문제가 된다. 그러면 우리가 밀의 자유 원칙을 적용한다고 하면, 독약 판매와 관련하여 경찰의 기능을 어느 선까지 확대할 수 있는가의 문제가 제기된다. 범죄나 사고를 미리 막기 위해 개인의 자유를 침해하는 것이 어느 정도까지 허용될 수 있는가?

정부는 당연히 사후의 범죄를 적발하고, 사전에 범죄를 예방해야 한다. 그러나 밀은 정부의 사전적 조치가 사후적 조치보다 개인의 자유를 위협할 가능성이 훨씬 크다고 본다.

독약은 살인에도 쓰이지만 의료용이나 실험 등의 선의 목적으로도 사용된다. 그러므로 일률적으로 금지하는 것은 바람직하지 않다. 금지와 허용에 타협책이 필요하다.

첫째, 독약에 위험한 물질이라는 딱지를 붙일 수 있다. 담배의 유해를 알리는 광고물을 인쇄하는 것도 이런 유형에 속한다. 물론 이런 독약의 표시로써 생산과 유통의 비용을 증가시켜 결과적으로 소비를 제한하는 것이 되어서는 안 된다.

둘째, 판매자가 거래의 정확한 내용을 장부에 기록하는 것이다(294). 전문의 허락을 받는 것도 있다. 오늘날 우리나라에서 약품을 살 때 의사의 처방전이 있어야 구매가 가능한 경우이다. 이는 의약품의 오용을 막기 위한 조치가 된다.

좋은 뜻으로 독약을 사용하고자 하는 사람의 자유를 침해하지 않으면서 그것을 이용한 범죄를 막을 수 있는 유일한 방법은 '사전에 법적 증거로서 구성요건을 갖춘 증거(preappointed evidence)'를 제시하는 것이다. 병원에서 마약류 사용에 대해서 정확히 출고 사용자 등을 기록하는 것과 같다. 이런 기록은 생산자와 구매자 간의 독극물의 유통 경로와 사용처를 확보하게 하여 범죄사용을 예방하게 해준다. 당연히 그 기록의 미비에 대해서는 법적인 책임을 묻게 된다.

밀은 몹시 어려운 상황에서도 자유의 제한보다, 자유의 기본 정신을 끝까지 지키고자 한다.

3) 사례 3: 위험한 다리를 건너는 경우

어떤 사람이 위험한 것으로 알려진 다리를 건너려 하는 것을 본다면, 그리고 그 사람에게 위험을 알려줄 시간적 여유가 없다면, 그를 붙들어 돌려세운다고 해서 당사자의 자유를 심각하게 침해한다고 볼 수 없다(294). 왜냐하면 자유란 자기가 원하는 바를 하는 것으로, 그 사람이 강물 속으로 떨어지기를 원하지는 않을 것이기 때문이다. 그러나 그 사람에게 그런 위험에 대해 알리고 경고하였음에도 불구하고, 본인이 가고자 할 때 다리를 건너지 못하게 강제로 막는 것은 안 된다.

밀은 여기서 1) 국가의 간섭이 없다면 분명히 그 결과가 일어날 것이며, 2) 그 제지를 받는 사람은 그 결과가 해로서 나타나며, 이를 원하지 않았으리라는 것을 가정하는 것이다. 이런 두 가지가 결여되는 경우에 국가는 간섭하지 말아야 한다는 것을 보여주고자 한다. 독극물의 생산이나 유통이 만약 소비자가 독극물에 대한 정보를 알지 못하고 일어나면, 그 소비하는 사람은 해를 당하기 때문에 금지되어야 함이 마땅하다. 상품의 소비가 위험을 불러온다면, 국가는 그 위험을 알림으로써 소비자 자신이 그 정보를 인지하고 선택 여부를 결정하게 하면 된다.

4) 사례 4: 도박과 도박의 자유

밀이 주장하는 자유의 원칙을 구호처럼 주장하기는 쉬우나, 구체적인 경우에 적용하기는 매우 복잡하며 찬반이 나뉘는 경우가 많이 있다. 대표적인 예가 도박이다. 도박은 범죄일까 아니면 개인의 취미나 개인이 판단할 문제인가? 카지노에서 도박으로 인하여 재산을 탕진하는 경우가 종종 언론에 보도된다. 그러면 그 도박의 역기능적인 특성으로 인하여 도박을 금하여야 하는가? 그럼 반대로 자신의 여유 돈으로 취미삼아 도박을 하는 것은 어떻게 보아야 하는가? 우리나라의 경우에 일반 사람의 도박장 출입을 문제 삼지는 않지만, 사회 유명인 특히 연예인의 도박장 출입을 문제 삼는 경우는 얼마든지 볼 수 있다. 이렇듯 공인으로서 도박장 출입은 그 자체만으로도 비난을 받는다.

미국의 유명한 라스베이거스와 같은 도시에서 도박은 자유이다. 우리나라에서는 외국인이 카지노(도박장)에 출입하는 것을 허용하나 내국인은 금지한다. 반면 강원도 정선의 카지노는 예외로 내국인 출입이 허용된다. 국내에 내국인 출입을 허용하는 카지노 도입을 놓고 찬반으로 의견이 나뉜다. 그렇다면 여기서 카지노에 대해 어떤 원칙을 적용해야 하는가의 문제가 먼저 발생한다. 도박의 자유를 허용할 것인가, 아니면 금지할 것인가? 또 다른 문제가 있다. 도박 자체를 허용하고 도박장 출입을 금지하지 않는다면, 그런 도박장을 차려 이익을 추구하고 또 거기다 그런 도박장 출입과 도박을 선전 광고하는 개인이나 도박장 주인을 어떻게 할 것인가에 대한 문제이다.

밀에 따르면 도박을 금지하는 것, 도박장 출입을 비난하는 것은 원칙적으로 잘못되었다. 그러면 도박장 개설로 이득을 보는 사람은 어떻게 할 것인가?

이런 논의는 주류 판매와 함께 논의된다.

5) 사례 5: 주류 판매와 술에 취한 경우

사회가 범죄를 예방하기 위해 사전 조치를 할 권리를 가지지만, 전적으로 자기에게만 관계되는 잘못된 행동에 대해 하지 못하게 막거나 처벌을 가하는 식으로 간섭할 수 없다는 데에는 분명히 한계가 있다. 이의 좋은 예가 술에 취하는 경우이다. 자기 집에서 술에 취해 있는 것은 사회가 이를 법적으로 간섭할 일은 아니다. 누구든지 자기가 번 돈으로 국가와 다른 사람에 대한 법적·도덕적 의무를 다한 뒤에 그 나머지로 자신이 원하는 쾌락을 위해 자기 나름대로 돈을 쓰는 것은 전적으로 개인적인 문제이다(298). 술에 취해 다른 사람에게 주먹을 휘두른 끝에 유죄판결을 받은 경우에 그 사람에게 제약을 가하는 것은 가능하다. 예를 들어 술에 취한 것이 재적발되거나, 또는 술에 취해 또 다른 잘못을 저지른 경우에 가중처벌을 하는 것이다. 술에 취해 정신을 잃고 다른 사람에게 해를 끼칠 수 있는 사람이라면, 술에 취하는 것은 범죄 행위나 다름없기 때문이다(295). 술에 취해 자기 집에 들어가 자려는 것과 술에 취한 상태에서 자동차를 타고 운전하는 것은 엄연히 다르다.

과거 미국에서와 같은 금주법은 밀에 따르면 정당화될 수 없다. 금주는 개인의 자유를 침해하는 것이 되기 때문이다. 그렇다면 특정한 시간이나 공공장소에서 술 판매를 금지하는 것은 어떠한가? 한국의 고속도로 음식점이나 편의점에서는 술 판매가 엄격히 금지되어 있다. 술을 마시고 운전을 할 위험을 조장하기 때문이다. 또한 청소년에게도 술 판매는 금지되어 있다. 이처럼 주류 판매의 제한은 그 목적이 개인의 자유를 제한하는 것임에도 사회복지에 부합한다면 얼마든지 정당화될 수 있다. 밀은 사회질서와 공공질서 유지를 위해 특정인에게만 술을 팔거나 영업시간을 규제하는 것은 가능하다고 본다. 심지어 범법행위가 모의된다면 허가를 취소하는 것도 무방하다(298).

오늘날 영국, 미국, 프랑스 등 대부분의 나라에서는 공공장소에서 술에 취한 상태로 있는 것 자체가 범죄로 체포될 수 있으며, 술집에서 술에 취한 사람에게 술을 판매하는 행위도 처벌 대상이다.

6) 사례 6: 미풍양속을 해치는 경우

당사자에게만 직접 해를 끼치는 여러 행위를 법으로 금지하는 것은 옳지 않다. 그런 행위가 공공연히 행해짐으로써 선량한 풍속을 해치는 경우는 다르다. 이는 그 결과가 다른 사람에게 피해를 주기 때문에 법으로 금지하는 것이 가능하다. 이로써 우리는 『자유론』에서 가장 논쟁이 되는 부분에 이르렀다.

> "되풀이하는 말이지만, 당사자에게만 직접 해를 끼치는 여러 행위를 법적으로 금지하는 것은 옳지 않다. 그러나 그런 행위 중에는 사람들 앞에서 공공연히 이루어질 경우 선량한 풍속을 해치고 그 결과 다른 사람에게 피해를 입히는 행위의 범주에 포함되기 때문에 법에 따라 금지되어야 하는 것도 있다. 품위를 지키지 못하는 사람의 경우가 바로 그렇다. 우리가 다루는 주제와 직접 관계되지 않아 이에 대해서는 길게 이야길 할 필요 없다. 그러나 그 자체로 비난의 대상이 되지 않는 행위들 가운데는 세상에 공개적으로 드러나면 곤란한 것들이 상당수 있다."

> Again, there are many acts which, being directly injurious only to the agents themselves, ought not to be legally interdicted, but which, if done publicly, are a violation of good manners, and coming thus within the category of offences against others, may rightfully be prohibited. Of this kind are offences against decency; on which it is unnecessary to dwell, the rather as they are only connected indirectly with our subject, the objection to publicity being equally strong in the case of many actions not in themselves condemnable, nor supposed to be so(295-296).

자기 방에서 나체로 춤을 추는 것과 공공장소에서 나체로 춤을 추는 것은 다르다. 과거 유신 정부 시절에 머리 길이와 치마 길이까지 단속한 적이 있었다. 1973년 3월 「경범죄 처벌법」이 발효되면서 장발 단속은 법제화되었다. 장발은 외래 풍조의 히피 문화를 대표하는 것으로 단속 대상이 되었다. 「경범죄 처벌법」에는 '공공의 안녕질서를 저해하거나 사회불안을 조성할 우려가 있는 사실을 왜곡·날조 유포한 자', '거리에 침을 뱉거나 술주정을 부린 사람' 등을 단속 대상으로 추가하였다. 장발 단속은 범국민 운동으로 추진되어 공무원, 기업체, 학교 등 전 조직을 통해 확대되었다. 외국인도 단속 대상이 되었다. '장발 단속이 청소년들의 자율정신을 저해하는 부작용을 낳을 우려가 있다'는 비판이 제기되면서, 1980년 내무부는 단속을 중지시켰다. 1988년 「경범죄 처벌법」이 개정되면서, 장발에 대한 단속 규정도 삭제되었다.

장발 단속과 같은 개인의 자유를 제한하는 무모한 짓은 현재는 사라졌음에도, 여전히 미풍양속을 해친다는 사회문제는 계속되고 있다. 왜 거리에서 알몸으로 걷거나 춤을 추는 것이 나쁜가? 그것이 나에게 어떤 해를 주었는가? 그런 행위는 '무해한 부도덕한 행위(harmless immoralities)'일지언정 나에게 어떤 직접적인 해를 주지는 않는다. 사람들은 호기심으로 바라보며 지나갈 수도 있다. 그런데 외딴 섬에서 두 남녀가 성행위를 하는 것과 광장에서 성행위를 하는 것은 다르다. 광장이나 지하철이라는 공공장소에서 이를 보는 사람은 불쾌를 넘어 정신적 고통이 될 것이다. 거기다 어린이를 동반하고 있다면 그 고통은 더 크다. 나체로 활보하는 행위나 공공장소에서의 성행위는 무해한 행위가 될 수 없다. 이런 미풍양속의 위반들은 공리주의 입장에서 보면 고통과 그 고통의 원인이 되므로 악한 것으로 간주된다.

+ 더 알아보기

간섭주의

간섭주의 또는 온정적 간섭주의로 규정하고 사용하는 'paternalism'은 다른 학문 분야에서도 다양하게 번역되고 있다. 가령, 법학 분야에서 후견주의, 정치행정학 등에서 간섭주의, 사회학 분야에서 가부장주의와 부권주의,

사회복지학이나 인문학에서는 온정주의 등으로 번역한다. 철학이나 의학 분야, 언론 등에서도 간섭주의나 온정주의 등으로 번역되고 있다. 이와 같은 paternalism의 다양한 번역 사용은 paternalism에 대한 이해를 어렵게 하는 원인이 되기도 한다.

간섭주의(paternalism)는 국가나 개인이 상대방의 의지에 반하여 개입(interference)하는 것으로, 그 당사자의 선을 위하는 것이 목적이다. 온정적 간섭주의(paternalism)는 어원적으로는 '아버지(pater)'가 그 자녀를 사랑하는 마음에서 자녀의 행동에 간섭하는 것을 말한다. 이런 간섭의 목적은 자녀의 선을 위함이다. 밀은 간섭주의를 반대하며, 다음과 같이 말한다.

"인간사회에서 누구든 ─ 개인이든 집단이든 ─ 다른 사람 행동의 자유를 침해할 수 있는 경우는 오직 한 가지, 자기 보호를 위해 필요할 때뿐이다. 다른 사람에게 해를 끼치는 것을 막기 위한 목적이라면, 당사자의 의지에 반해 권력이 사용되는 것도 정당하다고 할 수 있다. 이 유일한 경우를 제외하고는 문명사회에서 구성원의 자유를 침해하는 그 어떤 권력의 행사도 정당화될 수 없다. 자신의 물질적 또는 도덕적 이익을 위한다는 명목 아래 간섭하는 것도 일절 허용되지 않는다. 당사자에게 더 좋은 결과를 가져다주거나 더 행복하게 만든다고, 또는 다른 사람이 볼 때 그렇게 하는 것이 현명하거나 옳은 일이라는 이유에서, 그 자신의 의사와 관계없이 무슨 일을 시키거나 금지해서는 안 된다(필자 강조)."(223~224)

온정적 간섭주의는 드워킨(D. Dworkin)에 따르면 강요받는 당사자의 복지, 선, 행복, 필요, 이해관계, 가치 등을 이유로 정당화되는 한, 한 개인의 자유에 대해 간섭을 하게 된다(the interference with a person's liberty of action justified by reasons referring exclusively to the welfare, good, happiness, needs, interests, or values of the person being coerced)는 것이다.[21]

간섭주의를 적용하는 데 있어서 이에 대한 분류가 필요하다. 간섭주의에서 문제가 되는 것은 당사자의 자발적인 요청이 없는 가운데서, 그 당사자의 선을 위해 이루어지는 경우이다. 간섭주의는 간섭하는 주체가 누가인가에 따라, i) 개인 간 관계에서 간섭주의(인격적 간섭주의, personal paternalism), ii) 의료행위에서의 간섭주의(의학적 간섭주의, medical paternalism), iii) 법이나 제도에서의 간섭주의(법적 간섭주의, legal paternalism) 등으로 분류할 수 있다.[22] 병원에서 의사와 환자 간의 관계는 의학적 간섭주의도 되며 또한 법적 간섭주의도 될 수 있다. 의사와 환자 간의 간섭주의는 일상에서 겪게 되는 가장 실제적인 문제 중 하나이다.

간섭은 간섭과 자율 간에 상호 충돌을 일으키는가, 그렇지 않은가를 기준으로, i) 온건 간섭주의(soft paternalism), ii) 강건 간섭주의(hard paternalism)로 분류할 수 있다.[23] 강건 간섭주의도 당사자가 합리적인 반대 의사를 표명한 경우와 그렇지 못한 경우로 나눌 수 있으며, 전자를 강건 간섭주의 후자를 약한 간섭주의로 나눌 수 있다. 강건 간섭주의는 가령 치료받는 환자가 자발적 의사결정 능력이 있으며, 인공호흡기를 통한 생명 연장을 거부하지만 의사는 그 환자의 의사에 반하여 계속 치료하는 경우이다. 약한 간섭주의는 환자가 자발적 의사능력이 없으며, 의사의 판단에 따라 계속 생명을 연장하는 조치를 하는 경우이다.

간섭주의는 비단 가족관계에서만이 아니라 사회관계에서도 강하게 나타나고 있다. 가령 환자를 치료하는 환자와 의사와의 관계에서이다. 의사는

---

21 Gerald Dworkin, Paternalism, in, Richard A. Wasserstron, ed., Morality and the Law, Wadsworth Publishing Company, 1971, pp.181~188(181~182).

22 김상득, 의료행위에 있어서 온정적 간섭주의의 정당화 물음, 한국의료윤리학회지, 제19권 제4호, 2016, pp.447~469(452).

23 Paternalism, Stanford Encyclopedia of Philosophy.

암 환자에게 정확하게 병명을 알리기보다 감추는 경우가 있다. 1997년 '보라매병원 사건'에서 담당 주치의와 레지던트는, 대법원판결을 통해 의학적 권고에 반하는 환자의 퇴원(discharge against medical advice)에 대해 살인방조죄로 처벌을 받았다. 비록 환자나 그 보호자가 퇴원을 요구해도 사망 등 중대한 위험이 예견되는 경우 의사는 환자 보호를 위해 퇴원을 시키지 말아야 한다는 것이다. 이러한 판단의 근거는 전형적인 간섭주의이다. 사건이 미친 영향은 병원은 소생 가능성이 없는 환자의 퇴원 요구도 거절하게 되었고, 안락사 논의에 부정적인 영향을 끼쳤다.

반면 2009년 '김 할머니 사건'에서 대법원은 회복 불가능한 사망의 단계에 이른 환자에의 연명치료의 중단을 허용하였다. 고령 상태의 환자를 인공호흡기를 통해 연명치료를 계속하는 것은 무의미한 신체 침해 행위로서 오히려 인간의 존엄과 가치를 해하는 것으로 보았다. 이러한 판단은 반대로 간섭주의에 대한 반대이다.

간섭주의는 의료관계에서 일종의 '보이지 않는 손, 심판' 역할을 한다. 간섭주의와 자율주의는 서로 상충하는 경우가 발생한다. 환자의 치료를 중단하는 간섭주의는 환자의 자율성보다 환자에게 미치는 선에 중점을 둔다. 반대로 간섭주 반대자는 환자가 얻는 혜택보다 자율성 존중을 중시한다.

인간행동의 측면에는 i) 의사결정의 측면, ii) 결과의 측면이 있다. i)과 ii)에서 모두 문제가 있을 경우에만 온정적 간섭주의가 정당화된다. 약한 간섭주의는 의사결정 측면에도 문제가 있을 때만 간섭을 정당화한다. 밀은 약한 간섭주의를 용인한다. 의사결정 능력이 부족한 어린이의 경우 부모의 간섭은 허락된다. 또한 사고가 날 다리를 인지하지 못하고, 건너려고 하는 사람을 막는 경우도 마찬가지이다.

물론 간섭에는 위험이 있다. 즉, 간섭하는 측의 선호와 가치가 상대방의 인격 형성과 발달에 미치게 되는 위험이다. 어린이의 양육을 부모가 하는 것은 당연하지만, 어떻게 할 것인가, 즉 방법과 수준을 놓고 이견이 있을 수 있다.

밀은 위와 같이 '온정적 간섭주의(paternalism)'에 대해 분명히 반대한다. 그러나 미성년에 대한 온정적 간섭주의, 파손된 다리를 막 건너려고 하는 사람을 막아서는 것은 허용된다('약한 온정적 간섭주의'로 칭하기도 함). 다리 위로 걸음을 내딛는 것을 막지 않고서는, 다리가 파손되었다는 것을 그에게 알릴 방법이 없다면, 막아서라도 사실을 알리는 행위는 정당화된다. 당사자가 그 막아서는 행위를 통해서 다리가 파손되었다는 것을 알기만 한다면, 당연히 다리를 건너지 않았을 것이다. 이러한 간섭주의는 약한 간섭주의로 지칭된다.

밀은 약한 간섭주의는 받아들이나 강한 간섭주의는 반대한다. 약한 간섭주의는 오직 결정능력이 훼손되는 경우에만 용인된다. 그러므로 성인 즉, 자유로운 도덕적 주체가 사회적으로 공유된 가치를 위배하는 행동을 해도 — 약한 간섭주의 — 개입은 정당화되지 않는다. 드워킨은 강한 간섭주의를 인격에 대한 모욕, 경시, 불평등한 대우라고 본다. 개인의 자유에 대한 간섭은 그 자체가 한 개인의 개성과 인격을 무시하는 것이기 때문이다. 이는 바로 밀이 간섭주의를 반대하는 이유이기도 하다. 행복을 구성하는 본질적인 구성요소가 개별성인데, 이 개별성의 구성 요소는 다름 아닌 자유이다.

간섭주의는 다음과 같이 정리할 수 있다.

- 온정적 간섭주의 자체는 도덕적으로 중립적이다. 간섭주의 자체는 자유 간섭을 전제로 하지 아니한다. 온정적 간섭주의 행위는 아마도 당사자에게 그 해를 막아줄 것이다. 간섭을 받는 당사자의 선을 위한 것이 간섭의 본질이다.
- 약한 간섭주의는 도덕적으로 사악한 것을 처벌하는 원칙이 아니다. 오직 의사결정이 훼손되었을 때만 개입한다. 약한 간섭주의는 윤리를 따

지는 정당화의 물음에 상당 정도의 정당성을 주지만, 강한 간섭주의에
는 그렇지 못하다.
- 의사결정 능력이 있는, 온전히 자유로운 도덕적 주체가 사회적으로 공
유된 가치를 위배하는 행위에 대해 약한 간섭주의에 의한 개입은 정당
화되지 않는다.

2. 다른 사람에게 권유하는 문제

어떤 행동이 비난의 대상이 된다고 하더라도 그것이 직접 초래하는 나
쁜 결과가 전적으로 당사자에게만 돌아가는 경우가 있다. 이런 경우에 사회
는 개인의 자유를 존중해야 하므로, 그런 행위를 금지하거나 처벌할 수 없
다. 그러면 당사자가 자유롭게 할 수 있는 일이라고 해서, 그런 일을 다른 사
람에게 자유롭게 의논하거나 부추겨도 상관없는가? 이의 사례를 현재 우리
사회가 직면한 문제 중에 찾는다면, 성 소수자를 둘러싼 퀴어 축제가 있다.
축제는 사람이 모이고 일종의 잔치를 벌이는 것이다. 반대자들은 퀴어 축제
가 동성애를 우리 사회에 대놓고 확산시키려는 것이라고 비판한다. 도덕과
질서, 자녀 교육에 미치는 해를 이야기한다. 반면 찬성자는 이런 축제를 통
해서라도 성 소수자들의 인권이 보장되고, 성적 취향에 따른 차별이 금지되
는 계기가 되어야 한다고 옹호한다. 이처럼 퀴어 축제에 대해 찬반 양측이
모두 합당한 논지를 가지고 있어, 현시점에서 어떤 타협점을 찾기 어렵기 때
문에 매년 사회 갈등이 지속되고 있다.

이런 문제를 놓고 밀은 두 가지 질문을 한다. 첫 번째는 '행위자가 자유
롭게 할 수 있는 행위를 다른 사람이 이를 장려하거나 선동할 자유가 있는

가?'이고 두 번째 질문은 '국가가 행위자의 이익에 반하는 행동을 한편으로 허용하면서도 직접적으로 저지해도 되는가?'이다.

1) 사례 1: 선동의 자유에 대해

개인 또는 집단이 다른 사람들로 하여금 도덕적으로 또는 어떤 해로운 방식으로 행동하도록 선동할 자유가 있는가?

누군가에게 충고하고 권유하는 것은 분명 사회적 행위로 타인에게 영향을 미친다. 그러나 이는 엄격한 의미에서 보면 자기 관련 행위의 유형은 아니다. 이는 다른 사람에게 권하거나 충고하는 그 어떤 사회적 행위이다. 밀은 이런 행위를 다른 일반적 사회적 행위와 같다고 보며, 사회적 통제에 복종할 의무가 있다고 본다. 그러나 밀은 이런 문제에 대해서 개인의 자유의 원리에서 따진다. 즉, 사람들은 무엇이든지 자기에게만 관계된 일에 대해서는 스스로의 책임 아래 최선의 행동을 할 수 있어야 하며, 어떻게 하는 것이 가장 좋은지 의논할 자유도 똑같이 누려야 한다는 것이다. 그러나 권유나 충고를 빌미로 개인적 이득을 꾀하거나, 사회나 국가가 나쁜 일이라고 규정하는 행위를 부추김으로써 생계 벌이를 하거나 금전적 이득을 취하는 선동가의 경우는 다르다. 이는 공공이익이라고 생각되는 것과 반대되는 이익을 추구하며, 생활양식 또한 그와 상반되는 인간집단의 경우이다. 이에 간섭해야 옳은가, 하지 말아야 옳은가라는 판단을 하여야 하지만 쉽지 않다.

- 간음을 관대하게 대해 주어야 하는가, 아니면 금해야 하는가?
- 도박을 허용해야 하는가, 아니면 금해야 하는가?

밀은 이런 질문에 대해 각각 양측에서 지지하는 논증이 있음을 인정한다. 좀 더 어려운 문제는 포주가 되는 자유, 도박장을 운영하는 자유의 허용

문제이다. 그 경계를 단순히 정하기가 쉽지 않다. 여기서 밀이 고민하는 것은 '사람 A가 사람 B에게 악한 행동을 유도(선동, 권유)함으로써 A가 경제적 이득을 취한다면, 과연 국가가 이를 허용해도 되는가?'이다.

i) 먼저 생계를 잇거나 이윤을 얻기 위해 직업으로 하는 일이라면, 그것이 범죄가 될 수 없다고 본다. 자기 집이나 상대방 집, 또는 자기들이 출자해서 만들고 회원과 방문객들에게만 개방되는 장소라면, 어디에서든지 도박할 자유를 누려야 한다. 사람의 눈에 띄지 않게 운영하도록 강제하는 것은 가능하다.

ii) 그러나 공공도박장 허용은 안 된다. 물론 그것을 완전히 금지한다고 막을 수 있는 성질의 것은 아니다.

2) 사례 2: 국가가 특정 행위를 제한하는 경우

두 번째 질문은 국가가 일단 어떤 행위를 허락하면서, 이를 간접적으로 제한하는 경우이다. 예를 들어 술을 마시려면 엄청난 세금을 부과하여 돈이 많이 들게 하거나, 판매하는 장소의 수를 제한함으로써 술 구입을 어렵게 하는 조치를 해도 문제가 없는가? 가격을 통제하는 것은 지갑을 여닫는 것에 영향을 미칠 수밖에 없다. 광고는 사람의 심리적인 마음을 조정한다. 담뱃갑에 넣는 경고문, 혐오적인 그림은 흡연 욕구에 대해 심리적인 타격을 가하는 것이다.

밀은 주류 구매를 어렵게 하기 위해 더 많은 세금을 부과하는 것은 술 소비를 '전면적으로 금지'하는 것과 차이가 없다고 본다. 따라서 전면 금지가 정당화될 때에만 제한적 조치도 정당화된다. 왜 그런가에 대해 밀은 이렇게 말한다.

"누구든지 자기가 번 돈으로 국가와 사람들에 대한 법적·도덕적 의무를 다한 뒤에 그 나머지로 자신이 원하는 쾌락을 위해 자기 나름대로 돈을 쓰는 것은 전적으로 개인적인 문제이므로 그 사람의 판단에 맡겨야 한다."

Their choice of pleasures, and their mode of expending their income, af-
ter satisfying their legal and moral obligations to the State and to individuals,
are their own concern, and must rest with their own judgment(298).

맥줏집의 수를 제한하려는 것은 잘못이다. 물론 일부 사람들은 술을 절제하지 못할 수 있다. 그렇다고 가령 술집 수를 제한하려 들거나, 접근을 어렵게 만듦으로써 절제된 사회를 추구하는 것은 잘못된 것이다. 왜 그러한가? 그런 정부의 규제는 절제하며 술을 마시는 사람들을 불공정하게 처벌하는 것이 되며, 이는 사람들을 마치 '미성숙한 어린이'나 야만인으로 대우하는 것이기 때문이다. 이런 취급은 부당한 권위주의이다.

밀은 주류 판매와 관련하여 판매권을 누구에게 어느 정도의 독점적 특권을 부여할 것인가에 관해 묻고 있다. 이에 대해 밀은 '존경받을 만한 사람에게' 판매권을 제한시키는 것은 적절하다고 본다. 가게주인의 편의성이나 무능력으로 인하여 치안 방해(breaches of the peace)가 발생하거나, 사회질서가 깨지거나 또는 술집이 범죄의 은신처가 된다면, 주류 판매 허가가 취소될 수 있다.

3. 자신을 노예로 팔 수 있는가?

자유의 적용은 논쟁적이며 복잡하다는 인상을 갖게 된다. 밀은 여기서 '자신을 노예로 팔수 있는가?'를 예로 든다. 과거 노예는 전쟁의 포로에서, 또는 채무를 변제하지 못함으로써 생겨났다. 오늘날도 채무의 변제 문제가 있다. 가령 어떤 사람이 사업에 투자하기 위해 사채를 엄청나게 갖다 썼는데, 결국 회사는 망하게 되었다. 그렇다면 이 경우에 빚을 진 사람이 돈을 빌려준 사람에게 돈을 갚는 대신 자신을 노예로 팔 수 있는가? 이런 장면은 영화에서 볼 수 있는 장면이기도 하다.

　노예계약은 개인의 피치 못할 사정에서 어쩔 수 없이 가능하다고 볼 수 있다고 생각된다. 왜냐하면 이는 그 당사자에게만 적용되는 문제이고, 무엇보다 어떤 강제가 없고 개인의 순수하고 자발적인 동의에서 이루어지기 때문이다.

　밀에 따르면 이런 노예계약은 전적으로 효력을 갖지 못한다. 왜 그런가?

　"자유의 원칙이 자유롭지 않을 자유까지 허용하지는 않는다. 자유를 포기할 자유는 허용되지 않는다."

　The principle of freedom cannot require that he should be free not to be free. It is not freedom, to be allowed to alienate his freedom(300).

　자유의 원칙은 개인이 자유롭지 않을 자유를 가져야 한다고 요구할 수 없다. 자신의 자유를 양도하도록 허용하는 것은 자유가 아니다. 노예계약은 자유가 완전히 수복 불가능하게 영구적으로 포기된다는 점에서 다른 통상의 계약과 다르다.

　당시 이미 영국에서는 자신을 노예로 팔아야 하거나 팔리도록 허용하는 계약은 무효이고, 또한 법적 구속력이 없었다. 다른 사람이 문제가 되지 않는 한, 개인의 자발적 행동에 간섭해서는 안 되는 이유는 그 사람의 자유를 지키기 위함이다. 반면 자신을 팔아버리는 행위는 자유의 목적을 자기 스스로 부정하는 것과 다름없다. 자유롭지 못한 사람은 자유를 누릴 수 없다.

　밀은 노예계약은 적용 문제로서의 자유의 문제가 아님에도, 사람들은 자유의 문제로 오해한다고 본다.

　"다른 사람의 이익을 위하여 필요한 경우가 아닌 한, 개인의 자발적인 행동에 간섭해서는 안 되는 이유는 바로 그 사람의 자유를 지키기 위해서이다. 그가 자발적으로 무엇인가 선택했다는 것은, 그 일이 자기에게 바람직한 또는 적어도 참을 만한 것이기 때문에 그가 최선이라고 판단한 수단을 동원해서 그 목적을 추구하는 것이 당사자에게 가장 큰 이익을 준다는 사실의 증거가 된다. 그러나 자신을 노예로 파는 것은 자유를 포기한다는 말이다. 한번 이렇게 하고 나면 나중에 다시는 자유를 누릴 수 없게 된다. 그 결과 이는 자신을 팔아버리는 행위도 허용해주는 원리, 즉 자유의 목적을 자기 스스로 부정하는 것이나 다름없다. 그 사람은 이제 더는 자유롭지 못하기 때문에, 자신이 자유 상태에 있을 때 누리는 이점을 향유할 수 없다. 자유의 원칙이 자유롭지 않을 자유까지 허용하지는 않는다. 자유를 포기할 자유는 허용하지 않는 것이다."

The reason for not interfering, unless for the sake of others, with a person's voluntary acts, is consideration for his liberty. His voluntary choice is evidence that what he so chooses is desirable, or at the least endurable, to him, and his good is on the whole best provided for by allowing him to take his own means of pursuing it. But by selling himself for a slave, he abdicates his liberty; he foregoes any future use of it beyond that single act. He therefore defeats, in his own case, the very purpose which is the justification of allowing him to dispose of himself. He is no longer free; but is thenceforth in a position which has no longer the presumption in its favour, that would be afforded by his voluntarily [300] remaining in it. The principle of freedom cannot require that he should be free not to be free. It is not freedom, to be allowed to alienate his freedom(299-300).

밀은 어느 사람도 자신이 자유롭지 않게 되기 위해서 자신의 자유를 사용할 수 없다고 단언한다. 자유의 원칙이 자유롭지 않을 자유까지 허용하지는 않는다는 것이다. 사회는 또한 계약 등을 통해서 그런 일을 허용해서도 안 된다. 이와 같은 노예계약의 논의는 밀에 따르면 자유의 문제가 아니라는 것이다.

칸트 — 인간은 왜 자살해서는 안 되는가

밀은 인간이 자신을 노예로 팔 수 없다고 한다. 노예는 자유롭지 않기 때문이다. 인간은 자신의 삶을 종식할 권리가 있는가? 자살할 권리가 있는가? 아니면 자살은 결코 있어서는 안 되는가? 인간은 과연 죽음을 두려워하지 않고 친해질 수 있는가? 이유가 있는 '무해한 자살'이 가능한가? 이런 질문은 지극히 개인적인 문제이기도 하지만, 인간이 직면하는 철학적 질문이기도 하다. 칸트는 인간은 자살해서는 안 된다고 한다. 서양문화에서 자살해서 안 되는 이유로 다음과 같은 것들이 있다.

1) 기독교적 전통으로 사람은 피조물이므로 자신이 자신의 생명을 빼앗을 수 없다. 소크라테스는 인간은 생명의 주인이 아니어서 자기 마음대로 해서는 안 된다고 한다.

2) 자살이라는 것은 자신의 존재를 파멸시키는 것이므로 자연법칙(lex naturalis)에 어긋난다. 아퀴나스의 주장이다.

3) 자살은 가족과 공동체에 해를 입히는 행위이다. 공리주의적 견해이다.

4) 자살은 자신에 대한 의무를 저버리는 비행(非行)이다. 이는 칸트의 입장이다.[24]

아리스토텔레스는 '사람은 자기를 부당하게 대우할 수 있는가?'라는 질문에, '제 몸을 찌르는 자'(자살)는 불의를 행하는 것으로, 국가(폴리스)에 불의(부정의)를 행하는 것이라 하였다. 그래서 자살한 사람에게는 그가 국가에 불의를 행했다는 이유로 일종의 '불명예'가 주어진다(아리스토텔레스, 니코

---

24 백종현, 칸트 '인간 존엄성의 원칙'에 비춰 본 자살의 문제, 칸트 연구, 제32집, 2013, pp. 197~222(199).

마코스윤리학, 1138b). 이런 자살 반대의 입장과 달리 자기 결정권을 주장하는 입장은 자살을 긍정한다. 안락사는 자기 결정권에 근거한다. 에밀 뒤르켐은 『자살론, La Suicide』(1897)에서 자살의 원인과 행위를 개인이 아닌 사회적 사실(social fact)로서 사회학적으로 접근한다.

칸트는 인간을 이성을 가진 존재로서 규정한다. 그 이성은 사유하는 능력, 그 사유에 따라 행동하는 것을 말한다. 그래서 인간은 선악을 구별할 줄알고, 그에 따른 규칙을 세우고, 그를 실현하고자 하는 의욕에 따라 행동할 수 있다. 이는 인격적 존재로서 '내가' 되고 나의 '인격'이 된다. 이 점이 동물과 다른 점이다.

"인간이 자기의 표상 안에 '나'를 가질 수 있다는 사실은 그를 지상의 여타 모든 생물 위로 무한히 높이 세운다. 그로 인해 인간은 하나의 인격이며, 그에게 닥치는 모든 변화에서도 의식의 통일성에 의해 하나의 동일한 인격이다. 다시 말해 인간은 사람들이 임의대로 처분할 수 있는, 이성 없는 동물들과 같은 그러한 물건들과는 지위와 존엄성에서 전적으로 구별되는 존재이다."(Kant, Anthropologie in pragmatischer Hinsichth, AB3)

그렇다면 인간은 왜 자살을 할 수 없는가? 이는 인간의 존엄성 때문이다. 그 존엄성은 그 자체로서 가치를 가지며, 어떤 비교에서 상대적인 가치를 갖는 것은 아니다. 인간존재의 존엄성의 원칙은 정언 명령으로 나타난다.

"네가 너 자신의 인격에서나 다른 모든 사람의 인격에서 인간(성)을 항상 동시에 목적으로 대하고 결코 한낱 수단으로 대하지 않도록, 그렇게 행위하라."(GMS, B66)

인간의 도덕법칙은 언제나 '정언 명령'에 따라야 한다. 이는 다른 사람,

혹은 나 자신에 대해서도 마찬가지이다. 인간은 목적이지 결코 수단이 될 수 없다는 것이 칸트의 지론이다. 그래서 인간은 자신의 신체 보존, 생명을 보전하는 의무를 갖게 된다.[25] 신체의 일부 또는 전부에 상해를 가하는 것은 자기 의무에 대한 위반이며, 고의적일 때에는 패악(vitium)이다(MS, TL, A21).

> "인간은 물건이 아니고, 그러니까 한낱 수단으로 사용될 수 있는 어떤 것이 아니며, 오히려 그의 모든 행위에 있어 항상 목적 그 자체로 보아야 한다. 그러므로 나는 나의 인격 안에서 인간에 대해 아무것도 처분할 수 없으니, 인간을 불구로 만들거나 훼손하거나 죽일 수 없다."(GMS, B=67).

운동선수의 계약

그렇다면 운동선수의 경우 계약은 어떠한가? 야구의 경우에 '드래프트 제도'가 있다. 심한 경우 야구 구단주들은 자신의 마음대로 선수들을 사고판다. 물건도 아닌데 사람을 마음대로 사고팔 수 있는 것이 가능한가? 선수가 이에 동의하는 서명을 했다고 해서 아무 문제가 없는가? 밀에 따르면, 그런 계약이 자발적인 동의와 결정에 의해서 이루어졌다고 해도, 모든 계약은 경우에 따라서 당사자들이 자유롭게 파괴할 수 있어야만 정당화될 수 있다. 그렇다면 결혼은 어떠한가?

4. 가족들 관계에서 자유의 문제

밀은 자유가 억제되어야 할 곳에서는 종종 허용되고, 허용되어야 할 곳에서는 억제된다고 본다. 이런 배경에 따라 밀은 가족들 관계에서 자유의 문

---

25 맹주만, 칸트와 미학적 자살, 칸트연구, 제36집, 2015, pp. 111~132(120~121).

제를 든다.

결혼은 일반적으로 상호 계약으로서 서로 존중되고 지켜져야(care)하는 것으로 여겨왔다. 로크도 결혼을 이런 남녀 간의 자발적인 계약적 관점에서 보았고, 칸트는 결혼(Ehe)이란 상호 생식기관을 독점적 사용을 공유하는 상호적 계약으로 보았다(Die Metaphysik der Sitten, §24). 반면 헤겔은 결혼은 성적 관계의 보호보다는 인륜적 관계(ethical relationship)로 본다. 밀은 이런 헤겔적인 관점을 취한다. 헤겔이나 밀은 결혼은 권리적인 인륜적 사랑으로서 받아들이며, 사랑의 변덕스러움과 주관적인 면을 배제한다. 홈볼트는 국가가 결혼의 문제를 법이나 또는 제도와 같은 방식으로 규제하려고 시도한다면 가장 해로운 결과를 갖게 된다고 보았다. 결혼은 전적으로 당사자의 선택에 맡겨야 한다. 이런 홈볼트의 견해는 물론 급진적인 자유주의적인 견해이다.

밀에 따르면 결혼과 가족의 문제는 얼핏 보기에 전적으로 개인적인 차원의 문제로 보인다. 그래서 국가가 개입할 여지가 전혀 없어 보인다. 밀은 이런 시각에서 사람들은 자유 개념을 잘못 적용하며 이해하고 있다고 보며 홈볼트를 비판한다. 이는 무엇보다 결혼에 따른 자녀의 탄생과 양육이 있기 때문이다. 예를 들어 국가가 아버지의 주도로 이루어지는 자식 교육에 대해 간섭하는 것은 결코 개인의 자유에 대한 침해가 아니라고 본다.

남편이 아내들에게 폭군과 같은 수준의 권력을 휘두르는 문제는 여기서 새삼 다룰 필요가 없다고 본다.

> "남편들이 아내들에게 거의 폭군과 같은 수준의 권력을 휘두른다는 점에 대해서는 새삼 이야기할 필요도 없을 것이다. 이런 해악을 완전히 제거하고 아내들도 다른 모든 사람과 마찬가지로 권리를 누리고 법의 보호를 받을 수 있게 하는 것 이상으로 더 중요한 일은 없다."
> The almost despotic power of husbands over wives needs not be en-

larged upon here, because nothing more is needed for the complete re-
moval of the evil, than that wives should have the same rights, and should
receive the protection of law in the same manner, as all other persons(301).

밀은 남편의 독재를 옹호하는 사람들을 "기존의 부조리를 옹호하는 사
람들", "자유에 호소하는 것이 아니라 최고 권력자임을 공공연하게 자처하는
자들"이라고 부른다(301). 이들은 그들 입으로 자유에 대해 말할 자격이 없다.
밀은 『자유론』이 출간된 때로부터 10년 후에 『여성의 종속』(The Subjection of
Women)[26]을 출간(1869)함으로써 19세기에 여성의 권리를 가장 급진적이며
강력하게 옹호하는 사람이 되었다. 밀은 남녀 간에 어떤 차이도 없다고 보
며, 여성의 남성에 대한 종속, 남성의 지배체제를 사라져야 할 유물이라고
신랄하게 비판한다.

1) 결혼과 자유

과거에 결혼은 본인의 의사가 아니라 부모의 의사에 의해서 결정되는
경우가 대부분이었다. 훔볼트는 개인적 관계 또는 봉사(service)를 포함하는
계약의 경우 일정 기간이 지나면 법적 구속력이 없어져야 한다고 강력하게
주장한다. 그는 이런 계약 중에 가장 좋은 예로 결혼을 들었다.

밀이 볼 때, 결혼은 그 계약에 따라 두 가지 의무가 있다. 하나는 결혼이
라는 계약을 통해서 새로운 도덕적 의무가 생기게 된다. 부부는 결혼식에서
서로에게 신뢰를 지키며 헌신할 것을 약속한다. 다른 하나는 자녀의 양육에
대한 책임이다. 결혼으로 자녀가 생기면 제삼자에 대한 의무가 발생하게 된
다. 따라서 이혼은 자녀 양육에 영향을 미치게 된다.

---

26 『여성의 종속』은 1869년에 출간되었으나, 원고는 1861년에 완성되었다. 밀은 부인 해리엇과 수많은 대
　화와 토론을 하였다고 밝히고 있다(Autobiography, Part 7, Collaboration with my wife).

홈볼트는 결혼은 당사자 두 사람의 감정이 이루어지지 않으면 그 목적이 달성될 수 없는 특수한 것이기 때문에, 둘 가운데 한 사람만이라도 명확하게 이혼의 뜻을 밝히면 그것으로 충분하다고 보았다(300). 결혼에서 의무의 이행은 계약이 지속하기를 원치 않는 사람의 입장을 무시하면서까지 그 의무를 지켜야 한다고 볼 수도 없고, 인정할 수도 없다(300-301)는 것이다. 밀은 결혼과 이혼에서 두 당사자는 계약을 파기하는 '법률적 자유'를 가진다 해도, 그렇다고 도덕적 자유에 대해서는 어쩔 수 없이 큰 영향을 끼칠 수밖에는 없다고 본다(301). 두 당사자는 그러므로 중요한 결단을 하기 전에 반드시 모든 관련된 사항을 염두에 두어야 한다. 주의를 기울이지 않고 일어난 결과에 대해서는 도덕적 책임을 져야 한다(301).

2) 자녀 교육의 문제

한 개인은 자신과 관련된 일에서는 마음대로 행할 자유가 있다. 국가도 개인과 관련된 영역에서는 개인의 자유를 존중한다. 그러면 가족의 관계에서, 부인과 그리고 자녀의 교육에서는 어떠한가?

가장은 자녀에 대해 그리고 가족 구성원에 대해 '어느 정도 간섭을 할 수가 있는가?'의 문제이다. 인간의 삶을 억압하고, 좌지우지하려는 것은 정부만이 아니다. 어떤 면에서는 정부보다 더 큰 영향력을 행사하는 사람은 부모이다. 부모는 자녀의 노는 것, 읽는 것, TV 보는 것, 게임하는 것을 통제하지 않을 수 없다.

밀은 부모 특히 아버지의 의무를 사회의 이해관계에서 따지며, 특히 교육이라는 사적인 문제를 사회와 정치적인 면에서 고찰한다. 『자유론』 마지막 장에서 다루는 자녀 양육에 대한 부모의 의무는 사회가 개인의 사안에 관여할 수 있음을 보여주는 단적인 사례이다. 부모는 자녀에 대해서 의무를 지며 부모가 이 의무를 충실히 이행하는가, 그렇지 않은가는 단지 당사자들만의 문제가 아니라는 것이다. 가령 부모가 음주나 나태함으로 인하여 자녀 양육의 의무를 수행하지 못할 경우에 이를 강제할 수 있다. 이런 집행은 강제 노역이라는 수단을 빌려서 할 수도 있다(295).

> "또 다른 예를 들자면, 사회에서 도움을 받는 사람이나, 계약에 의해 그렇지 하지 못하도록 묶여 있는 사람이 아니라면, 게으르다고 해서 법적으로 처벌할 수는 없다. 그런 짓은 전제 국가에서나 할 법한 일이다. 그러나 게으름 또는 피할 수 있는 다른 이유로 타인에 대한 법적 의무 — 예를 들어, 자기 자녀들을 양육하는 것 — 를 다하지 못한다면, 다른 적절한 방법이 없을 경우 강제로라도 일을 시켜 그런 의무를 다하게 만든다고 해서 너무 가혹하다고 비난할 수는 없다(의무를 이행하도록 하는 것은 독재가 아니다)."(295)

자녀를 자신의 일부로 생각하며, 자식들에게 절대적이고 배타적인 통제권을 행사하려는 것은 잘못된 것이다. 자녀에게 적절한 교육을 시키는 것은 아버지가 가져야 할 신성한 의무 가운데 하나이다. 아이의 육신을 위해 빵뿐만 아니라 아이의 정신이 올바르게 자라도록 교육과 훈련의 기회를 마련해 주지 못하는 것은 아이 자신과 사회 모두에게 범죄를 저지르는 짓이나 다름없다. 왜냐하면 자녀는 자신의 능력에 손상을 당하는 것이며, 사회는 잠재성을 가진 자원을 손실하는 것이 되기 때문이다.

국가가 이런 자녀의 교육에 대해 간섭하는 것은 정당하다. 부모가 자녀를 양육하는 데 국가가 개입하는 것은 부모의 자유를 침해하는 것은 아니라고 본다. 자녀도 엄연히 인격을 가진 타인이기 때문이다. 특히나 자녀의 '미래'에 대한 중요한 결정은 아버지의 자의(Willkür, arbitrium)에 맡길 수 없다. 자녀의 교육 문제는 부모의 자유의 문제에 앞선다. 사회 구성원으로 태어난 자녀는 교육의 기회를 가져야만 하며, 부모는 그 자녀가 미래의 성인으로 성장할 것에 대해 신성한 의무로서 책임을 져야 한다(301).

5. 국가와 교육

오늘날 국가의 교육에 대한 지원은 초·중·고등학교뿐만 아니라 대학교에도 지원된다. 공공시설의 성격을 가진 도서관, 박물관, 미술관, 교향악단 등도 국가로부터 재정지원을 받아 운영한다. 그렇다고 정부가 이들의 정신까지도 관리하려 든다면 어떠할까?

과거 동독과 서독의 차이는 교육에서 확연히 드러난다. 서독에서 교육은 주정부의 소관이나, 동독에서는 철저히 국가가 관여했다. 서독에서는 탁아소와 보육원에서 양육은 아이 중심으로 다양한 놀이문화를 통해 아이의 개별성과 자율성을 키우는 데 중점을 두었다. 반면 동독에서는 철저한 교육 프로그램을 가지고 아이를 이념적으로 키웠다. 가령 동독에서는 원아들이 배변훈련의 일환으로 각자의 변기에 모두 함께 앉아 용변을 보도록 했다(Collective Potty Break, 단체 배변 시간). 서독은 이런 변기 사용을 아이의 개별성을 해치는 사회주의 교육이라고 비판했다. 인간의 자연성에 반하는 교육을 받은 청소년들은 그렇지 않은 청소년에 비하여 '다른(different)' 외국인에 대해 공격을 가할 가능성이 높을 수밖에 없다고 본다. 동독에서는 서독에서보다 탁아소와 보육원의 공급 비율이 높았는데, 이는 여성의 복지보다 여성의 노동력을 동원하려는 목적도 있었기 때문이다. 동독에서 탁아소비율은 평균 80%이었으며, 도시 일부에서는 99%에 가까웠다.

밀은 국가와 교육의 문제를 자유의 문제에서 다룬다. 국가는 자녀의 양육에 적극적인 이해관계를 가진다. 자녀는 장차 다른 사회구성원과 더불어 사회에 참여하며 정치적 결정에 영향을 미친다. 따라서 개별 개인의 교육은 사회적·정치적 영향력을 갖게 된다. 그렇다면 국가의 교육에 대한 간섭의 한계는 어디까지인가? 가령 국가가 무엇을 어떻게 가르쳐야 하는가의 문제가 있다. 부모가 아이에게 적절하게 양육과 교육 의무를 하도록 요구하는 것과 교육제도에 대한 국가의 관여와는 분명히 구별되어야 한다. 어떤 교육도 이루어질 수 없는 상황에서 국가가 교육을 제공하지 않는다면, 그 사회는 퇴보에서 벗어날 수 없다. 밀이 두려워하는 것은 국가 교육제도의 '균등화'이다. 이런 제도는 반드시 피해야만 한다고 밀은 주장한다.

밀은 국가가 나서서 어린이들의 '의무 보통교육'을 하는 것, 국가의 의무교육에 대해서는 반대하지 않지만, 국민교육의 전부 또는 상당한 부분을 직접 담당하는 것, 독점하는 것은 반대한다. 왜냐하면 국가에 의한 교육이란 모든 사람을 서로 똑같은 획일적인 존재로 만들려는 아주 위험한 수단에 불과하기 때문이다.

『자유론』 3장에서 이미 밝힌 바와 같이 사회가 발전하는 데 있어서 중요한 것은 인간이 다른 사람에게 해를 끼치지 않는 한, 자유롭게 생각하고 자유롭게 살아가는 것이다. 획일적 교육은 다름 아니라 다양성과 자유스러운 발전을 죽이는 것이다. 성격의 개별성, 의견과 행동 양식의 중요성과 함께 교육의 다양성도 그에 못지않게 중요하다. 교육은 다양한 교육기관에서 다양한 교육 과정을 통해 다양한 형태의 교육이 이뤄져야 개별성이 보장된다. 국가의 직접적 교육 통제는 독재 권력을 굳히는 결과만을 낳는다.

"국가가 나서서 교육을 일괄 통제하는 것은 사람들을 똑같은 하나의 틀에 맞추어 길러내려는 방편에 불과하다. 국가가 교육을 통해 효과적으로, 그리고 성공적으로 사람들을 그 틀 속에 집어넣으면 넣을수록 국가 최고 권력자(왕이든 성직자든 귀족이든, 또는 기존 세대의 다수파이든)들의 기쁨도 커진다. 그 결과 권력이 사람들의 정신을 장악하고 그 자연스러운 귀결로 육체까지 지배하게 된다. 국가가 운영하고 통제하는 교육이 꼭 있어야 한다면 그것은 시범적으로, 그리고 다른 교육 방식이 일정 수준에 오르도록 자극을 줄 목적에서, 여러 경쟁적인 교육 체계 가운데 하나로 시도되는 경우에 한정되어야 한다."

A general State education is a mere contrivance for moulding people to be exactly like one another: and as the mould in which it casts them is that which pleases the predominant power in the government, whether this be a monarch, a priesthood, an aristocracy, or the majority of the existing generation, in proportion as it is efficient and successful, it establishes a despotism over the mind, leading by natural tendency to one over the body. An education established and controlled by the State should only exist, if it exist at all, as one among many competing experiments, carried on for the purpose of example and stimulus, to keep the others up to a certain standard of excellence(302).

모든 이에게 유용한 진실이 발견되는 조건은 바로 자유의 여건에서이다. 이는 바로 밀의 경우 교육에 대해서도 그대로 적용된다. 모든 미래의 시민은 좋은 교육을 받아야 하며, 자신들의 잠재성을 계발해갈 수 있어야 한다. 학교와 교육제도의 다양성은 사회에 새로운 아이디어를 주며 발전을 보장한다.

교육에서 자녀를 어떤 방식으로 교육할 것인가는 부모에게 맡겨야 한다고 밀은 주장한다. 가령 국가는 시험이라는 제도를 통해 사람들의 생각을 특정 방향으로 유도해서는 안 된다(303). 상급 수준의 시험도 전적으로 사실에 관한 질문과 실증과학(positive science)에 한정되도록 해야 한다. 국가가 세계관, 가치관 또는 종교와 같이 논쟁이 되는 문제에 대해 시민들에게 특정 방향의 편견을 불어 넣으려 해서는 안 된다. 물론 여기에는 '사실'과 '의견'의 구별이 과연 가능한가의 문제가 있다.

부모가 자녀에게 종교 교육을 시키고자 한다면, 이는 사적으로 이루어지도록 해야 한다. 밀은 종교는 학교, 공공의 문제가 아니라고 본다.

지식과 신념을 구분하는 것 ― 가령 종교와 정치 같은 과목에서 ― 은 뜨거운 논쟁이 된다. 정치라는 과목에서만 보아도 정치에는 다양한 관점이 있을 수밖에 없다. 과연 정치가 중립적으로 강의되고 또한 시험도 중립적으로 물을 수 있는가? 종교에서도 마찬가지로 사실과 개인의 신념을 서로 구분할 수 있는가? 사실과 세계관을 명확히 구분하기란, 시험출제자나 수험생에게 모두 쉽지 않다. 사실과 주장도 마찬가지이다.

밀은 국가가 주도하는 공립교육은 예외적으로 인정한다. 충분한 인력이 확보되지 못하거나, 소기의 교육목적을 달성해야 하는 경우에 국가는 이를 주도적으로 할 수 있다. 국가가 직접 학교를 운영하는 경우에, 이는 민간, 교회 또는 다른 유형의 교육기관 중의 하나가 되어야 한다(302).

교육의 재정에서 부모는 국가로부터 재정적인 지원을 받을 수 있지만, 다른 한편에서 자녀가 가령 최소수준을 요구하는 시험에서 충분한 점수를 받지 못하는 경우에 국가는 부모에게 벌금을 내게 할 수도 있다. 물론 이런 시험의 수준을 어디서 결정할 것인가에 대한 문제가 남아 있다.

1) 존 스튜어트 밀이 보는 교육

밀은 교육(education)을 아이의 정신에 대한 '교육과 훈련'(instruction and training for its mind)(302)이라고 쓰기도 하지만 대부분은 교육(education)이라는 개념을 쓴다.

밀은 "Inaugural Address Delivered to the University of St. Andrews"에서 교육은 '가장 고갈될 줄 모르는 주제 중의 하나(one of the most inexhaustible of all topics)'요, 게다가 다양한 정신과 다양한 관점에서 고려되어야 할 주제 중의 하나라고 본다.[27]

---

[27] Not only does it include whatever we do for ourselves, and whatever is done for us by others, for the express purpose of bringing us somewhat nearer to the perfection of our nature; it does more, in its largest acceptation, it comprehends even the indirect effects produced on character and on the human faculties, by things of which the direct purposes are quite different, by laws, by forms of gov-

밀에 있어서 중요한 것은 인간의 일반교육(general education)이다. 가령 밀은 대학은 전문 직업교육 장소는 아니라고 본다. 사람은 변호사, 의사가 되기 이전에 한 인간이다. 물론 교육도 선조로부터 경험으로 전수되어 내려오는 지식을 교육한다. 그렇다고 이런 전문 지식은 모든 인간이 배우며 공유해야 하는 것은 아니다.[28]

밀은 교육이 힘(power)이라는 것을 누구보다도 잘 알고 있었으며, 교육은 어떤 의무와 규율을 요구하는 것 없이 이루어져야 한다고 보았다. 그렇지 않으면 교육의 힘은 전통과 관습의 힘이 되기 때문이다. 교육은 스스로 생각하고 판단하는 인간으로서의 정신의 힘(mental power)을 증가시켜주는 가장 좋은 방법이며, 이상적인 교육은 개방된 두려움 없는 성격(open, fearless characters)과 논리적 지성(logical intellects)을 도모하는(cultivate) 것이 되어야 한다. 밀은 소크라테스와 같이 자신이 생각하는 것을 들여다보지 않는 '무비판적인 모호한 일반성(uncritical vague generality)'을 거부한다. 교육이 '인간 마음'을 마비시키고, 결과적으로 노예화하는 것이 되어서는 안 된다. 밀이 교육에서 염려하는 것은 마치 경작되지 않은 것과 같은 인간의 마음 상태가 사회와 정치로 확대되어 가는 것이다. 즉, 교육받지 못한 사람들의 사회와 정치에의 참여이다.

밀은 대학의 교육을 일반 교육의 최고 단계로 보지만, 인간의 일반교육이 가능한 중심이 되어야 한다고 보았다. 이는 후에 그가 선택하는 직업과는 무관하다. 교육은 학교를 떠난다고 해서 또는 성인이 되었다고 해서 끝이 나

---

ernment, by the industrial arts, by modes of social life; nay even by physical facts not dependent on human will; by climate, soil, and local position. Whatever helps to shape the human being, to make the individual what he is, or hinder him from being what he is not — is part of his education. And a very bad education it often is; requiring all that can be done by cultivated intelligence and will, to counteract its tendencies(CW XXI, 217).

28 It is not a place of professional education. Universities are not intended to teach the knowledge required to fit men for some special mode of gaining their livelihood. Their object is not to make skilful lawyers, or physicians, or engineers, but capable and cultivated human beings. It is very right that there should be public facilities for the study of professions(CW XXI, 217).

는 것이 아니다. 교육은 나이에 관계없이 평생 지속되는 과정이다. 밀은 『자유론』 5장에서 정치적 교육뿐만 아니라 국민교육을 지적하고 있다. 이러한 국민교육의 언급은 비록 그가 시민교육(civil education)이라는 말을 쓰지는 않았지만, 오늘날 시민교육, 평생교육이 강조되는 것을 고려하여 볼 때, 놀라운 지적이 아닐 수 없다.

"국민교육의 한 부분, 다시 말해 시민들을 훈련하는 것, 즉 자유인들에 대한 정치 교육의 실천적 부분이라고 할 문제 ─ 사람들이 개인적이고 가족 중심의 편협한 이해타산의 울타리에서 벗어나 공동의 이익에 대해 잘 알게 되고, 공동 관심사를 다루는 일에 익숙해지게 하는 것, 곧 공공의 이익을 위해 또는 어느 정도 공공과 관계있는 이익을 위해 행동하고, 서로를 고립시키기보다는 한데 묶을 수 있도록 자신의 행동을 습관적으로 이끌어가는 것 ─ 들에 대해 여기서 길게 이야기할 수는 없다. 이런 습관과 능력을 배양하지 않으면 자유로운 정치 제도를 제대로 유지·보전하기 어렵다."

It belongs to a different occasion from the present to dwell on these things as parts of national education; as being, in truth, the peculiar training of a citizen, the practical part of the political education of a free people, taking them out of the narrow circle of personal and family selfishness, and accustoming them to the comprehension of joint interests, the management of joint concerns ─ habituating them to act from public or semi-public motives, and guide their conduct by aims which unite instead of isolating them from one another. Without these habits and powers, a free constitution can neither be worked nor preserved(305).

개인들은 사회 공동체에서 생각하고 자신을 계발시켜간다. 중요한 것은 개인들이 사회적 공동체에서 교육의 사회성을 갖는 것이다. 이는 정치 교육의 실질적 부분이다. 시민이 정치적·자율적 존재로서 행하며 경험하는 것은 그의 전 생애에 걸쳐서 일어난다. 국가는 사람들이 자신들의 목적에 따라 스스로 계발해 나갈 수 있도록 해야 한다. 목표는 다름 아닌 인간이 자유에 적응하는 것이다. 밀은 이 점에서 민주주의에 대해서 말하며, 자치로서의 사회에 대해서 말한다. 이론적 교육과 실제적 경험의 결합으로서 교육은 발전과 전진이라는 부수효과를 갖는다. 시민들이 자치행정으로 스스로 일을 처리하면 할수록, 시민은 자율적으로 되고, 억압받기를 원치 않으며, 그리므로 민주주의는 보장된다(307-308). 국가는 시민을 교육하기보다, 시민이 스스로 결정하며 행동할 자유를 주도록 해야 한다.

밀은 교육을 개인의 진보에 따른 사회 전체의 행복이라는 공리주의 관점에서 보며, 교육은 모두에게 가장 최고의 행복을 보장한다고 말한다.

다음으로 생각해 볼 점은 교육과 민주주의의 관계이다. 교육을 통해 국민의 교육적 수준은 높아진다. 즉, 계몽되어진다. 교육의 수준이 높아진다는 것은, 통치를 엘리트의 손에 맡기는 것에서 점차 자신들이 시민권을 행사하게 됨을 말한다. 즉, 자치의 수준이 높아지고 정치적 능력과 정치적 책임도 증대하는 것이다.

밀은 루소와 같은 직접 민주주의가 아닌, 대의 민주주의를 지지했다. 이상적인 통치체제는 선한 통치를 하는 '독재적인 군주제(despotic monarch)'(CW XIX, 399)이나, 플라톤이 말하는 철학자와 같은 통치자는 없다. 현자로서 통치자는 항상 제공된 모든 정보를 숙지하고, 전 국토에서 일어나는 행정부의 모든 분야의 상황과 업무를 파악하며, 관료들의 감시와 통제를 잘해야 한다. 한마디로 선한 군주는 자지도 않고 24시간 깨어있는 신(神)과 같아야 한다. 이런 통치체제와 통치자를 얻는다는 것은 실현될 수 없다. 밀이 생각하는 좋은 정부체제는 공화정으로서의 대의제이다(CW XIX, 399). 밀이 보는 시민교육은 스스로 의견을 형성하고, 여론을 분석하며 또한 다수지배의 무책임한 힘을 억제하는 능력을 행사하는 시민들을 길러내는 것이다. 이는 토크빌의

'다수의 횡포(tyranny of the majority)'에 대해 밀이 제시하고 있는 해결책이기도 하다. 그가 보는 이상적인 통치체제는 '군주주의'나 플라톤이 말하는 모든 면에서 현인으로서의 철학자와 같은 통치자는 찾을 수 없다. 차선책으로서의 체제는 공화정으로 대의제이다. 그렇게 되면, 현자의 통치(pedantocracy)를 불러온다. 밀이 대의 민주주의에서 위험하다고 보는 두 가지가 있다. 하나는 대의 기구와 그 대의 기구를 통제하는 여론의 지적 수준이 낮은 것이다. 다른 하나는 대의 민주주의가 비지적(unintelligent)이며 파당적(factious)으로 되는 것이다. 밀은 계급은 이기적으로 될 수밖에 없다고 본다. 이의 가장 좋은 예는 이솝 우화 '사자의 왕국'이다.

> 숲속에 사는 짐승들은 사자를 왕으로 추대했다. 그 사자는 으르렁 거리지도, 포악하지도, 억압하지도 않는 더할 나위 없이 공평하고 인자한 왕이었다. 사자는 왕의 이름으로 모든 짐승을 한자리에 불러 모으고는 모두가 안심하고 살 수 있는 곳으로 만들기 위한 규칙을 정했다. 늑대와 양, 표범과 어린 염소, 호랑이와 사슴, 들개와 토끼는 다투지 않고 사이좋게 살아야 한다는 것이다.
> 토끼는 말했다. "아, 이 날이 오기를 얼마나 고대했던지요. 힘센 동물 곁에서 약한 동물이 잡아먹힐 걱정 없이 지낼 수 있겠군요." 그리고 말을 마친 토끼는 죽을힘을 다해 줄행랑을 쳤다.

수동적인 국민의 모든 것을 관장할 통치자를 찾는 것이 해결책이 될 수 없다. 시민이 교육되고, 정치와 결정에 대한 정보가 제공되며, 참여가 보장되는 한에서 대의제 민주주의가 작동되는 것이다. 결국 교육을 통해 계몽된 국민의 정치 참여가 의무와 권리로서 이루어지고 도래할 때, 자유주의와 민주주의는 이상적인 협력관계를 맺게 된다.

밀은 가장 좋은 정부 형태는 다름 아닌 가능한 많은 시민이 공적 사안의 의사 결정에 참여하며, 시민은 가능한 한 자율적이며, 공동이익을 지향하는 판단능력을 가지는 것이다. 밀은 참 민주주의(true democracy)와 거짓 민주주의(false democracy)를 구별하는데, 거짓 민주주의는 다름 아니라 정부체제가 특권적 형태로 되며, 소수자의 시민 권리와 선거 권리가 위협을 받는 경우이다. 따라서 그는 일반 선거권을 대의정부의 핵심적 요소로 본다.

2) 자녀 출산

밀은 또 하나의 논쟁이 되는 주제를 다룬다. 만일 부모가 될 사람이 아이를 부양할 수단을 갖지 못한다면, 그들은 아이를 낳을 권리를 가질 수 없다는 것이다. 국가는 재정력이 없는 사람이 자녀를 갖지 못하도록 법적으로 금할 수 있다는 것이다. 밀은 가족을 부양할 능력이 안 되는 당사자들에게 결혼을 금지하는 국가의 노력을 지지한다. 오늘날 결혼 연령의 남녀는 자신의 의사에 따른 결혼의 권리를 갖는 것을 고려한다면, 이런 밀의 주장은 오늘날의 현실과는 거리가 있다.

밀에 따르면 인구가 과도한 나라들에서는 출산율을 제한할 필요성이 있다. 그렇지 않으면 노동력의 과대공급으로 인하여 임금은 감소하고, 노동자는 고용주에 의해 착취될 것이기 때문이다. 너무 많은 아이는 장기적으로 노동력을 통해서 먹고 살아가는 데 있어 불리하다.

또한 국가는 그런 불행한 상태가 예견될 경우에 법적으로 산아제한을 할 수 있다는 것이다. 당시 유럽 대륙의 나라에서 결혼 당사자들이 가족을 부양할 충분한 능력이 있음을 증명하지 못하면 결혼을 금지하는 법을 시행하고 있었는데, 밀에 따르면 이는 국가의 정당한 권한을 넘어서는 것이라고 할 수 없다.

밀은 자녀교육에 대해 책임을 지지 못하는 부모는 처벌하는 것이 정당하다고 본다. 또한 인간의 탄생에 대해서 중요한 언급을 한다. 즉, 한 생명을 잉태하는 것은 인간의 삶 중에서 가장 책임이 있는 무거운 행동 중의 하나이며, 일단 생명을 잉태시키면 이에 대한 책임을 져야 한다는 것이다.

"어린 생명을 낳는다는 것 자체는 인간의 삶에서 가장 큰 책임감을 요구하는 일 가운데 하나이다. 저주가 될지 축복이 될지 모르지만, 일단 생명을 잉태시킨다면 이에 대한 책임을 져야 한다. 아이를 인간답게 잉태시킨다면 이에 대한 책임을 져야 한다. 아이가 인간답게 살 수 있는 가능성이 적어도 웬만한 수준이 되도록 하지 못한다면, 그 존재에 대해 범죄를 저지르는 것과 마찬가지이다."

The fact itself, of causing the existence of a human being, is one of the most responsible actions in the range of human life. To undertake this responsibility — to bestow a life which may be either a curse or a blessing — unless the being on whom it is to be bestowed will have at least the ordinary chances of a desirable existence, is a crime against that being(304).

한 인간을 탄생하게 한다는 사실 그 자체가 인간 삶의 테두리 내에서는 가장 책임 있는 행동 중 하나다. '태어난 존재가 바람직한 삶을 살 수 있는 평균적 기회를 얻지 못한다면 아이를 낳은 것 자체가 그 존재에 대한 범죄행위라 할 수 있다는 것'이 밀의 주장이다. 오늘날 낙태의 문제가 논쟁적임을 고려하여 보면, 밀의 견해는 분명하다.

밀에 따르면 인간은 자유에 대한 강력한 욕구를 가지고 있는 만큼, 자유가 마치 '제한이 없는' 자유로서 오해되고 있다는 것이다. 자유는 다른 사람에게 해를 주지 않도록 제한되어야 한다.

밀은 부모의 방탕한 행위가 자녀들에게 해악을 주는 경우에는 국가가 얼마든지 간섭을 할 수 있다고 본다. 자녀도 한 인간으로서 해악의 원칙이 적용 대상이다.

"오늘날 당사자에게만 영향을 주는 일인데도 너무나 쉽게 개인의 자유를 침해하는 경향이 있다. 다른 한편으로는 무절제한 생활을 하면 여러 가지 좋지 못한 일이 생기고 그에 따라 자식들의 삶이 비참해지거나 망가져 버리게 되는 데도, 그런 사람에게 그 어떤 제약을 가하는 것도 거부하는 쪽으로 자유에 대한 생각이 흐르고 있다"(304).

부모와 자식 간의 관계에도 해악의 원리가 적용된다. 부모의 방탕한 행위로 자녀들에게 해악을 주는 것은 용납이 안 된다. 이에 국가는 얼마든지 개입할 수 있다. 오늘날 자녀 학대의 경우에 국가가 개입하는 것이 극명한 예가 된다.

6. 국가 간섭 — 국가의 권력집중에 대한 비판

제2차 세계대전 이후 서구유럽사회에서 사회복지 부분이 지속적으로 확장되고 이에 따라 국가의 간섭 또한 증대되어 왔다. 국가가 개인의 행위를 제한하는 것이 아니라 적극적으로 돕는다면 어떠한가? 이런 국가의 간섭은 좋은가, 아니면 나쁜가?

밀은 한마디로 정부의 간섭은 적으면 적을수록 좋다고 본다. 왜 그러한가? 밀은 이에 대해 3가지 이유를 제시하고 있다.

첫째, 해야 할 일을 정부가 하기보다 개인에게 맡겼을 때 그 일을 더 잘할 확률이 높다.

어떤 종류의 사업을 할지 또 누가 어떻게 그 일을 할 것인지 결정하는 문제에서 개인적으로 직접 이해관계가 있는 당사자보다 더 적합한 사람은 있을 수 없다.[29]

둘째, 국가에 의존하는 것보다 스스로 하는 행동이 더 유익하다. 공무원보다 능력이 모자라는 사람이 직접 그 어떤 일을 한다면, 그 사람은 정신

---

29 "정부가 시행하는 모든 부가적 기능은 이미 과도한 의무들을 부여받은 한 기관에 부과된 또 다른 업무가된다. 그 결과 아무것도 신속하게 또는 주의 깊게 또는 형식적인 감독 그 이상으로 실행되지 않는다"(정치경제학 원리 Principles of Political Economy, 3권, p.940).

적 교육을 도모하며, 실무적 능력 강화와 판단력이 제고되어, 다음 문제에 직면할 때는 더 잘 처리할 수 있다. 지방 자치기관의 활성과 사회단체나 자선기관의 자발적 관여는 좋은 일이다. 시민들을 훈련하는 것, 자유인들에 대한 정치교육의 실천, 공동의 이익에 대해 잘 알게 하는 것, 공동의 이익이나 관계있는 이익을 위해 행동하고 연대성을 갖게 하는 것, 지역적 문제를 주민이 직접 처리하게 하는 것, 규모가 큰 사업에 자발적 참여를 통해 경영하게 하는 것도 좋은 일이다. 개인들은 시행착오를 거치면서 경험을 축적하게 된다.

셋째, 이미 비대해진 정부의 권력을 더 강화시켜서는 안 되기 때문이다. 국가의 권력을 불필요하게 증대시키는 것은 매우 큰 해악이 된다. 이는 밀에게 있어 정부의 권력을 제한해야 하는 가장 설득력 있는 이유로 가장 길게 설명되고 있다.

"정부가 벌써 많은 권한을 행사하고 있는데 여기에 또 다른 권한을 덧붙인다면, 사람들이 품는 희망과 불안에 대한 정부의 영향력이 더욱 커지고, 활동적이고 야심만만한 시민들을 점점 정부 또는 집권을 꿈꾸는 정당의 눈치나 보는 존재로 전락시킬 것이다. 만일 도로나 철도, 은행, 보험회사, 대형 합자회사, 대학, 그리고 공공 자선 단체가 모두 정부 산하 기관이 되어버린다면, 이런 모든 잡다한 조직에서 일하는 사람들이 정부에 의해 임용되고 월급을 받으면서 생활이 좀 나아질 길이 없을까 해서 정부의 움직임에 촉각을 곤두세운다면, 아무리 언론의 자유와 민주적 의회 제도가 발전한다고 하더라도 이런 나라들은 이름뿐인 자유 국가 이상으로 만들 수가 없다. 행정 기구가 더 효과적이고 과학적으로 조직될수록, 다시 말해 최고의 자격과 능력을 갖춘 공무원들을 채용하는 방식이 발전할수록, 그에 비례해서 그 부정적인 효과도 커진다."

Every function super added to those already exercised by the government, causes its influence over hopes and fears to be more widely diffused,

and converts, more and more, the active and ambitious part of the public in-
to hangers-on of the government, or of some party which aims at becoming
the government. If the roads, the railways, the banks, the insurance offices,
the great joint-stock companies, the universities, and the public charities,
were all of them branches of the government: if, in addition, the municipal
corporations and local boards, with all that now devolves on them, became
departments of the central administration; if the employés of all these differ-
ent enterprises were appointed and paid by the government, and looked to
the government for every rise in life; not all the freedom of the press and
popular constitution of the legislature would make this or any other country
free otherwise than in name. And the evil would be greater, the more effi-
ciently and scientifically the administrative machinery was constructed —
the more skilful the arrangements for obtaining the best qualified hands and
heads with which to work it(306).

밀은 시민들이 배심원으로 재판에 참여하는 것, 또는 지방자치에서 자
신들이 하는 일에서 공무원보다 서툴며 더 못할 수 있다고 인정한다. 그럼에
도 정부는 이에 간섭하기보다, 그 시민들이 하는 수준에 맡겨 두는 것이 좋
다고 본다. 왜냐하면 개인들은 그런 참여를 통해서 자유에 대한 훈련, 자유
에 대한 습관, 자유에의 힘을 형성할 기회를 얻으며 성장할 수 있기 때문이
다. 이런 시민들의 자유에의 참여 의지와 힘이 없다면, 자유 사회는 작동되
지 않는다.

밀은 한마디로 국가 관료제를 회의적으로 본다. 그래서 당시 영국 공무
원 선발을 위한 공개 시험제도 도입을 달가워하지 않았다. 밀은 오늘날 '정
부론'에서 본다면 '작은 정부'를 선호한 사람이다.

"정부는 사람(human being)을 위한 것으로 만들어져야 한다."[CW XIX(대의정부론), 455]

+ 더 알아보기

정부 규제와 혁신

　규제라 함은 일반적으로 정부가 벌칙을 수반하는 법령에 의해 개인이나 민간기업의 자유재량에 속하는 경제적 활동에 영향을 줄 목적으로 행해지는 제한을 의미한다. 각 나라는 민간의 창의를 바탕으로 한 경제적 효율성을 제고하며 혁신을 이루기 위하여 인허가 등 정부규제의 축소 및 철폐를 적극적으로 추진한다.

　UN 산하 세계지식재산권기구(WIPO)는 2007년부터 글로벌 혁신지수(GII)를 발표하여 오고 있다. 혁신 투입 지표(Innovation Input Sub-Index)로 i) 정치와 사업환경 등의 제도, ii) 인적자본 및 연구, iii) 인프라, iv) 시장 성숙도, v) 기업 성숙도, 혁신 성과 지표(Innovation Output Sub-Index)로 i) 지식과 기술 성과, ii) 창의적 성과 등 7개 부문에 걸친 총 80개의 지표를 바탕으로, 각 나라의 혁신 수준을 평가한다.

　스위스는 2019년에도 가장 혁신적인 국가로 평가되었으며(67.24, 전체 129개국 대상), 한국은 56.55로 11위를 차지했다(2015년 14위, 2016년 11위, 2017년 11위, 2018년 12위). 한국은 중국 14위, 일본 15위, 프랑스 16위보다 앞섰고, 싱가포르(8위)에 이어 아시아 2위다. 종합 순위 11위보다 순위가 낮은 부문은 '지식 및 기술 성과'(13위), '인프라'(15위), '창의적 성과'(17위), '제도'(26위) 부문으로 나타났다.

이동필 전 농식품부 장관 인터뷰

〈* 퇴임 후 귀향하여 농사일을 함〉

농업이 일자리를 창출하고 고소득이 보장되는 직업이 된다면 농촌 현실 개선에 큰 도움이 될 것 같은데 잘 안 되는 이유가 뭔가?

"여러 이유가 있겠지만 규제가 많은 것도 이유 중 하나다. 술 분야만 해도 무슨 규제가 그렇게 복잡하고 많던지…. 복분자로 막걸리를 만드는 데 거의 10년 걸렸다."

(복분자로 술을 만들면 안 되나?) "1998년 국무총리실 파견 기간에 주류 쪽 규제 해소를 맡았다. 지금도 그렇지만 술 시장은 온통 규제 덩어리다. 당시 복분자는 한약재로 분류돼 식품의약품안전처가 식품원료로 못 쓰도록 했다. 약이기 때문에 많이 먹으면 위험하다는 것이다. 어이가 없어 도대체 얼마를 먹어야 위험한지 과학적 기준을 보여 달라 했더니 별 기준도 없었다."

그래서 규제가 금방 풀렸나?

"식약처와 싸워서 일단 복분자를 식품원료로 쓸 수 있게 한 게 첫 단추였다. 다음은 국세청과 싸워야 했다. 복분자로 술을 만들려면 국세청에 주류 제조와 판매 허가를 받아야 했기 때문이다."

(국세청이 술에 대해 뭘 안다고 관여하나?) "이 사람들은 술은 알코올이라 해롭기 때문에 제조와 판매를 국가가 엄격히 통제해야 한다는 생각을 갖고 있다. 그 이면에 과세가 있고…. 술 자체를 못 만들게 하지는 않지만 시설규제를 통해 사실상 못 만들게 한다. '발효조 크기는 어느 정도 이상이어야 한다' 이런 식으로…. 전통주는 대부분 시골의 조그만 업체에서 만드는데 이런 대형 시설을 어떻게 설치하나. 택배나 온라인 판매도 못 하

게 했다."

(배달 판매도 못하게 했다고?) "우편으로 팔면 청소년들이 사서 마셔도 확인할 수 없기 때문이란다. 대형 주류업체도 아닌 영세업체가 전국에 매장을 세울 수도 없지 않나. 하지 말라는 얘기지. 한 3년 싸웠더니 1회 주문에 5병만 허가해 주겠다고 하더라. 또 몇 년을 싸워 20병으로 늘렸다. 복분자 막걸리가 식약처부터 시작해서 우편 판매 허용까지 10년 정도 걸렸다. 내가 복분자 막걸리 전도사라고 불리는 이유가 그 때문이다."

술 분야에서 가장 개선돼야 하는 게 뭔가?

"우리가 가장 많이 마시는 희석식 소주를 만드는 주정(酒精)을 대한주정판매라는 회사가 독점으로 판다. 참이슬, 처음처럼 등은 이곳에서 주정을 사와 주류회사가 가공해 파는 것이다. 민간 회사인데 나라에서 술의 탈세 방지와 투명화를 관리해야 한다는 이유로 독점으로 만들어줬다. 그리고 그 회사를 국세청 퇴직 관료들이 휘어잡고 있다. 독점 판매 구조가 깨진다면 좀 더 다양한 제품이 나올 수 있을 거다."

(출처: 동아일보, 2019.7.2.)

제 3 부

J.S 밀의
자유 비교

————J.S 밀의 자유 비교

1. 밀의 공리주의

공리주의 원리는 '효용과 최대 행복 원리'이며, 어떤 행동이든 행복을 증진하게 만들수록 옳은(right) 것이 되고, 행복과 반대되는 것을 낳을수록 옳지 못한(wrong) 것이 된다. 공리주의는 데이비드 흄(1711-1776)을 거쳐 제러미 벤담(1748-1832)에 의해 체계화되었다. 벤담은 "자연은 인류를 고통(pain)과 쾌락(pleasure)이라는 두 주인에게 지배받도록 만들었다. 우리가 무엇을 할까 결정하는 일은 물론이요, 무엇을 할까 짚어내는 일은 오로지 이 두 주인을 위한 것이다."라고 말한다.[30] 그러므로 인간은 자신의 삶에서 쾌락을 증진하고 반면 고통은 감소시키는 것을 목적으로 삼는다. 인간에게 있어서 좋음(good)은 다름 아니라 행복(happiness)에 있다. 행복만이 세상을 좋은 곳으로 만든다. 이 행복은 차별이 있는 것이 아니라 누구에게나 동일하며, 추구하는 목적이 가치가 있는가를 판단하는 유일한 기준이 된다.

---

30 제러미 벤담, 고정식 역, 도덕과 입법의 원리 서설, 나남, 2011, p.27.

밀은 1863년에 『공리주의』를 발간하였다. 이는 그가 잡지 '프레이저스 (Fraser's Magazine)'에 3회에 걸쳐 게재한 글을 모은 것이다. 밀은 공리주의의 기본원리를 인정하며 받아들인다. 밀은 『공리주의』 제2장 공리주의란 무엇인가'에서 공리주의 원리를 '쾌락'이 아니라 '효용(utility)'으로 삼고자 하였다. 쾌락이라는 말은 방탕하고 향락적인 색깔로 낙인되어 있다. 그래서 에피쿠로스에서 벤담에 이르기까지 효용에 관한 이론을 주창했던 모든 사상가는 효용을 쾌락과 상반되는 것이 아니라, 고통으로부터의 해방과 더불어 쾌락 그 자체로 보았다는 것이 밀의 평가이다(CW X, 209). 사람들은 에피쿠로스학파 사람들을 돼지에 비유하면서 심한 야유를 하였다. 인간을 돼지와 똑같이 규정하는 자들에게 이런 비난은 근거를 갖는다. 그러나 인간은 짐승과 다른 지적 능력을 갖고 있다. 인간은 동물과 같이 육체적인 감각을 갖는다. 그러나 정신적 의지로 인해 정신적 즐거움을 추구한다. 기존의 공리주의자들이 주관적 기준에 따른 효용을 측정했던 것과 달리, 밀은 쾌락의 차이, 가치의 위계를 주장한다.

> "쾌락도 쾌락 나름이기 때문이다. 어떤 종류의 쾌락이 다른 것보다 더 바람직하고 가치 있다는 사실을 인정한다고 해서 공리주의 원리와 어긋나는 것은 결코 아니다. 다른 것을 평가할 때는 양(quantity)뿐만 아니라 질(quality)도 고려하면서, 쾌락에 대해 평가할 때 오직 양만 따져보아야 한다고 말한다면 전혀 설득력이 없다(absurd)."(CW X, 211).

밀은 이처럼 공리주의에서 쾌락의 종류, 쾌락의 질을 구분한다. 교양 있는 사람은 열등한 쾌락 속에 자신을 몰아넣기보다, 자연의 아름다움, 예술의 아름다움, 시적 상상력, 역사적인 사건 등에 지적 호기심을 가질 것이다. 그래서 사람들은 각자의 능력에 비례해서 품위(dignity)를 갖게 된다. 밀은 자기 발전을 도모하는 정신적 쾌락에 집중한다. 이런 사회적 존재가 공리주의에서 보는 인간의 본질이라고 여긴다. 이런 점에서 밀은 벤담과 다르다. 밀은 이를 종합하여 다음과 같이 말한다.

> "결국 만족하는 돼지보다 불만족스러워하는 인간이 되는 것이 낫다. 만족하는 바보보다 불만을 느끼는 소크라테스가 더 나은 것이다."
>
> It is better to be a human being dissatisfied than a pig satisfied; better to be Socrates dissatisfied than a fool satisfied(CW X, 212).

밀의 질적 차이에 기초한 공리주의가 그렇다고 해서 비판을 면한 것은 아니다. 가령 '클래식이 대중음악보다 더 질적으로 고상한가?'이다. 밀도 결국 벤담과 같이 직관주의를 벗어나지 못하며, 공리주의를 수단으로 여기면, 자유의 원칙은 뒤로 밀리게 된다는 비판을 받는다.

『자유론』에는 인간의 본질에서 '쾌락' 이상으로 인간의 '자유'와 '개성'에 대한 주장이 드러나 있다. "각자의 개성은 다양하게 꽃피울 수 있어야 하며, 각자의 고유한 개성은 인간을 행복하게 만드는 중요한 요소 중의 하나이며, 개별성의 자유로운 발달은 개인과 사회의 발전을 가져온다(261)." 밀이 생각하는 행복은 각자가 자신이 추구하는 방식에서의 행복이다.

밀에게 있어서 또한 효용(utility) 개념이 중요한 위치를 차지한다. "나는 효용이 모든 윤리적 문제의 궁극적 기준이 된다고 생각한다. 그러나 이 효용은 진보하는 존재인 인간의 항구적인 이익(permanent interests)에 기반을 둔, 가장 넓은 의미의 개념이어야 한다."(224)라고 했는데, 이는 밀에게 있어 중요한 말이다. 왜냐하면 항구적인 이익은 다름 아니라 '인간의 자유 발전'이라는 잠재성에서 오기 때문이다. 따라서 효용은 넓은 의미에서는 '사회적 공동선'과 같은 의미를 갖는다. 그러므로 자유는 이 효용을 이루기 위한 전제이어야 하며, 그 수단과 구성요소가 되지 않으면 안 된다. 그러므로 자유와 개별성은 서로 뗄 수 없는 것이며, 개별성 하나만 놓고 보더라도 '왜 인간이 자기발전으로 거듭나기 위해서 자유가 필요한가?'에 대한 근거가 된다. 인간은 자유로울 때만이 자기발전을 도모할 수 있다.

밀의 논의에서 자유와 인간 고유의 개별성을 기억해야 한다. 칼뱅주의적 인간 유형이 있듯이 그리스적 자기발전의 유형이 있다(265-266). 밀은 '인간을 획일적으로 묶어두는 것이 아니라, 잘 가꾸고 발전시킴으로써 더욱 고귀하고 아름다운 존재가 될 수 있다'고 말한다(266). 인간의 개별성을 보전하며 최대 수준으로 끌어올리는 것 그 자체가 자유이다.

밀은 『자유론』 마지막에서 국가의 역할에 대해 강조한다. 즉, 국가가 완벽한 기계를 원하고 부드럽게 작동되기를 원한다면 그 기계는 결국 자유가 없는, 생명력을 잃은 무용지물이 되어 버린다(310). 국가의 가치는 시민을 가치 있으며 위대한 존재가 되게 하는 데 있다고 밀은 강조한다(310).

2. 이사야 벌린의 소극적 자유와 적극적 자유

이사야 벌린(Isaiah Berlin, 1909-1997)은 목재상을 하는 부유한 유대인 집안의 외동아들로 당시 러시아제국의 지배하에 있었던 라트비아 리가(Riga)에서 태어났다. 그가 5살이었을 때 제1차 세계대전이 일어났으며, 상트페테르부르크(Petrograd)로 이사했다. 그는 상트페테르부르크에서 1917년 러시아의 2월 혁명과 10월 혁명을 경험했다. 벌린은 그의 부모가 1919년 런던으로 다시 이사하면서 영국에서 공부하였다. 그의 첫 저술은 마르크스의 정치철학에 대해서이다. 벌린은 폭력에 대한 깊은 회의를 갖게 되었으며, 제2차 세계대전 이후 존 롤즈와 더불어 자유주의를 대표하는 철학자가 되었다.

1958년에 발표한 '자유의 두 개념(Two Concepts of Liberty)'은 벌린의 사상을 가장 잘 드러내며, 그를 세계에 가장 잘 알린 논문이다. 벌린은 자유 개념을 더욱 명료화했으며, 이를 한 차원 높였다는 평가를 받는다. 벌린은 자유를 '소극적 자유(negative freedom)'와 '적극적 자유(positive freedom)'로 구분하였는데, 그의 자유에 대한 논의는 이후 서구 정치철학의 논의에 큰 영향을 미쳤다.

소극적 자유란 외부 강제의 부재이다. 즉, "주체(the subject) — 한 사람 또는 일군(一群) — 가 다른 사람의 간섭 없이 스스로 할 수 있는 일을 할 수 있도록 또는 스스로 될 수 있는 존재가 될 수 있도록 방임되어야 할 영역은 무엇인가"(자유론, 343)라는 질문을 통해 드러나는 자유의 의미와 내용을 말한다. 이는 외부의 강제(restraint)가 없는 상태, 다시 말해 타자(the other)에 의해서 방해받지 않는 상태이다. 한 개인의 행동을 강제하는 것은 자유의 박탈이다. 우리는 보통 누구도 내 활동에 개입하거나 간섭하지 않는 만큼 자유롭다고 여긴다. 즉, 개인은 불간섭의 범위 안에서만 자유로운 것이다. 타자가 개입하지 않으면 개인에게 보다 많은 선택과 기회가 가능함으로써 보다 더 자유롭다고 할 수 있다. 노예는 자신의 영역에서 극히 제한을 받거나 강제를 받는다.

영국의 고전 정치철학자들은 소극적인 의미에서의 자유를 논하였다. 벌린은 토머스 홉스(1588-1679)를 예로 든다. 홉스는 "자유로운 사람이란 자신의 의지로 무슨 일을 하는 데 방해받지 않는 사람"이라고 규정하였다(자유론, 346).

고대인이 원하는 자유는 지배자에게 종속되지 않고, 자기 땅을 경작하며, 수확하는 것이었다. 미국은 과거 신대륙 이민에서 보여주는 것처럼, 자유와 선택의 가능성을 준다는 점에서 여전히 매력적인 나라이다. 2017년 미국 대통령에 취임한 트럼프는 이민자들을 막기 위한 거대한 멕시코 장벽을 건설하겠다고 밝혔다. 미국과 멕시코 국경의 전체 길이는 3,141km이며, 미국의 4개 주와 멕시코의 6개 주에 접하고 있다. 횡단하는 도로도 20개 이상이 된다. 매년 3억 5,000만 명이 합법적으로 국경을 넘어 이동하고 있지만, 매년 100만 명 이상이 불법으로 국경을 넘는 것을 본다. 그중 80%는 멕시코인이며, 나머지는 중앙아메리카 출신이다.

'적극적(positive) 자유'란 "한 사람으로 하여금 이것 말고 저것을 하게끔, 이런 사람 말고 저런 사람이 되게끔 결정할 수 있는 통제 및 간섭의 근원이 누구 또는 무엇인가"(343-344)라는 질문에 의해서 생겨나는 자유의 개념이다. 적극적 자유란 자신이 자신에 대해 온전한 주인이 되어 자신의 본래적 의지를 실현하고자 하는 개인의 소원에 뿌리를 둔다. "나는 내 인생 및 결정이 내 자신에 의하여 좌우되기를 바라지, 어떤 종류가 되었건 외부의 힘에 의존하기를 바라지 않는다."(362) 나는 객체가 아닌 주체가 되고자 하는 것이다. 나는 이성을 가진 존재로서 내가 선택한 것에 책임을 지고, 내 자신의 생각과 선택에 따라 결정하는 능동적인 존재로서 나 자신을 인식하고 싶어 하는 것이다. 소극적 자유가 "~로부터의 자유(freedom from)"라고 하면, 적극적 자유는 "~로의 자유(freedom to)"이다.

벌린의 자유 개념에의 공헌은 적극적 자유의 개념의 부당한 해석을 지적하고 있는 점이다. 벌린은 "소극적" 자유나 "적극적" 자유나 모두 사악한 형태로 주장될 수 있고, 모두 교묘한 속임의 논리로 정당화되며 이용될 수 있지만, 소극적 자유가 그런 식으로 포장되어 옹호된 경우는 "적극적" 자유의 경우에 비하여 훨씬 드물다고 지적한다(129). 소극적 자유가 왜곡되어 이용된 사례의 수에서 뿐만 아니라 그 실제적 효과에서도 상대적으로 적극적 자유보다 미미하다고 본다(133).

이는 20세기에 정치적 권위가 개인들의 생활에 간섭하며 그 사유와 삶을 획일화하는 체제로 만들었기 때문이다.

벌린이 적극적 자유 개념을 부정적으로 판단하는 이유는 "누가 나를 지배하는가?"라는 질문은 결국 두 종류의 자아에 관한 구분을 낳고, 계급이나 민족, 국가 또는 사회 전체를 '진정한 자아'로 동일시하게 되면, 인간은 그 명령에 따르는 것이 참된 자유에 이르는 것이라는 논리를 펼치게 되기 때문이다. 전체주의적 사유는 사회가 원하는 그것이 내 안에서 지배자의 위치를 확립할 때 나는 나에 대해 올바른 주인이며, 나는 스스로 결정할 수 있는 자유로운 존재라고 보는 것이다.

벌린은 자신의 자유에 대한 연구주제 중의 하나로 "개인의 자유라는 이상을 가장 헌신적으로 대변한 존 스튜어트 밀의 인식 틀에서 그 이상이 어떤 역할을 수행하고 있는지 식별하려는 것"을 들고 있다(58). 벌린은 자신의 소극적 자유를 밀(J. S. Mill)의 자유 이론과 같다고 보았다. 밀의 자유에 대한 주장, "그 이름에 합당한 유일한 자유는 우리 자신의 방식으로 우리 자신의 목표를 추구하는 자유이다"(자유론, 226). 물론 밀의 '자유론'이 소극적인 자유에만 머무는 것은 아니다.

벌린은 소극적 자유의 특징을 이렇게 이야기한다.

"한 개인에게 문 하나만을 열어주고 나머지 모든 문을 닫아 버린다면, 그 문이 아무리 고상한 전망을 약속하더라도, 그런 질서를 짜놓은 사람의 동기가 아무리 선의에서 나왔다고 하더라도, 죄악이다."(355)

벌린은 그의 논문 "존 스튜어트 밀과 인생의 목적"에서 밀의 삶에서부터 그의 자유 사유를 검토하고 있다. 밀에 대한 벌린의 몇 가지 비판을 보면 다음과 같다.

- 밀은 보통 정의롭고 높은 영혼의 소유자로 존경할 만하고, 민감하며 다정하지만, "냉철하고 언제나 꾸짖는 듯하며 음울한" 빅토리아 시대의 전형적인 교장 선생의 상으로 그려진다(벌린, 자유론, 474-475).
- 밀은 한 세대와 한 나라의 스승이었지만, 그저 스승이었을 뿐 창조자도 혁신가도 아니었다. 밀은 합리주의와 낭만주의를 융합하려고 시도하였다(468). 그가 생각들을 각각 결실을 볼 수 있는 분야로서 연결해 적용하였던 능력과 안목의 넓이에서, 그에게 필적할 만한 사람은 없었다. 독창적이지는 않았지만, 당대 인간 지식의 구조를 변혁했다(478-479).
- 인간이 나머지 자연과 다른 점은 합리적 사고도 아니고 자연에 대한 지배도 아니며, 선택하고 실험하는 자유라고 믿었다. 바로 이 견해가 그에게 불후의 명성을 가져다주었다. 그에게는 이런 상태가 실현된 사회만이 온전히 인간적이라는 일컬음을 받을 자격이 있었다. 그것을 실현하는 것을 밀은 삶 자체보다도 소중하다고 여겼다(480).

벌린은 밀에게는 마르크스나 토크빌과 같이 예언자적인 재능은 거의 없었다고 본다(440). 그러나 밀을 "근대 자유주의 토대를 마련한 가장 위대한 대표자"(426)로 부르는 데 주저하지 않았다.

3. 한나 아렌트의 자유 이해

한나 아렌트(1906-1975)를 유명하게 한 책 『전체주의 기원』은 자신이 경험한 '악(böse)'을 가능하게 한 것이 무엇이었는가에 대한 연구이다. 아렌트는 전체주의(Totalitarianism)는 폭군정, 독재정과 다른, 역사에 있었던 그 어떤 독재나 또 다른 유형의 정치체제 개념으로서는 이해할 수 없는, 전혀 새로운 공포의 정치형태라고 정의한다. 전체주의 지배는 테러를 통해서 작동하며, 그 특성

은 인간의 개별성(Individualität), 그리고 인간적인 함께함의 삶(Zusammenleben)
을 파괴한다는 점이다. 전체주의의 목표인 총체적 지배(die totale Herrschaft)는
인간의 모든 자발성, 개성, 자유를 박탈하며 그 어떤 사적 영역도 없이 지배하
고자 한다. 이데올로기로서 전체주의는 사적 영역조차 완전히 지배당할 수 있
는 새로운 인간 유형, '대중의 창조'에 목표를 둔다. 아렌트의 이론에서의 '자
유' 개념을 이해하는 데는 전체주의를 염두에 두어야 한다.

아렌트는 "정치란 무엇인가?(Was ist Politik?)"라는 논문에서 한마디로
"정치의 의미는 자유다(Der Sinn der Politik ist Freiheit)."라고 말한다. 또한 "자유
는 정치의 고유한 '사이(間)의 영역(Zwischen-Bereich)'에 존재한다."고 본다.
자유는 정치적 개념이다. 자유는 "정치의 목적이나 목표가 아니라 오히려 정
치 자체의 실제적 내용이며 의미다. 그런 점에서 정치와 자유는 동일한 것이
다. 그러한 형태의 자유가 없는 곳에는 진정한 의미의 정치적 공간은 없다."[31]
자유는 서구 정치의 본질이었으며, 어떤 발전이나 정치의 대물림에서 이루
어진 것이 아니다. 아렌트에 따르면 자유는 정의, 권력 혹은 평등과 같은, 정
치적 영역에서 나타나는 많은 현상 중의 하나가 아니며, 자유는 실제로 인간
이 정치적으로 조직되어 함께 살아가는 이유라고 본다. 자유가 정치철학에
서 어떤 위치에 있는가를 단적으로 설명하여 주는 아렌트의 말이 있다.

"우리가 자유에 관해 말하는 것 없이는 정치에 관해 말할 수 없다. 마찬가지
로 정치에 관해 말하는 것 없이는 자유에 관해 말할 수 없다."[32]

자유에 대해서 말하는 것 없이 정치에 대해서 말할 수 없다는 것은, 아
렌트에게 있어서 '자유는 정치와 같은 의미'라는 것이다. 정치의 의미는 자유

---

31 Arendt, Was ist Politik, p.52.
32 Arendt, "Freiheit und Politik", Zwischen Vergangenheit und Zukunft, p.201.

이며, 자유 없이는 정치적 삶이란 의미가 없다.

아렌트가 정치와 자유를 결합하는 것은, 해방(Befreiung)과 혁명(Revolution)의 구별에서도 나타난다. 아렌트의 관심은 해방 후의 단계, 헌법의 제도화에 있었으며, 그러므로 아렌트의 이론은 어떤 면에서는 '창립이론(Gründungstheorie)'이다. 아렌트는 헤겔의 역사관이나 마르크스의 유물사관적인 역사의 필연적인 발전, 해방운동, 토르츠키와 레인의 '항구적 혁명(Permanente Revolution)' 등 사회적 빈곤의 극복을 주제로 하는 모든 혁명적 이론을 거부한다. 반면 로자 룩셈부르크의 '자발성(Spontaneität)' 개념, 아우구스티누스의 '새로운 시작(Neubeginn)'의 개념을 받아들인다. 로자 룩셈부르크는 혁명이 어떤 전문(직업) 혁명가에 의해서, 계획에 의해서 이끌리는 것이 아니라, 아래로부터(von unten), 갑자기(spontan) 발생하는 것으로 보았다. 그리고 혁명의 발발은 대중(Menge)에 의해서이다. 새로운 시작은 아렌트에게 있어서 혁명의 본질이다. 프랑스 혁명이 '혁명'이라 불릴 수 있는 것은 '새로운 시작'을 하였기 때문이다. 그 새로운 시작은 '자유(freedom)'였다. 이 프리덤은 물론 아렌트에게 있어서는 '~로부터의 자유(리버티, liberty)'가 아니라, "~을 할 자유", 즉 프리덤이다.

아렌트는 사람들이 억압이나 궁핍으로부터 해방, 즉 리버티를 원했다면 왕정에서도 가능하였기 때문에 굳이 왕정을 무너뜨릴 필요가 없다고 본다. '새로운 시작'은 리버티(소극적 자유)에 머무는 것이 아니라, 프리덤(적극적 자유)으로 넘어가는 것이다. 아렌트는 프랑스 혁명이 혁명으로 시작했으나, '반란'으로 끝났기 때문에, 프랑스 혁명에서 '혁명'이라는 지위를 거두어들인다. 아렌트에 따르면, 미국의 혁명은 식민지 지배로부터의 독립에 그치고 혁명으로 진화하지 못했다. 결핍과 억압으로부터의 해방은 자유를 위한 조건이 되기는 하지만, 그렇다고 그로 인해 자유가 자동으로 주어지는 것은 아니다. 그러므로 억압으로부터의 해방 그 자체가 아니라, 그 억압으로부터의 해방이 '자유의 구성을 가능하게 하는 것'이 결정적이 될 수밖에 없다.

아렌트의 자유에 대한 개념은 공동체적 존재로서 인간을 강조하는 '공화주의적' 자유 개념이다. 공화주의적 자유는 그리스 폴리스(polis)에서 시작되었다. 아렌트는 사회를 공적 영역과 사적 영역으로 구분한다. 공적 영역과 사적 영역은 질적으로 차이가 난다. 아렌트에게 있어서 공적(öffentlich)이라는 말은 '사적인', '자기 관련적인'이라는 말과는 반대로 정치적이라는 말과 같은 의미로 쓰인다. 정치적 자유는 공적이며, 공적 영역을 형성한다. 정치적 자유는 결코 시민적이거나 사적이지 않다. 공적 자유는 사람들이 공적인 일들을 함께 논의하고 결정하는 자유이다. 공적 영역에의 참여가 곧 자유의 척도가 된다. 자유는 바로 이 공적 영역에, 가령 제도와 법 제정 등에 얼마나 능동적으로 참여하느냐에 달려 있다. 아렌트는 "정치적으로 보장된 공적 영역이 없이, 자유는 세계 어느 곳에서도 자신을 드러낼 곳을 갖고 있지 않다"[33]라고 하며, "우리가 정치적인 것에서 공적 영역을 찾아 이해할 때만이 자유가 정치의 의미를 갖는다."[34]고 말한다. 전체주의 지배는 공적 자유의 원리를 극단적으로 제거하고, 인간의 개별성을 파괴한 것이다.

폴리스의 몰락으로 인해 자유의 내면화와 개인화가 일어나, 자유는 급격하게 개인의 내적 자유로 전환되어 왔다. 사람들은 자유를 정치적 영역에서 벗어난 곳에서 찾으며, 사람들과의 교류나 공적인 것에의 참여가 아닌, 자기 자신의 교류에서 찾게 되었다. 이는 결국 자유를 정치와 대립하는 개념으로 인식하게 했다. 결국 아렌트는 인간의 행위를 '노동, 작업, 행위'로 구분하고, 인간의 행위에서 자유를 찾는다. 아렌트는 공적 영역의 참여에서, 정치 행위에서 자유를 찾는다. 이는 자신의 실재를 공적으로 구현하는 것이다.

---

33 Arendt, "Freiheit und Politik," Zwischen Vergangenheit und Zukunft, p.201.
34 Ibid., p.209.

4. 롤즈의 자유의 우선성

롤즈(1921~2002)는『정의론』(A Theory of Justice, 1971)에서 원초적 입장과 무지의 베일을 통해서 인간이 합의할 수 있는 정의를 보여준다. 정의는 이해 당사자 모두에게 똑같은 상황에서 합의로 이루어진다.

정의의 두 원칙은 i) 각자는 모든 사람의 유사한 자유 체계와 양립할 수 있는 평등한 기본적 자유의 가장 광범위한 전체 체계에 대해 평등한 권리를 가져야 한다. ii) 사회적·경제적 불평등은 최소 수혜자에게 최대 이득이 되고, 공정한 기회균등의 조건 아래 모든 사람에게 개방된 직책과 직위가 결부되게끔 편성되어야 한다는 것이다.

롤즈는 공리주의가 개인의 자유를 침해할 가능성에 주목하였으며, 평등을 통한 정의, 자유와 평등의 가치에 대해 흔들리지 않는 확신을 갖는다. 롤즈는 칸트의 의무론과 같이 보편적으로 수용할 수 있는 옳음과 그름의 기준을 기초로 정의론을 구성(의무론적 정의론)하며, '정의'를 사회제도들의 제1덕목으로 내세운다. 즉, 법과 제도가 아무리 효율적이고 정연하다 할지라도 그것이 정의롭지 못하면 개혁되거나 폐기되어야 한다고 주장한다(정의론, 36).

롤즈가 내세우는 '자유의 우선성', '축차적 서열'은 밀이 주장하는 '단순한 원칙으로서의 자유'의 중요성과 일맥상통한다. 롤즈와 밀은 강력한 자유의 옹호자이다. 두 사람 모두 양심의 자유, 사유와 표현의 자유, 토론의 자유를 강조한다. 후견주의적, 도덕적인 간섭을 적극적으로 배제한다. 물론 롤즈와 밀 사이에 차이점도 있다. 밀이 규범적으로 자유의 중요성을 주장하였다면, 롤즈는 계약론을 통해서 '개념을 통해 정치(精緻)하게' 자유를 옹호한다. 이런 롤즈의 정의론의 이론적 출발은 공리주의가 왜 정의가 될 수 없는가이다.

공리주의는 분배의 문제에 무관심하다는 것이 롤즈의 주장이며, 이는 정의론을 논하는 데 있어 공리주의의 치명적인 약점이라는 것이 롤즈의 일관된 주장이다. 롤즈는 공리주의를 다음과 같이 비판한다.

"공리주의 정의관의 특징은 이러한 만족의 총량이 개인들에게 어떻게 배분되는지에 대해 간접적으로 문제 삼으며, 한 개인이 자신의 만족을 시간상으로 어떻게 분배할 것인가에 대해서도 간접적으로만 문제 삼고 있다는 점이다. 어느 경우에 있어서나 최대의 만족만 산출한다면 정당한(옳은, correct) 분배가 된다는 것이다. 사회는 권리와 의무, 지위와 특정, 그리고 여러 형태의 부 등 어떤 것이든 간에 그러한 만족의 수단들을 가능한 최대치를 달성하도록 분배해야만 한다. 그렇지 않으면 동일한 총량을 산출하는 때에만 보다 평등한 분배가 선택된다는 경우를 제외하고는 어떠한 분배도 다른 분배 방식보다 낫다고 할 수 없다. 정의에 대한 어떤 상식적인 신조들, 특히 자유 및 권리의 보호에 관련된 신조와 당연한 보답을 요구하는 신조는, 이상과 같은 주장과 상충한다. 그런데 공리주의적 관점에서 볼 때 이러한 신조와 그 엄정해 보이는 성격에 대한 설명은 그것들의 경험에 비추어 볼 때 엄격히 준수되어야 할 신조이기는 하나, 오직 이익의 총량이 극대화되어야 하는 예외적인 상황에서만 어겨질 수 있는 신조라는 것이다. … 더욱 중요한 것은 소수의 자유를 뺏는 것이 다수가 누리게 될 보다 큰 선에 의해서 정당화되지 않을 이유가 없다는 것이다. …
공리주의에 도달하는 가장 자연스러운 방법은(물론 유일한 방법은 아니지만) 개인에 있어서 합리적인 선택 원칙을 사회 전체에도 채택하는 일이다."(정의론, 53-64)

자유의 문제에서 롤즈는 밀이 내세우는 '자유 주장'이 합리적 추구의 전제조건임을 인정한다. 밀은 자유로운 제도에 대한 근거를 다음과 같이 세 가지로 든다(정의론, 286).

i) 자유로운 제도들은 인간의 능력과 힘을 계발시키고 강력하고 활력 있는 성격을 일깨우는 데 필요하다.

ii) 여러 활동에서 선택하는 인간들의 선호가 합리적이고 지혜로운 것이 되기 위해서는 자유로운 제도가 필요하다. 자유의 억압은 언제나 비합리적인 것이 되기 쉽다.

iii) 인간들은 자유로운 제도 아래서 살기를 더 바랄 것이다.

물론 밀에 있어 자유는 인간 행복의 기본 조건이며, 이는 공리주의적 특성을 갖는다. 생각과 언론의 자유는 철저히 보장되어야 하며, 이는 다른 사람에게 위해를 가할 때만 제한될 수 있다. 밀은 주장이 진실이 아니라도, 그런 주장을 펼칠 수 있는 자유는 보장되어야 한다고 주장한다. 그렇지 않으면 우리는 진리를 찾아가는 길을 잃게 되며, 그 수용하는 주장에 대한 근거를 잃게 되기 때문이다. 이는 결국 그 사회 전체에 이익이 되지 못한다. 밀의 공리주의 입장에서 보면, 자유가 제한되는 경우는 다만 공공영역(the public sphere)이다.

롤즈는 그럼에도 밀은 '평등의 자유'를 다루지 않았다고 본다. 물론 밀은 『자유론』에서 '시정적 정의(corrective justice)' 문제를 다루지 않는다. 어떤 기준에 의해, 무엇이 분배되어야 하는가의 문제이다. 반면 롤즈는 평등의 문제를 다루며, 시정적 정의 문제를 다룬다. '분배적 정의'와 '시정적 정의' 구분은 아리스토텔레스의 니코마코스윤리학 제5권에서의 논의이다. 롤즈는 유용성(utility)의 원리가 자유를 지지하고 있음을 인정한다. 또한 『자유론』 제3장에 대한 몇 가지를 언급하면서 이를 다음과 같이 요약한다.

"그러나 밀의 주장은 비록 유력한 것이긴 하지만 모든 사람에 대한 평등한 자유를 정당화하지는 못할 것이다. … 한 사회가 본질적 가치(intrinsic value)

의 총계나 관심에 대한 만족의 순수 잔여량을 극대화하는 시도를 할 경우 거기에는 그러한 단일한 목표를 위한다는 명목 아래 소수자에 대한 무시가 정당화될 수 있다는 것을 쉽게 발견할 수 있을 것이다. 목적론적인 원칙에 입각할 경우 평등한 시민의 자유(the liberties of equal citizenship)는 불안정(insecure)한 것이 된다. 그러한 자유에 대한 논거는 추상적인 계산과 더불어 논의의 여지가 있는 불확실한 전제들에 의거해 있는 것이다."(정의론, 287)

롤즈는 여기서 밀의 자유론을 주장하기보다, 그 특징을 보여주려고 하는 것으로 보인다. 즉, 밀의 자유는 평등적 자유(equal liberty)에 해당되지 않는다는 점과 그 자유는 공리주의적인 계산에 의존한다는 점이다. 즉 그 자유가 오늘날 지지를 받을지라도, 내일은 다른 계산으로 인해서 지지를 잃을 수 있다는 것이다. 롤즈의 공정으로서의 정의는 따라서 어떤 본질적 잔여 가치의 총계를 극대화하는 방식이나, 만족의 최대 순수 잔여량, 효용의 극대화나, 최대 행복의 만족에 근거하는 것이 아니라, 전혀 다른 기반을 갖고 있다는 점이다. 롤즈의 정의론은 '시민 각자가 도덕적인 존재로서 공정하게 대우받을 경우, 그들이 받아들이게 될 협동체제의 원칙들을 실현하기 위해서 그러한 권리들이 할당된다.'(정의론, 288)

밀이 자유를 주장하는 근거는 롤즈가 보는 바와 같이 공리주의에만 기초해 있는 것은 아니다. 가령 밀은 사유의 자유가 요구되는 유일한 혹은 주된 이유는 "보통 사람들로 하여금 그들이 성취할 수 있는 정신적 발달을 획득하도록" 하는 것에도 중요할 뿐만 아니라 필수 불가결하다고 본다(자유론, 243). 또한 밀은 "진실된 의견이 인간의 정신에 풍부하게 존재하지만, 편견 즉 논의와 무관하고 논의의 대상이 되지 않는 신념으로서 존재한다고 가정한다면, 이것은 진리가 이성적 존재에 의해 지지가 되는 방법이 아니다"라고 말한다(244).

이러한 밀의 자유에 대한 주장은, 계산에 따른 '최대 다수의 최대 행복'의 공리주의에 기초한 주장과는 다르다. 토론의 자유에 대한 당위는 진리의 발견과 진리의 확산에서도 찾을 수 있다. 무엇보다 자유에 대한 밀의 주장은 『자유론』 3장에서 보이는 개별성과 자기 발전에서 볼 수 있다. 밀은 '사람의 지각, 판단, 특이한 감정, 선호 심지어 도덕적 선호(選好)'와 같은 능력(faculties)도 오직 선택을 거듭하는 과정을 통해서만 단련되고 발전된다고 말한다. 관습에 따르는 사람은 당연히 아무 선택도 하지 않는 사람이다. 정신이나 도덕적 힘도 근육과 마찬가지로 써야 커진다. 밀은 이처럼 인간이 온전히 발전되려면, 인간 스스로 선택하고 결정할 수 있어야 한다고 본다. 이런 지적 활동, 정신과 자기발전에 자유가 전제되어야 함은 당연하다.

롤즈는 소수나 개인의 희생을 통한 다수의 행복을 극대화하는 방식을 반대하며, 정의 문제를 해결할 수 없다고 본다. 롤즈는 밀의 자유가 '평등적 자유'를 정당화하지 못한다고 본다. 또한 밀은 자유를 행복의 수단으로 간주한다. 그러나 『자유론』에서 자유는 본질적 가치이며, 인간 행복(well-being)의 내재적 요소이기도 하다. 밀이 자유를 행복의 수단뿐만이 아니라 본질적 가치로 주장하였다면, 롤즈는 『정의론』에서 어떤 다른 가치에 앞선 자유의 우선성을 강조한다. 롤즈의 원초적 입장, 무지의 장막, 축차적 서열, 정의의 두 원칙 등 개념 등은 모두 자유의 우선성을 도출하기 위한 발견적 장치(heuristic- device)이기도 하다.

5. 하버마스의 공론장과 심의 민주주의

하버마스(Jürgen Habermas)는 2019년 6월 18일 아흔 번째 생일을 맞았다. 그는 선천적인 구개파열(Gaumenspalte)로 인하여 소통에 어려움을 겪었으나,

이러한 언어적 장애는 오히려 공론장(Öffentlichkeit), 담론윤리(Diskursethik), 의사소통이성(kommunikative Vernunft) 등 개념에서 보듯이 자신의 연구의 출발점이 되어 주었다. 하버마스의 철학적 연구와 사유는 매우 넓다. 그 예로 1992년에 출간된 『사실성과 타당성』(Faktizität und Geltung)[35]에서 '담론적 법이론'과 더불어 자유주의와 공화주의 전통의 대립을 극복하는 '담론적 민주주의 이론(Diskurstheorie der Demokratie)'을 제시하고 있다.

하버마스에 따르면 현대사회는 복합적인 미디어 속에서 조정(Steuerung)이 이루어진다. 조정은 통합의 문제이기도 하다. 그러나 갈등 없이 조정은 있을 수는 없다. 조정은 소통의 합리성, 정당성의 획득, 담론을 통한 해결, 그리고 이상적인 언어적 상황에 의존하기 때문이다. 어떤 사회도 미디어, 돈, 권력, 그리고 경제와 국가라는 조정 장치를 떠나 존재할 수 없다. 하버마스는 현대 사회에 근본적인 갈등상황이 내재해 있다고 본다.

하버마스는 그의 연구의 초기에 공론장에 관심을 가졌다. 그는 18~19세기의 영국, 프랑스, 독일에서 형성된 커피하우스, 살롱, 독서 아카데미 등을 비교 관찰하여 이상적인 '부르주아 공론장'의 발생 과정을 찾았다. 영국에서는 17세기 초반에 커피하우스가 처음 문을 연 이후 18세기 초에 이르러서는 3천 개가 넘는 커피하우스가 생겼다. 하버마스에 따르면 이러한 문화적 공간은 부르주아 계급, 자본가들 일상의 사적 소비를 위한 공간이 아니라, 자신들의 의견을 수렴하고 표출하며, 때로는 당시의 절대 군주를 비판하는 기능을 수행하는 공간으로 이용되었다. 커피하우스와 살롱에서의 토론 문화가 형성된 것이다. 하버마스는 이와 같은 정치적 기능을 수행한 커피하우스, 살롱, 독서 아카데미의 기능을 '공론장(Öffentlichkeit, public sphere)'의 개념으로 수렴한다. 공론장은 사람들이 만나는 시장과는 다르며, 개인적인 것

---

35 위르겐 하버마스. 한상진·박영도 역. 사실성과 타당성 – 담론적 법이론과 민주주적 법치국가 이론, 나남, (2000, 2010 재판2쇄).

(das individuelle)이나 사적인 것(das Private)에 반하는 공공성과 연대성 등의 의미를 갖는다. 그러나 부르주아 공론장은 사적 개인으로 구성된 공중으로 구성되어 있으며, 공론장에 참여하는 주체는 이성적 사유 능력을 갖춘 개인(공중, public)이다. 개인들은 공중으로서 사적인 개인의 특수 이익을 좇는 것이 아니라, 자신들 모두에게 관련된 문제를 논의한다. 개인은 사적 존재와 공적 존재로서의 이중적 존재성을 갖는다.

부르주아 계급이 어떻게 해서 '공중'으로서의 역할을 하게 되었는가에 대하여 두 가지로 답할 수 있다. 하나는 자기 자신을 개인이라는 독립적 존재로 인식하는 '정신적 힘'이고, 다른 하나는 주체적인 개인들이 고립된 존재가 아닌 구성원으로서 정보와 의사를 교류하는 의견공동체로서 구성될 수 있게 하는 '문화적인 힘'이다. 그래서 공중으로 결집한 사적 개인들은 읽은 것에 대해 공개 토론을 하며, 그에 대한 계몽을 공동으로 수행한다. 커피하우스, 살롱, 독서아카데미, 만찬회를 통해 이성을 가진 개인은 공중으로서 합리적-비판적 토론의 공론장을 형성한다. 부르주아 공론장에서는 전통과 권위가 아닌 이성적이며 합리적인 토의가 이루어지며, 이를 통해 합의에 이른다. 한마디로 시민의 정치참여가 이루어진다. 하버마스는 공론장이 17세기 이후 유럽의 시민혁명과 민주주의를 이루는 데 결정적인 역할을 하였다고 본다.

하버마스는 『사실성과 타당성』에서 공론장을 과거 '부르주아 공론장' 의미를 확대한 '네트워크'로 규정한다.

"공론장은 행위, 행위자, 집단 및 집합체와 마찬가지로 기본적인 사회적 현상이다. 그러나 그것은 지금까지 사회질서를 설명해온 전통적 개념들로는 파악되지 않는다. 공론장은 개념화될 수 없으며, 더구나 조직으로 개념화될 수 없는 것은 확실하다. 그것은 권한의 분화와 역할 분화, 그리고 성원 자격에 대한 규제 등을 갖춘 규범적 구조물은 아니다. 마찬가지로 그것은 체계도 아니다. 왜냐하면, 공론장 내부에 경계선을 그을 수는 있지만, 외적으로 볼 때 그것은 개방적이고 삼투 가능하고 변화 가능한 지평을 특징으로 갖기 때문이다. 따라서 의견들의 소통을 위한 네트워크로 기술하는 것이다. 여기서 의사소통 흐름들이 걸러지고 종합되어 주제별로 묶인 공적 의견의 더미로 집약된다."(478-489)

부르주아 공론장의 구조변화는 18세기의 합리적 · 비판적인 토론의 중심이 형식과 기능면에서 변화되는 과정을 말한다. 이런 변화는 넓은 의미에서 공중(public)과 개인(private)의 분리이며, '국가의 사회화'와 '사회의 국가화'이다. 이는 하버마스가 보는 공론장의 중요한 구조(structure)변화이다. 하버마스가 강조하는 것은 사건이나 개인이 아니라 바로 이 구조변화에 따른 공론장의 기능변화이다. '사회'로 알려진 사적 영역은 시민사회와 가족의 개인 영역을 포함하고, 주요 대립은 경제와 가족이 한편이며, 그 반대에 국가가 있었다. 정치적 공론장과 문예적 공론장의 원래 모형은 사적 영역에서 작용하였다(그림 참조). 공론장은 공권력의 영역과 경제사회-가족의 중간에 위치하면서 공권력이 사적 영역에 영향을 미치는 것을 막아내는 기능을 수행하였다. 그러나 정치사회 구조의 변화로 포용적 · 비판적인 공론장은 의사소통에 영향력을 행사하며 조종하는 권력화한 투기장으로 되었다(공론장의 구조변화, 35). 정치와 행정 등 공공의 문제에서의 토론과 의견형성에서 시민의 동등한 참여는 제한되었으며, 정보와 광고의 소비자로 전락하였다. 대중매체가 등장하여 공적 토론을 대신하였다. 호르크하이머와 아도르노가 말하는 '문화산업'으로서 선전, 광고가 주도하게 되었다. 하버마스가 보기에 비판적인 공론장은 '유사 공론장'으로 변질하였다.

사적 영역(부문)		공권력 영역
부르주아 사회 (상품교환과 사회적 노동의 영역)	정치적 공론장 문예적 공론장 (클럽, 신문)	국가 ['내무(경찰)행정'의 영역]
핵가족 내부공간 (부르주아 지식인)	(문화적 재화 시장) '도시'	궁정 (궁정·귀족사교계)

(공론장의 구조변동, 111)

⇧
– 국가의 점진적 사회화
– 사회의 국가화

⇨ 국가와 사회분리
붕괴

⬇

자유주의적 형태의 공론장 해체

18세기 부르주아 공론장 개요

공중은 문화를 논하는 공중에서 문화를 소비하는 공중으로 바뀌었다. 부르주아 공론장의 구조변화에서 다음과 같은 특성들이 나타났다.[36]

i) 신문기능의 변화

신문은 공론장의 가장 탁월한 제도였으나, 1830년대부터 영리사업으로 변화되었다. 신문은 정견(政見)의 압박에서 벗어나 논쟁적 태도를 배제하고, 상업적 경영의 이윤에 집착하며, 신문 편집 활동인 문예적·정치적 활동은 이윤을 위한 활동으로 전환되었다. 또한 정보와 오락 기사가 중심인 대중 저가지(Penny Press)가 등장하였다. 풍자, 부패, 사고, 재해, 스포츠, 흥미 뉴스가 공공성을 가진 정치적 뉴스를 밀어냈다(공론장의 구조변화, 316). 광고 산업이 기업이익의 기초가 되었으며, 전문 광고회사가 등장하였다(345). 공론장

---

36 정재각, 독일 사회철학 강의, 인간사랑, 2015, pp.590-594.

에서의 사적 개인으로서 성찰적 능력을 지닌 교양 있는 공중, 공적 문제를 이성적으로 사유하고 토론할 수 있는 주체가 사라졌으며, 고전적 의미에서 공중의 의사소통 기능이 상실되었다.

ii) 공개성의 의미 변화

비판하고 토론하는 의미로서 공론은 '전시'의 의미로 변화하였다. 비판의 원리로부터 조종된 통합의 원리로의 기능전환이다. 문예적 공론장이 커피하우스 및 살롱으로 대표되는 정치적 공론장의 예비적 구획에 해당한다면, 정치적 공론장은 개별적인 사적 이해관계의 경쟁으로부터 상당히 벗어나 있었다. 그러므로 정치적 타협으로 유보된 결정들이 '정치적 논의'라는 절차에 의해 해결될 수 있었다. 공론장의 '통합의 원리'로서 기능이 작동한 것이다. 그러나 공론장은 권력을 비판하고 견제하는 것이 아니라, 오히려 권력에 종속되었고, 문예적 공론장은 그 특유한 성격을 상실했다(324). 하버마스는 이를 공론장의 재봉건화라고 규정한다(278, 402). 재봉건화 과정에서 사회적 개인들은 비판적 청중으로 조직화되지 못하고 오히려 소비문화의 향수자로 전락하게 되었고, 국가의 정치적 조작에 예속되었다.

iii) 정당과 의회의 변화

하버마스는 정치적 공론장의 해체에 따른 의회주의를 비판한다. 과거 부르주아 공론장의 시대에서는 정치적 공론장에서 형성된 여론이 정당으로 투입되고, 의회에서 정치토론이 전개되어 권력에 대한 견제와 투쟁이 이루어졌다. 그러나 현대 정당은 부르주아 시대의 명사정당과 같이 정당인과 지지자들 간의 긴밀한 공적 토론을 하는 것이 아니라, 전문화된 정치인들을 대상으로, 자신들의 정치노선이나 견해를 전달하고 선전한다. "의회 자체는 토론단체에서 전시단체로 변화된다."(367) 관료화된 정당은 이미 확정된 결정을 공론장으로 투입해서 지지를 확인받고, 이후 이를 의회 공간에서 법률로 확정한다. 의회는 특정한 정치적 사안을 둘러싸고 논쟁을 벌이기보다는 원내 교섭단체가 미리 확정하고 타협한 논의들을 올리고 형식적 토론을 하는 과정을 보여주는 장으로 변질되었다. 막강한 정당의 부상으로 당연히 의회 기능은 축소되었으며, 의회는 국가 정책을 둘러싸고 구성원들의 여론을 반영하는 것이 아니라 행정부의 결정을 입법으로 승인하여 주는 역할로 전락하였다. 행성부 또한 자신의 정책적 의지를 대중 앞에 정당화하기 위해 공론장을 조작한다.

하버마스는 의회가 논증에 의한 공적 토론의 장이 아니라, 정당들이 자신들의 주장을 변호하고 알리는 선전의 공간으로 변했다고 판단한다. 의회는 제조된 공론장으로 기능하며, 의회 선거의 민주주의 절차는 부르주아 공론장의 자유주의적 허구를 드러낸다(375). 하버마스는 정치적 주장과 담론을 전략적으로 권력 소유의 행위로 격하시키고, 합리적인 계산을 통해 이익의 극대화를 추구하며, 목적 달성을 위하여 타협을 추구하는 것을 경고한다. 반면 하버마스는 자신의 민주주의를 담론원리, 도덕원리, 민주주의 원리, 법치 원리 등에서 끌어낸다.

심의민주주의

민주주의와 토론의 관계는 이미 오랜 역사를 갖고 있다. 그리스인들은 민주주의를 서로 이야기하는 담론에서 그 특성을 보았다. 심의 민주주의는 정치를 서로 이야기하는, 서로 의사소통을 하는 포럼(forum)으로 파악한다. 'Deliberate(심의, 숙의)'는 '심의 · 검토하다', '서로 상의하다', '자문을 구하다' 등을 의미한다. 고대 그리스에서 연설은 3가지 유형으로 분류된다. 심의 · 자문 연설(symbuleutische Rede), 법원판결 연설(dikanische Rede), 예찬 연설(epideiktische Rede)이다. 'Deliberate'는 전형적인 심의 · 자문의 수사학이다.

'Delieberate'는 행위를 반대 개념으로 갖는다 (deliberare versus agere). 그 예로 입법부는 심의하고, 행정부는 집행이라는 행위를 한다. 롤즈는 deliberation을 의회나 법원과

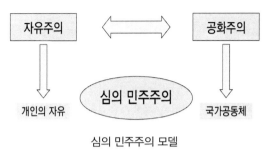

심의 민주주의 모델

같은 제도와 연관을 짓는다. 반면 하버마스는 deliberation을 의회와 법원 밖에서 이루어지는 광의의 '협의'에서 일어나는 과정들로 본다. 하버마스는 법철학과 정치이론에서 민주주의에 대한 새로운 모델을 찾는데, 이 모델에서 중심이 되는 것은 심의(deliberative)이다.

심의 민주주의는 '지배없는 토의(Herrschaftsfreies Diskurse)'에 기초한다. 한마디로 올바른 소통이란 누구나 배제되지 않고 참여하며, 어떤 주장이건 자유롭게 논의한, 이해와 합의에 기초한 결정이다. 칸트가 경험론과 관념론을 극복하여 자신의 초월철학을 만들어낸 것과 같이, 하버마스도 자유주의와 공화주의의 민주주의 모델을 극복하는 대안으로서 심의 민주주의를 제시한다.

자유주의와 공화주의는 오늘날에 와서 민주주의의 큰 기둥을 이루며 흐름을 이어왔다. 그중 자유주의에서는 로크와 칸트가 대표적이며, 공화주의에서는 마키아벨리와 루소가 대표적이다.

자유주의는 기본적으로 인간은 자기 이익을 최대한 추구하며, 인간 간의 상호행위와 국가와 인간 간의 행위는 법적인 관계를 갖는다. 자유주의는 자연법과 실정법의 원리를 받아들인다. 인간론에서 자유주의는 개인은 공동체에 우선한다고 보며, 사회적인 것은 개별행위의 총합으로 이루어지며, 그렇다고 그 자체가 어떤 질적인 특성이 있지는 않다고 본다. 자유주의에서 인간은 오직 경제적 합리성의 관점에서 행동하는 인간(homo oeconomicus)이

다. 정치제도에서 인간은 공화주의에서 말하는 시민(Bürger)이 아닌, 법인(Rechtsperson)으로서이다. 자유주의는 계약론적이며, 국가는 국민과 '지배계약'과 '사회 계약'을 맺는다. 사회계약에서 자유 국가가 구성원에 부여하는 핵심적인 권리는 '자유 권리'와 '재산 권리'이다. 그러므로 정치에의 참여와 같은 권리는 자유주의에서는 뒷전으로 물러난다.

그렇다면 '국가는 어떻게 정당성을 얻는가?'라는 질문이 제기된다. 자유주의에서 '정당성'은 법적인 계약자들의 주요 권리를 효과적으로 보장하는 데서 이루어진다. 즉, 국가의 정당성은 국민의 자유와 재산권을 어느 정도 보호하는지, 나아가 국민의 권리 침해에 얼마나 효과적으로 대응하는지에 따라 달라진다.

공화주의는 고대 그리스에 그 뿌리를 가지며, 자유주의와 반대의 성격을 갖는다. 가장 큰 차이는 공화주의는 방법론적으로 전체론(Holismus)이라는 점이다. 공화주의에 따르면 인간은 다른 인간과의 관계 속에서 살아가며, 나아가 공동체가 개인에 우선한다. 공동체는 개인과 가족 사회화의 핵심이며, 공동체 구성원에게 선이나 악과 같은 윤리와 도덕의 기준을 제시한다. 그러므로 공화주의에서 정당성은 개별 인간이 아니라, 공동체에서 찾게 된다. 공동체는 공화주의에서는 사회적 의미뿐만 아니라, 정치적 의미도 갖는다. 즉 인간은 정치적 동물로서, 공동체에 정치적으로 참여할 때에 인간으로서의 존재 가치를 갖는다. 사람들은 자발적으로 공동체의 공적인 일에 참여한다. 가령 한나 아렌트는 『인간의 조건』에서 인간의 행위를 세 가지 활동양식, 즉 노동(labor)·작업(work)·행위(action)로 나누는데, 행위는 다름 아닌 인간의 정치참여이다. 공화주의에서 분명해지는 것은 인간의 자치(Selbstregierung)이다.

하버마스는 자유주의와 공화주의를 다음과 같이 본다(사실성과 타당성, 398-405).

- 자유주의는 민주주의 과정에서 이익 타협의 형식에서 문제를 드러낸다. 타협형성의 규칙으로서 보통선거와 평등선거, 대의제 의회 구성, 의사결정의 양식, 의사(議事)규칙 등을 통하여 결과의 공정성을 보장하는 데 몰입한다. 이러한 규칙들은 궁극적으로 자유주의적 기본권을 통해서 정당화된다. 자유주의에서 시민들은 자기이익을 추구한다. 자유주의 모델의 중심축은 토론하는 민주적 자결이 아니라, 법치국가를 통한 경제사회의 기본 틀을 확립하는 데 있다.
- 공화주의 모델은 민주적 의지형성을 윤리적·정치적 자기 이해의 형식에서 찾는다. 공화주의 모델에서 사회는 시민의 정치적 의견 형성 및 의지 형성이라는 매체를 통하여 자신을 정치적으로 구조화된 전체로 구성한다. 여기서 사회는 처음부터 정치사회, 즉 시민사회(societas civil)이다. 자유주의 모델에서는 '국가 중심적 정치관'이 드러난다면, 공화주의 모델에서는 '국가 기구에 대항하는 정치관'이 생겨난다.

하버마스는 자유주의와 공화주의의 장점을 물려받되, 그 약점은 버리는 '담론적 민주주의(심의 민주주의)'를 제시한다.

- 담론 이론에 의하면, 토의정치의 활성화는 집합적으로 행위할 수 있는 시민에 달린 것이 아니라, 제도화된 심의와 비공식적으로 생성된 의견 사이의 협력과 이에 상응하는 절차와 의사소통 전체의 제도화에 달려 있다(400).
- 담론이론은 민주적 절차나 정치적 공론장들의 의사소통 네트워크를 통하여 이루어지는 상호이해 과정의 한 차원 높은 상호주관성을 고려한다(401).

심의 민주주의는 정치적 의견 형성과 의지 형성 과정에 중심을 두며, 법치국가의 헌법 원리 또한 받아들이는 것이다. 하버마스의 심의 민주주의는 민주적인 결정의 토대를 이루는 이해 지향적·질적, 그리고 잘 조정된 소통

(Kommunikation)에 가치를 둔다. 그 소통의 핵심은 주제에 대한 정보와 주장의 적정한 상호 교환에서 토론과 심의이다. 정치와 법률에 관한 심의에서 '우리가 무엇을 해야 하는가?'라는 질문은 규제가 있어야 하는 소재의 종류에 따라 분화되며, 이에는 '실용적 질문', '윤리적·정치적 질문', 그리고 '도덕적 질문' 3가지가 있다(사실성과 타당성, 제4장). 실용적 질문은 목표와 선호가 주어져 있을 때 그 목표를 실현하는 데 적절한 수단을 찾는 행위자들의 진망에서 제기된다. 이 경우에는 목표에 대한 합리적 수단과 더불어 목표에 대한 합리적 평가 문제도 다루어진다. 윤리적·정치적 질문은 '우리가 무엇을 해야 하는가?'라는 질문은 목적 합리성의 지평을 넘어서기 때문에 제기된다. 공동체 구성원들은 이익 대립도 있지만, 어떤 생활양식을 공유하며, 공동의 삶에 대한 이상이 무엇인가를 갖기를 원한다. 어떤 프로그램이나 정책이 정당성을 얻기 위해서는 또 하나의 측면을 고려해야 하는데, 이는 '우리가 무엇을 해야 하는가?'라는 질문으로 실천이 따르는 도덕적 질문이다. 도덕적 질문은 칸트의 정언명령과 같이 '하나의 규범이 비교 가능한 상황에서 누구에 의해서나 준수되기를 모든 사람이 원할 때 비로소 그 규범은 정의롭다'(227). 하버마스는 이러한 토론과 심의를 통해 합의에 이르는 과정은 엘리트를 통한 대의제와 다수결을 통한 결정보다도 높은 정당성을 갖는다고 본다.

실용적 담론	모든 정당이나 이해관계자	이해에 대한 타협	목표지향적	가언명령적	행위전략의 합목적성 검사
윤리적·정치적 담론	공동체 모든 구성원	목표와 가치에 대한 이해	좋음 (우리에게)	치료적 충고	가치들의 확인
도덕적 담론	모두 (전체)	일반화된 가치에 대한 인정과 수용	정의로움 (우리 모두에게)	정언명령적	규범의 정의성 검사

하버마스의 담론의 3가지 유형

심의 민주주의에 대해 다양한 비판이 제기되는데, 이는 이상과 실제 간의 괴리 문제이다. 심의 민주주의에서 토론은 합의 지향과 이에 대한 기대가 있으며, 합리성에 대한 추측을 한다. 과연 토론하면 합의가 이루어지는가? 담론은 합의(Consent)도 이루어내지만, 불일치(Dissent)도 가져온다. 사람이 서로 만나서 이야기하면 합의에 이루는 경우도 있지만, 그 반대로 찬반만을 확인하는, 서로 넘지 못할 벽을 확인하는 것으로 끝나는 경우도 있다. 가령 홉스는 아리스토텔레스의 인간을 정치적 동물로 보는 것을 부정한다. 왜냐하면 권력이 인간을 서로 붙들어 맨다고 보지 않기 때문이다. 인간의 '혀'는 전쟁을 부르는 나팔도 되기 때문이다. 담론이 반드시 더 나은 합의에 이르는 것은 아니라는 의미이다. 합의를 도출할 수 있다고 기대하는 것은 합리성을 지나치게 이상화하는 것일 수 있다. 담론은 규범에서의 진실, 표현에서의 옳음을 다룬다. 그러나 과연 정치적 의사소통 행위가 진실과 옳음에 기반하고 있다고 보장할 수 있으며, 이루어지는가? 합리적인 담론이 이루어지기 위해서는 이를 위한 조건이 이미 만들어져야 하는데, 그렇지 못한 경우도 얼마든지 있다. 가령 한국의 의회 정치와 입법과정에서 의원들의 질문과 답변, 더 나아가 투표 행위에는 정당의 강력한 기율이 '강제성'으로 작용한다. 국회의원이 자신이 속한 정당의 지침과 결정에 반한 주장을 내세우며 투표 결정에 참여하는 경우가 얼마나 되는가? 한국사회에 뿌리내린 이념적 양극화와 분열은 합의를 이루는 데 있어서의 한계성을 보여준다. 결국 실제의 현실에서 볼 때, 강제성 없는 강제, 강제성 없는 담론은 존재할 수 있느냐는 질문하게 된다. 강제성 없는 담론은 결국 유토피아적이라는 비판에 직면한다.

가짜뉴스(Fake-News)와 언론조작의 문제도 있다. 가짜뉴스는 언론 자유의 기본을 흔들 뿐만 아니라, 처음부터 정당한 의사소통의 규칙을 파괴한다. 청중 중에서는 '듣지 못하는 사람'도 있지만, 처음부터 귀를 막고 '듣지 않으려는 사람'도 있다. 가짜뉴스와 언론조작은 윤리와 도덕, 그리고 신뢰의 문제이기도 하며, 심의 민주주의만이 직면한 문제도 아니다.

심의 민주주의가 작동하기 위해서는 결정에 참여하는 사람들 간 사회적 권리의 평등이 전제되어야 한다. 사회적 불평등은 정치적 불평등을 야기하기 때문이다. 사회적 불평등 속에서의 민주적 헌법을 마르크스는 '광대극(Farce)'이라고 불렀고, 하버마스는 '퍼사드(Fassade, 가림막)'라고 하였다. 사회적 문화적, 정치적, 사회적, 경제적 대안들에 대해 민주적인 결정을 하고자 할 때, 이에 대한 어떤 헌법적ㆍ제도적, 또는 압도적인 경제력 등에 의해서 제한을 받지 않아야 한다. 민주적 담론은 다양한 윤리와 도덕의 문제, 정의, 그리고 목적의 합법성 모두를 다룬다. 하버마스의 공론장과 심의 민주주의는 다음과 같이 한마디로 표현할 수 있다.

민주주의는 공론장을 통해서 살아간다!

6. 로널드 드워킨의 자유주의적 평등

로널드 드워킨은 『민주주의는 가능한가』[37]에서 다수결 민주주의를 비판하고 동반자 민주주의를 대안으로 제시한다. 그는 서두에서 이렇게 쓰고 시작한다.

"미국 정치는 끔찍한 상태다. 거의 모든 것에 대해 극렬하게 의견이 갈린다. 테러와 안보, 사회정의, 정치와 종교, 어떤 사람한테 판사 지격이 있는가, 민주주의는 무엇인가. 그냥 의견 충돌 정도가 아니라 양쪽이 상대를 전혀 존중하지 않는다. 더는 자치의 협력이라고 할 수도 없는 상황이다. 미국 정치는 전쟁의 양상에 가깝다."(11)

---

37 로널드 드워킨, 홍한별 역, 민주주의는 가능한가, 문학과 지성사, 2012.

이 서두의 말을 미국만이 아니라 한국에 그대로 적용하면 어떻게 보일까? 전혀 이상하게 보이지 않는다. 왜 그런가? 드워킨은 이 질문을 하고 그 대안을 찾는다.

드워킨(1931-2013)은 하버드 대학을 졸업하였으며, 롤즈의 뒤를 잇고 있는 권위 있는 법학자이자 진보적 · 자유주의적 철학자이기도 하다. 2004년 미 대선에서 공화당의 붉은색과 민주당의 푸른색으로 갈린 투표 결과를 분석하면서, 미국 사회가 어떻게 "정치적 분열"을 겪고 있는가를 보여준다. 테러리즘과 인권을 둘러싼 쟁점, 낙태와 동성결혼을 둘러싼 쟁점, 과세와 경제적 자원의 재분배를 둘러싼 쟁점, 민주주의의 성격과 절차를 둘러싼 쟁점 등이다. 가령 부시 행정부의 안보와 자유 사이의 새로운 균형점을 찾아야 한다는 주장에 대해 보수주의자들은 지지한다. 반면 자유주의자들은 정부가 내놓는 새로운 균형점은 자유를 지나치게 억압하며, 현재 미국 정부가 해왔고 여전히 하는 행위를 정당화할 만큼 급박한 위기 상황도 아니라고 말한다 (43). 분열된 사회에서 유권자들은 삶의 중요성에 대한 인도주의적 생각은 열렬히 받아들이면서, 사회복지 프로그램의 삭감을 약속하는 정치가에게 표를 준다. 신앙에 대한 개인적 책임을 강조하면서도, 기독교 국가를 만들겠다는 정치가들을 지지한다.

드워킨은 건강한 논쟁이 없다면, 깊고 쓰라린 분열만 있고 다수의 횡포가 지배할 수밖에 없으며, 결국 민주주의가 그 가치를 실현할 수 없다고 본다. 그렇다면 민주정치에서 논쟁은 왜 중요한가? 드워킨은 '어떤 국가의 정치도 철학 세미나처럼 운영될 수는 없다'고 본다(170). 또한 민주주의에서 논쟁이 중요할 수밖에 없는가를 적극적으로 옹호한다. 드워킨에 따르면 현재 우리의 민주주의는 '경제, 철학, 환경, 과학 등에 대한 지식이 없고 이런 분야에 대한 자질을 갖출 만한 시간도 능력도 모자란 수천만의 사람들의 판단'에 의존하는 체제이다. 자기의 정치적 성향을 두고 철학적 논쟁을 벌이는 데 아무 관심이 없는 사람이 많다. 이들은 정치를 합리적 결정이 아니라 스포츠에서 팬이 야구팀을 대하듯이 충성의 문제로 생각한다. 이는 진정한 논쟁이나 내적 성찰 같은 것에는 전혀 관심이 없다는 것을 말한다.

민주주의가 논쟁 없이 시민 의견의 분포를 끌어 모아 다수 의지가 무엇인지를 보여주는 것으로 끝난다면, 귀족정이나 군주정에 비해 나을 것이 없다고 본다. 민주주의에서 시민의 선호는 공적 논쟁을 통해서 형성되어야 한다. 민주주의가 갖는 진정한 가치는 의견의 분포를 해석하는 차원에 있는 것이 아니라 의견을 형성해가는 차원에 있다. 민주주의에서 그 토론과 논쟁의 수준이 초등학교 수준을 넘지 못한다면 얼마나 끔찍하겠는가?

드워킨은 모두가 동의하고 공유하여 진정한 논쟁의 바탕이 될 수 있는 기본 원리를 제시한다. 이는 칸트 이후 자유주의 철학자들에 의해서 개진되고 이후 민주주의가 발전하는 동안 심화한 원칙들이다.

첫 번째 원칙은 '본질적 가치'로, 모든 인간은 존엄하고 특별한 객관적 가치를 가지고 있다는 점이다(22, 190-192). 이는 평등한 배려이다. 따라서 정치적 상대가 어떤 사람이고 정치적 판단을 할 능력이 있는가의 문제와 무관하게 동료 시민으로서 인정하여야 한다.

두 번째 원칙은 '개인적 책임의 원칙'으로, 각각의 개개인은 판단과 행동에 대한 자율적 책임을 갖는다는 것이다(22-23, 192-193). 이는 자기 삶에 대한 독립적 책임을 지는 것이며, 어느 사람도 다른 누구로부터 자신이 가진 개인적 가치를 동의 없이 강요받을 수 없다.

드워킨은 이런 두 가지 원칙을 통해 정치적 차이를 넘어 진정한 토론이 이루어질 수 있다고 믿는다.

드워킨은 민주주의에 대한 서로 대립하는 두 가지 견해를 따진다. 먼저 다수결주의이다. 다수결주의 견해에서 민주주의란 다수의 뜻에 의한 정치다. 곧 보편참정권을 보장하는 선거를 통해 표현된 가장 많은 사람의 의지에 따라 이루어지는 정치다. 그러나 다수가 공정한 결정을 내릴 것이라는 보장은 없다. 정치적 논변이 무엇인지를 발견할 책무가 있다는 관념은 다수결 민주주의에는 매우 낯선 것이다. 다수결 견해에서는 정치적 의견이 어떻게 분포되어 있는가만 중요할 뿐, 이들 의견이 어떻게 형성되었는가는 민주주의의 문제가 아니기 때문이다. 그래서 시스템상 다수가 소수의 이해를 뭉개버리게 되므로 소수에게는 불공평한 결정일 수 있다. 그렇다면 민주주의는 불공정하긴 하지만, 불공정하다고 해서 민주적이지 않은 것은 아니다. 다수결주의 개념에서 민주주의는 정치적 의견이 공동체 안에서 어떻게 분포되어 있느냐의 문제일 뿐, 이 의견이 어떻게 형성되었는지와는 무관하다(175-177). 다수결 개념에서는 우리가 결여하고 있는 논증적 정치 문화를 요구하지 않는다. 드워킨은 '다수결 민주주의'가 효율적이고 절차적으로 정당하며 공정해 보이지만, 사회적 문제들이 다수결로 해결될 수 없으며, 정치적 양극화가 심각할 경우 사회를 더 깊이 분열시킬 우려가 있다고 본다. 절차적 정의를 충족하는 가운데서, 다수가 소수의 견해를 무시하게 되면, 이는 소수에게 불공정한 것이 될 수밖에 없다. 공론장에서 진정한 논쟁이 없다면, 다수결주의는 다수의 횡포, 더 나아가서는 독재라는 비난을 면하기 어렵다.

다수결 민주주의와 대립하는 동반자 견해에서는 민주주의란 집단적 정치 과업에서 서로를 완전한 동반자(파트너)로 여기며 스스로 다스리는 것이다. 드워킨은 『자유주의적 평등』[38]에서 동반자 민주주의 특징을 다음과 같이 들고 있다(552~556).

첫 번째 차원은 대중 주권(popular sovereignty)이다. 이는 전체로서의 대중과 그것의 정부를 구성하고 있는 다양한 관리들 사이를 말한다. 동반자 민

---

[38] 로널드 드워킨, 자유주의적 평등, 염수균 역, 한길사, 2005.

주주의는 관리들이 아니라, 국민이 주인이어야 함을 요구한다.

두 번째 차원은 시민의 평등이다. 시민들이 전체 주권자로서 대표되지만, 여기서 시민 평등은 평등한 시민으로서의 참여 요구이다. 성숙한 민주주의에서는 이미 평등한 투표가 원칙적으로 확립되어 있다. 그러나 시민들이 동일한 영향력을 요구하는 것은 아니다. 즉 시민들의 어떤 집단이 그들의 신념을 호소할 기회를 전혀 얻고 있지 못한다거나, 또는 그런 기회가 급격하게 감소히여 손상을 입어서는 안 된다는 것이다. 정치의 입장료가 너무 높아서 아무나 정치의 장에 들어가지 못한다면, 이는 동반자적이지 않다.

세 번째 차원은 민주적 담론이다. 담론 없는 다수결은 "기만적"이다. 왜냐하면 민주주의가 정말로 무엇인가에 대해서는 서로 의견이 심하게 불일치하고 있기 때문이다. 집단적 행위의 진정한 가치는 상호작용을 요구한다. 만일 사람들이 각각의 시민을 정치사업의 동반자로 여기는 방식으로 통치를 한다면, 집단적 행위 이전에 각각의 시민들은 개인적으로 숙고할 수 있으며, 찬성과 반대의 이유를 알아야 한다. 그래서 하나의 문제에서 어떤 패배를 한 시민은 그 다수결에서 수가 모자라서 패배한 것이 아니라, 다른 사람을 설득할 기회가 있었지만, 그렇게 하지 못한 것에 대해 동의하고 만족할 수 있어야 한다. 다수결 민주주의는 이런 담론의 장을 제공하는 데 제한적일 수밖에 없다. 공공의 담론이 검열 때문에 또는 어떤 정치적 방해를 통해 장애를 받거나, 또는 상대편 의견을 고함과 비방으로 왜곡·무시하는 것으로 된다면, 오직 수단으로서의 투표만 남게 된다. 소수자나 다른 집단의 이해를 계속 무시하는 공동체는 설사 완벽한 다수결주의에 따른 방식으로 공직자를 선출한다고 할지라도 민주적이라고 할 수 없다(민주주의는 가능한가, 175-176). 언론을 장악한 정부의 반복적인 구호를 내보내는 정치 상업방송은 공적 담론을 타락시키며 훼손시킨다(자유주의적 평등, 558).

드워킨의 동반자 민주주의에 앞서 아렌트 레이파르트(Arend Lijphart)는 다수결의 문제점을 지적하여 왔다. 레이파르트는『Democracies: Pattern of Majoritarian and Consensus Government in Twenty-one Countries』(1984) 에서 민주주의 모델의 이념형으로 다수제 민주주의(majoritarian democracy)와 합의제 민주주의(consensus democracy)로 구분하고 그 특징을 따지고 있다. 민주주의 제도의 분류 기준은 권력이 집중되어 있느냐, 분산되어 있느냐와 정치과정에서의 권력의 집중과 분산이다. 정부 형태, 연방제와 단방제, 선거제도 등이 제도적인 요소들이다.

다수제 민주주의는 제도적으로 과반수 창출이 쉽다. 다수결은 한 표를 더 많이 얻은 사람이 권력을 잡는다. 그 창출된 다수가 통치함에 따라 견제 장치가 적고 다수의 뜻에 따라 통치가 이루어진다. 영국과 미국이 대표적이다. 반면 합의제 민주주의는 거의 모든 집단이 대의자를 배출하고, 그들 서로 간의 합의(또는 협상)를 통해 문제를 해결하는 정치제도를 갖고 있다. 그리고 권력도 분산되어 있다. 가치의 분배에 대한 결정 과정에서 가능한 많은 개인(집단)의 참여가 이루어지게 한다. 스위스, 독일, 오스트리아 등이 이에 속한다.

합의제 의사결정 방식은 정책 결정에 가능한 '최대한의 참여'를 지향하기 때문에, 이는 제도적인 수준에서 머무는 것이 아니라, 실질적인 시민과 집단의 평등이 보장되어야 한다는 것이 밀의 주장이다.

드워킨은 자유주의적 평등(liberal equality)을 주장한다. 그가 말하는 '최고의 덕(Sovereign Virtue)'이라는 말은 실질적으로 정치적 덕목으로서의 평등이다. 이러한 덕목을 잘 구현할 수 있는 정치는 '동반자 민주주의'이다. 동반자 민주주의에서 시민의 평등을 요구하는 것은 밀의 생각과 언론의 자유에 근거한다. 시민의 평등은 시민들 자신의 견해에 대한 존경과 동의를 얻기 위해 노력하는 데서 어떤 불이익을 받지 않기를 요구한다. 언론자유와 민주주의는 불가분의 관계이다. 민주주의에서 논쟁은 인간 삶의 가치에 관한 공통의 원칙을 세움으로써 의견의 장을 만들고, 합리적인 논쟁을 통해 그 의견이 선택되도록 하는 것이다.

논쟁이 없으면 민주주의도 없다!

제 4 부

맺는말

──── 맺는말

1. 정부 간섭 비판

밀은 『정치경제학 원리』(Principles of Political Economy)에서 정부가 사회 문제에 왜 간섭을 해서는 안 되는지, 개입한다면 어느 정도까지 해야 하는지의 문제를 다룬다. 정부의 간섭에서 논의되는 영역은 가령 공공교육, 노동시간 규제, 공공부조 등이다. 정부의 간섭을 옹호하는 사람은 그런 정부 간섭이 유용하다고 보며, 반면 이른바 자유방임(laisser-faire) 그룹은 인간과 재산의 보호를 위해서, 정부의 폭력(force)과 부패 때문에 제한되어야 한다고 본다. 밀은 정부의 간섭을 권위적(authoritative) 간섭과 비권위적(unauthoritative) 간섭으로 나눈다. 권위적인 간섭은 정부가 개인 모두에게 어떤 것을 하도록 또는 하지 말도록 지시를 내린다. 반면 비권위적 간섭은 정부가 명령이나 제재를 가하는 것 없이, 정보를 주거나 충고하는 수준에 그치고 개인이 알아서 결정하도록 하는 것이다.

밀은 다음과 같은 이유에서 정부 간섭에 반대한다.

- 정부의 간섭은 그 자체가 강제적(compulsory) 성격을 갖는다. 정부 간섭은 훨씬 제한된 합법적인 영역을 갖는다. 어떤 경우든 그에 대한 정당성이 요구된다. 개별 인간은 다른 타자나 사회에 의해 제한과 강제되지 말아야 할 넓은 삶의 영역을 갖는다. 인간의 개별성과 존엄, 내면적 의식, 사유, 감정 그리고 외적 행동 또한, 타자에 고통이나 해를 주지 않는 한 존중되어야 한다.
- 정부 기능의 증가는 결국 정부의 권력을 증가시킨다. 이는 정치적 자유에서 매우 의미가 있다. 정부는 그 자의적인 권력을 휘두르며, 좁고 직질치 못한 견해를 강요하며, 추상적인 의견이나 심지어 기호까지를 개인에게 법으로 구속하려는 경향을 가진다. 인간의 사유, 사상, 그리고 행위에서 개별성을 유지하여 주는 것이 진보의 원천이며, 이는 질적인 면에서도 동물과의 차이를 만들어 주는 것이다.
- 정부의 간섭은 정부의 영역(일)과 책임을 증가시킨다. 정부의 새로운 추가적인 기능은 이미 과부하가 걸린 정부의 업무 증가이다. 이런 정부는 일을 계획에 맞게, 문제없이, 등한시하지 않고 하기란 불가능하다.
- 정부가 정보나 지식에서 우월해도 결국 그 하는 일은 모든 개인이 하는 것보다 결국은 열등하다.
- 정부가 포괄적으로 한 국가에서 모든 지적 능력과 재능적 활동을 포괄한다 해도, 사회의 대부분의 영역은 그에 직접 관심이 있는 개개인의 손에 맡기는 것이 바람직하다. 민주적 제도에 의해서 지원되지 않으며 중앙정부에 국한된 민주적 헌법은 정치적 자유가 아니라 가장 낮은 사회 수준으로 정치지배의 열망과 야망을 품는 정신을 만들어낸다. 나라의 지식과 능력은 이기적 명예와 관직에 대한 사소한 허영심을 둘러싼 비참한 경쟁으로 변한다(CW III, 936-945).

2. 국가 권력의 비대화와 관료국가 비판

밀은 정부의 간섭을 최소화해야 할 이유를 분명히 하고 있다. 정부의 권력이 비대해질수록 그에 못지않은 해악을 불러온다고 본다. 밀은 관료제에 대해 매우 비판적이다.

- 만일 조직적인 협력 또는 거시적이고 포괄적인 판단을 요구하는 사회의 모든 활동이, 정부의 통제 아래로 들어가고 정부의 모든 부서가 가장 유능한 사람들로 채워진다면, 순수하게 사변적 지식과 관련된 모든 일이 수많은 관료기구의 손안에 집중될 것이다.
- 그렇게 되면 나머지 사람들, 보통 사람들은 자질구레한 일상생활에 필요한 지침을 얻기 위해서, 그리고 능력 있고 야심 찬 사람들은 개인적인 영달을 위해서, 일만 생기면 관료들을 쳐다보게 될 것이다.
- 그 결과, 이런 관료 사회의 일원으로 편입되는 것이, 그리고 일단 편입되고 나서는 또 신분 상승을 꾀하는 것이 희망의 전부가 되고 만다.
- 관료조직 바깥의 일반 시민들은 실무 경험이 없는 탓에, 관료들이 일하는 방식에 대해 비판하거나 견제하기가 어려워진다.
- 전제적인 정치 체제가 또는 때때로 민주적인 제도가 자연스러운 활동 과정을 통해, 개혁 성향의 지도자들을 내세우게 되더라도, 관료들의 이익과 상반되는 개혁은 시행할 수 없게 된다.
- 일반 시민들은 어떤 일을 해도 되는지, 심지어는 그 일을 어떻게 처리해야 좋은지 국가에 물어보지 않고서 혼자 힘으로는 아무것도 하지 않는 데 익숙해져 있다. 그래서 자기들에게 좋지 않은 일이 생기면 그것은 전부 국가 책임이라고 생각한다.
- 관료가 모든 것을 장악하고 있는 사회에서는 관료가 강하게 반대하는 일은 그 어느 것도 이루어질 수 없다.
- 지배받는 사람들이 지배자의 노예라고 할 수 있듯이, 지배자들은 또 그들

대로 그들 조직과 질서의 구속을 받는다.

- 한통속으로 묶여 있는 관료기관들은 반복되는 게으름 속으로 빠져드는 유혹에 끊임없이 시달린다.

- 재능 있고 효율적인 공무원 조직을 가지려면, 그리고 관료기구들을 현학자 집단으로 타락시키지 않으려면, 이 조직이 정부를 유지하는 데 필요한 능력을 키우고 발전시키는 모든 업무를 독점하지 못하게 해야 한다.[39]

"인간은 자기 손에 넣은 권력을 보면, 자기의 이해관계(interest)나 계급의 이해에 눈을 뜨게 되며, 다른 사람들이 자신을 존중한다는 것을 보게 되면 자신의 숭배자가 된다고 본다. 그래서 자신을 다른 사람들보다 100배나 가치가 있다고 본다. 그런 사람은 결국 결과와 관계없이 자의적으로 행동하며, 앞을 내다보는 습관은 약화된다."(CW XIX, 455)

밀이 국가 관료제에 대해서 두려워하는 것은, 관료제가 보수화되어 혁신적인 시도들을 무력화시키는 것이다. 관료제를 두려워하는 것은 관료들이 국민들이 원하지 않는 것을 그들에게 강요하는 것이 아니라, 어떤 일도 하지 않으리라는 것이다. 한마디로 복지부동이다. 밀이 볼 때 관료들은 폭군이기보다 사회조직의 기생충, '나태한 일상'에 파묻힌 타성적인 노예들이다. 이런 점들은 국가가 인재들을 독점해서는 안 되는 중요한 이유가 된다.

3. 정치인의 숙제

정부 기관이 너무 많은 일상의 활동을 관할하게 하지 않으면서, 권력 집

---

[39] 『정치경제학 원리』 제11장
CHAPTER XI: Of the Grounds and Limits of the Laisser-Faire or Non-Interference Principle(CW III, 913-972).

중과 지적 능력을 통해 얻을 수 있는 이점을 극대화하는 방법은 무엇인가? 큰 정부에 대한 비판의 대안은 무엇인가? 이는 정치하는 사람들이 풀어야 할 가장 어렵고 복잡한 문제들에 속한다.

- 효율성을 지키면서 최대한 권력을 분산해라.
- 정보는 가능한 한 중앙으로 집중시킨 뒤 그곳에서 분산시켜라.
- 이해관계가 직접 걸려 있는 사람에게 맡기는 것이 좋지 않은 일은, 지방주민에 의해 선출된 공무원들이 아주 작은 단위부서로 나누어 맡아 처리하게 하라.
- 일반 규칙이 미처 언급하지 못하는 모든 사항에 대해서는, 관리들이 지역주민에 대한 책임을 의식하며 스스로 판단에 따라 처리하도록 해야 한다.
- 중앙정부는 규칙이 잘 집행되는 선에서 지켜보는 것으로 족하다.

밀의 통치이론이 선언적이며 구체성을 담지 않은 듯 보여 비판을 받을 수도 있지만, 큰 원리에서는 논의의 적절성을 갖는다. 밀은 국가가 지배하는 사회가 아니라, 개개의 시민이 중심이 되는 사회를 중시한다. 시민의 가치를 존중하며, 실험정신을 높이 산다. 또한 정부가 시민들의 노력을 불러일으키는 대신 그 자리와 역할을 차지하며, 시민들의 활동들을 자신의 활동으로 대체할 때 해악이 발생한다고 본다.

밀은 『자유론』 마지막 5장 자유의 원리를 적용하는 사례에서, 다음과 같이 자유의 원리와 국가체제, 자유와 국가의 발전, 또는 쇠망과 연관하여 글을 맺는다.

"정부가 개인과 개별조직의 활동과 권한을 북돋우는 대신 그들이 할 일을 정부의 활동으로 대체해버리고, 정보를 주고 충고를 하고 경우에 따라 야단도 치는 대신 족쇄를 채워 강요하거나 아니면 그들이 할 일을 당사자는 내버려 둔 채 직접 해버릴 때, 바람직하지 못한 일이 벌어진다. 국가의 힘은 결국 국가를 구성하는 개인에게서 나온다. 국가가 시민들의 내면적 성장과 발전을 중히 여기기보다는 사소한 실무 행정 능력이나 세세한 업무 처리를 위한 기능적 효율을 우선한다면, 그리고 국가의 손바닥 위에서 말을 잘 듣는 온순한 도구처럼 만들기 위해 시민들을 왜소한 존재가 되도록 끌고 간다면(설령 그들을 위해 좋은 의도에서 그렇게 한다고 하더라도), 자잘하고 그저 그런 사람들로서는 크고 위대한 일은 전혀 성취할 수 없는 현실에 직면하게 될 것이다. 국가는 모든 것을 다 희생하면서까지 완벽한 기계를 얻고 싶어 했다. 그리고 그 기계가 더욱더 부드럽게 작동하는 데 도움이 된다고 생각해서 생명력을 포기해버렸다. 그러나 국가는 그것이 생명력을 잃어버린 탓에 결국에는 무용지물이 되어버리는 것을 목격하게 될 것이다."[40]

---

40 A government cannot have too much of the kind of activity which does not impede, but aids and stimulates, individual exertion and development. The mischief begins when, instead of calling forth the activity and powers of individuals and bodies, it substitutes its own activity for theirs; when, instead of informing, advising, and, upon occasion, denouncing, it makes them work in fetters, or bids them stand aside and does their work instead of them. The worth of a State, in the long run, is the worth of the individuals composing it; and a State which postpones the interests of their mental expansion and elevation, to a little more of administrative skill, or of that semblance of it which practice gives, in the details of business; a State which dwarfs its men, in order that they may be more docile instruments in its hands even for beneficial purposes — will find that with small men no great thing can really be accomplished; and that the perfection of machinery to which it has sacrificed everything, will in the end avail it nothing, for want of the vital power which, in order that the machine might work more smoothly, it has preferred to banish(310).

|참고문헌|

I . J.S. Mill 단행본

- John M. Robson, ed., Collected Works of John Stuart Mill, University of Toronto Press.
- (CW XVIII): Essays on Politics and Society Part I (On Liberty)(1977)
- (CW X): Essays on Ethics, Religion, and Society (Utilitarianism)(1833): Volume X
- (CW I): Autobiography and Literary Essays(1824): Volume 1
- (CW III): Principles of Political Economy Part II(1848): Volume III

II . J.S. Mill 번역서

● 『자유론』(1859)

· 성인기 역, 대성출판사, 1946.
· 윤하정 역, 현대문화사, 1956.
· 한태수 역, 한국번역도서, 1958.
· 이상구 역, 삼성문화재단, 1974.
· 차하순 역, 탐구당, 1975.
· 이극찬 역, 삼성출판사, 1989.
· 최요한 역, 홍신문화사, 2000.
· 이종훈 역, 지만지, 2008.
· 김형철 역, 서광사, 2008.
· 권기돈 역, 웅진씽크빅, 2009.
· 박홍규 역, 문예출판사, 2009.
· 김대성 역, 아름다운날, 2016.
· 박문재 역, 현대지성, 2018.
· 유원기 역, 계명대학교출판부, 2018.
· 서병훈 역, 책세상, 2005, 2018.
· Lemke, Bruno, Über die Freiheit, Reclam, 2017.

- 『정치경제학 원리』(1848)
  - 박동천 역, 나남, 2010.
- 『대의정부론』(1861)
  - 서병훈 역, 아카넷, 2012.
- 『공리주의』(1863)
  - 서병훈 역, 책세상, 2015.
  - 이정진 역, 시대가치, 2019.
  - 박상혁 역, 계명대학교 출판부, 2014.
- 『여성의 종속』(1869)
  - 서병훈 역, 책세상, 2018.
- 『자서전』(1873)
  - 배영원 역, 범우사, 1998.
  - 최명관 역, 창, 2010.
  - 박홍규 역, 문예출판사, 2019.
- 『종교에 대하여』(1874)
  - 서병훈 역, 책세상, 2018.

III. 문헌

- 김범춘. 정치도덕에 대한 드워킨의 해석학적 접근법, 통일문학 77, 2019, pp.167-196.
- 김성수. 자본주의와 민주주의, 상생의 정치경제학을 위하여, 박영사, 2018.
- 김요한. 단숨에 이해하는 자유론, 매경출판, 2015.
- 김원식. 근대적 자유 개념의 재구성: 다차원적 사회비판의 이념 모색을 위하여, 사회와 철학, 제27집, 2014, pp.81-106.
- 드워킨, 로널드. 염수균 역, 자유주의적 평등, 한길사, 2005.
- 드워킨, 로널드. 홍한별 역, 민주주의는 가능한가, 문학과 지성사, 2012.
- 박준식. 밀의 '성격(character)' 개념의 도덕교육적 함의: 존 스튜어트 밀(J. S. Mill)의 이론을 중심으로, 윤리철학교육, 2010, pp.79-91.
- 박혁. 정치현상으로서의 자유 — 한나 아렌트(Hannah Arendt)의 '정치적 자유' 개념 — ,

사회와 철학, 제18호, 2009, pp.417-456.

· 박홍규. 존 스튜어트 밀: 엘리트 자유주의와 제국주의의 기원을 찾아서, 인물과 사상, 2019.

· 서병훈. 위대한 정치: 밀과 토크빌, 시대의 부름에 답하다, 책세상, 2017.

· _____. 존 스튜어트 밀, 자유론, 그리고 정의, 상경논총, 2016, 제78호, pp.194-201.

· _____. 존 스튜어트 밀과 대의 민주주의, 수행인문학. 제36집, 2006, pp.5-29.

· 스카, G. 김요한 · 임정아 역, 밀의 『자유론』 입문, 서광사, 2014.

· 신평. 공적 관심사안과 언론자유의 확장 ― 미국 연방대법원의 Snyder v. Phelps 판결을 중심으로 ― , 헌법학 연구 제18권 제2호, 2012, pp.381-408.

· 아렌트, 한나. 김선욱 역, 전체주의 기원 1-2, 한길사, 2006.

· 아리스토텔레스. 천병희 역, 정치학, 숲, 2009.

· 왓킨스, F.M. 이홍구 역, 이데올로기의 시대, 을유문화사, 1997(3판).

· 웨스트, 헨리 R.. 김성호 역, 밀의 공리주의 입문, 서광사, 2015.

· 윤성현. 존 스튜어트 밀의 정치경제학과 헌법상 경제민주주의론 서설, 헌법학연구, 2015, pp.199-235.

· 이승현. 혐오표현 규제를 둘러싼 로널드 드워킨과 제레미 월드론의 논쟁, 법과사회 55호, 2017, pp.31-64.

· 이재진 · 이정기. 표현, 언론 그리고 집회결사의 장, 한양대학교 출판부, 2011.

· 이해영. 정책포퓰리즘과 온정주의적 정책의 균형, 한국정책연구, 제12권, 2012, pp.229-388.

· 임정아. '불간섭으로서의 자유'와 '종속으로부터의 자유' 비교, 범한철학, 제64집, 2012, pp.111-137.

· _____. 자유, 협력, 그리고 민주주의 ― 밀(J.S.Mill)의 사회개혁론을 중심으로 ― , 동서철학연구, 제65호, 2012, pp.145-166.

· 정미라. 정치적 행위와 자유 ― 한나 아렌트의 정치철학에 대한 비판적 소고 ― , 철학논총, 제76집, 2014, pp.611-628.

· 정재각. 가장 아름다운 나라, 플라톤 국가: 사유와 비판

· _____. 나쁜정부와 정의, 박영사, 2015.

- _____. 독일 사회철학 강의, 인간사랑, 2015
- _____. 칸트: 사유와 비판, 오렌지도서, 2017.
- 칸트. 백종현 역, 순수이성비판, 아카넷, 2009.
- _____. 백종현 역, 실천이성비판, 아카넷, 2009.
- _____. 백종현 역, 윤리형이상학, 아카넷, 2012.
- _____. 백종현 역, 이성의 한계 안에서의 종교, 아카넷, 2011.
- _____. Anthropologie in pragmatischer Hinsicht(인간학)
- 토마스, W. 허남결 역, 존 스튜어트 밀: 생애와 사상, 서광사, 1997.
- 프리드, 찰스. 이나경 역, 현대의 자유(Modern Liberty — And the Limits of Government), 바이북스, 2011.
- 플라톤. 박종현 역, 플라톤의 국가 · 정체, 서광사, 2005.
- _____. 박종현 역, 플라톤의 향연 파이드로스 리시스, 서광사, 2016.
- 하버마스, 위르겐. 한상진 · 박영도 역. 사실성과 타당성 — 담론적 법이론과 민주주적 법치국가 이론, 나남, (2000, 2010 재판2쇄).
- _____. 한승완 역. 공론장의 구조변동- 부르주아 사회의 한 범주에 관한 연구, 나남, 2001.
- 허순철. 미국에서 공적 관심의 개념과 판단 기준, 법학 논총, 2017, pp.33-35.
- 호르크하이머, M/Th. W. 아도르노, 김유동 역, 계몽의 변증법, 문학과 지성사, 2001.
- 홉스, 토마스. 진석용 역, 리바이어던 1, 나남, 2013.
- 황경식. 존 스튜어트 밀, 자유주의자인가 공리주의자인가, 수행인문학. 제36집, 2006. pp.121-150.

IV. 문헌

- Arendt, Hannah. Was ist Politik? Muechen, Piper, 1993.
- _____. "Freiheit und Politik", in: Zwischen Vergangenheit und Zukunft, Muechen, Piper, 2000.
- Barker, Chris. Educating Liberty — Democracy and Aristocracy in J.S. Mill's Political Thought, Boydell and Brewer, 2018.

· Bentham, Jeremy. On the Liberty of the Press, and Public Discussion and Other Legal and Political Writung for Spain and Portugal, ed. v. Catherine Pease-Watkind & Philip Schofield. Oxford: Oxford University Press, [1882] (2012).

· Berlin, Isaiah. To define populism, in Government and Opposition, 1968, 3(2), pp.137-179.

· Canova, M. Trust the People! Populism and the Two Faces of Democracy, in: Political Studies, 1999, 47(1), pp.2-16.

· Hamlin, David. The Nazi/Skokie. Conflict: a Civil Liberties Battle. Boston: Beacon Press, 1980.

· Lijphart, Arend. Democracies: Patterns of Majoritarian and Consensus Government in Twenty-one Countries. New Haven: Yale University Press, 1984

· Müller, J. Werner. What is populism?, University of Pennsylvania Press, 2016.

· Neier, Aryeh. Defending My Enemy: American Nazis, the Skokie Case, and the Risks of Freedom. New York: E.P. Dutton, 1979.

· Riley, Jonathan. Mill on Liberty, Routledge, 1998.

· _____. Mill's Doctrine of Freedom of Expression, in: Utilitas 17, 2005, pp.147-179

· Ryan, Alan. J. S.Mill, Routledge, 2018.

· Schefczyk, Michael/Thomas Schramme(Hrsg.). John Stuart Mill: Über die Freiheit, De Gruyter, 2015.

· Skorupski, John. John Stuart Mill, Routledge, 1991.

· _____.Why Read Mill Today?, Routledge, 2006.

· Smith, Timothy. Liberalism and Imperial Governance in the Thought of J.S. Mill: The Architecture of a Democratization Theorem, VDM Verlag Dr. Müller, 2011.

· Ten, C.L. Mill's Liberty — A Critical Guide, Cambridge Universypress, 2008.

· Waldron, Jeremy. Mill on Liberty and on the Contagious Diseases Acts, in: Nadia Urbinati and Alex Zakaras(ed.), J.S.Mill's Political Thought- A Bicentennial Reassessment, Cambridge University Press, 2007.

|사항색인|

|저자약력|

정 재 각

한양대학교, 독일 쾰른 대학교, 베를린 자유대학에서 수학하였다.
1990년 10월 독일 통일 직후 베를린에서 10년(동베를린 5년)간 거주하게 되어, 동독사회와 독일 통일과정을 지켜보았다.
한양대 지방자치연구소에서 민주주의를 연구하며, 서양정치사상을 강의하고 있다.

주요 저서

가장 아름다운 나라 ― 플라톤의 국가: 사유와 비판, 오렌지도서(2018 세종도서 교양부문).
칸트: 사유와 비판, 오렌지도서(2017).
나쁜 정부와 정의 ― 로렌제티·롤즈, 박영사(2016 세종도서 교양부문).
독일 사회철학 강의 ― 사유와 비판, 인간사랑.
독일 행정과 공공정책, 대영문화사.
이주 정책론, 인간사랑 등이 있다.
공저로 서구연방주의와 한국, 독일연방정부론, 독일지방정부론 등 다수가 있다.

왜 다시 자유여야 하는가?
밀의 자유론: 사유와 비판

초판발행	2019년 9월 15일
지은이	정재각
펴낸이	안종만·안상준
편 집	박가온
기획/마케팅	오치웅
표지디자인	BENSTORY
제 작	우인도·고철민
펴낸곳	㈜ **박영사**
	서울특별시 종로구 새문안로3길 36, 1601
	등록 1959. 3. 11. 제300-1959-1호(倫)
전 화	02)733-6771
f a x	02)736-4818
e-mail	pys@pybook.co.kr
homepage	www.pybook.co.kr
ISBN	979-11-303-0812-8 03340

정 가   18,000원